Christian Scholarship

基督教学术

（第十八辑）

张庆熊 徐以骅 主编

上海三联书店

《基督教学术》为 CSSCI 来源集刊

第十八辑序言

本辑《基督教学术》收录一组宗教哲学议题的文章。《命运与神意——〈伊利亚特〉的两个问题及其交织下的功名》探讨了希腊古典时期人们最关心的有关命运与神意的问题，那时人的伦理价值观和处世方式与对这个问题的看法紧密相关。到了近代，西方社会进入世俗化时代，如何处理宗教与国家的关系呢？黑格尔反思了启蒙以来的诸多问题，他提出的综合性的解决方案值得我们重视。社会制度的问题涉及对人性的看法。如果人性中的“根本恶”不摒弃，一个“各尽所能、各取所需”的社会就难以建立。如果“根本恶”是一个伪命题，人的本质取决于社会关系，那么共产主义社会就有实现的可能性。《黑格尔论宗教与政治的关系》和《根本恶——以康德与马克思为例》这两篇文章分别探讨了上述重大问题。本辑收入的《傅兰雅与晚清科技译名问题》《帝国主义时代知识的构成：论李提摩太〈列国变通兴盛记〉》等文章资料详实。晚清以来西方传教士在中国传布基督教思想，既对中国传统文化形成冲击，同时也引入西方科技、现代教育、军事和政治体制等方面的知识和思想观念，如何全面地看待西方传教士在文化交流和殖民侵略方面所起的作用，是值得我们关心的事情。本辑还收录了两篇涉及基督教版画的文章，阅读起来饶有趣味，从中也能发现许多令人深思的问题。

本辑的出版和一些相关课题的研究，除了所刊论文中的专门说明外，还得到复旦大学哲学学院、复旦大学哲学学院徐光启-利玛窦学社(Xu-Ricci Dialogue Institute)、国际科技教育服务机构(Professional &

Educational Services International)的资助。对上述单位和项目资助方,我们在此表示衷心感谢。

复旦大学基督教研究中心
张庆熊　徐以骅
2017 年 6 月 25 日

目　录

CONTENTS

命运与神意

——《伊利亚特》的两个问题及其交织下的功名

郝春鹏

【内容提要】 在诸神与人类共同生活的英雄时代，命运与神意是神人之间重要的连接方式。与哲人去神化地将命运等同于宇宙的秩序或理性不同，在荷马的世界里，命运一直与神意交织在一起。在人世，无论英雄或凡人都要遵守命运与神意的安排，而在奥林波斯山上，命运以公正的形式代表着宙斯与其他众神的关系。毋庸置疑，宙斯时代的本质是强力与意志，但维护其统治的形式却是代表公正的命运与礼法。凡人位于“宙斯-众神-英雄-凡人”四个等级的最低端，但这种低下的地位和有限的生命又恰恰是他超越自身、实现不朽的基础。正是在必死命运的笼罩下，功名才能在对命运的接受与搏斗中，彰显出伟大与不朽。

【关键词】 命运　神意　战功　名誉

《伊利亚特》以阿基琉斯的“忿怒”(Warth)开篇，[①]似乎奠定了伊利

① 荷马：《荷马史诗·伊利亚特》，罗念生、王焕生译，北京：人民文学出版社，2006 年，第 1 页。外文资料参考：(1)Leob 希英对照古典丛书：*Home the Iliad*, with an English trans. by A. T. Murray, Ph. D. in two volumes. Cambridge, MA., Harvard University Press; London, William Heinemann, Ltd, 1924。(2)*The Iliad of Homer*, trans. with an introduction by Richmond Lattimore, the University of Chicago Press, 1961。

昂之歌的颂扬主题。阿基琉斯的忿怒不仅给特洛亚人,而且也给自己所属的希腊联军带来了无数苦难。从字面上看,“忿怒”比一般的“愤怒”更强烈,它是由不公正的对待而引发出的巨大怒气,“把战士的许多健壮英魂送往冥府,使他们的尸体成为野狗和各种飞禽的肉食”(I. 3-5)。一方面,忿怒代表了半人半神的阿基琉斯不同于常人的特征;另一方面,它也凸显了阿基琉斯受到的极大不公。这个不公来自阿伽门农剥夺了他通过战功(Aristeia)所获得的名誉(Kleos)。

Aristeia 一词来源于 Aretê(德性),德性不单指一个人的美德,还指品质的卓越,其特质主要涉及本性。因而,不单人有属己的德性,事物也有。如身体的德性在于健康,灵魂的德性在于才智,马的德性在于奔跑,剑的德性在于锐利,而人之德性在于卓越和优秀,“贵族”(Aristocrats)本意就是指“优秀的人”。在古希腊,优秀的人常常指伟大的政治家或战场上勇猛的将领,与之相配的则是等量的名声与荣誉。荣誉不单是物质方面的战利品(Timē),更重要的还有千古流传的美名。战功是战士在战场上拼杀换来的,它代表着自身的优秀品质。以一份与之相等的荣誉作为回报,可说是“实至名归”。而不予嘉奖甚或无端夺去这份荣誉,就意味着对其战功和本人的否定与侮辱。阿伽门农不义地夺取阿基琉斯的荣誉之物,既是对其战功与卓绝品质的否定,也是对后者的莫大侮辱。

因此,无论阿基琉斯亦或阿伽门农,甚或在特洛亚战争中同样英勇的赫克托尔、两位埃阿斯、埃涅阿斯、狄奥墨得斯、萨尔佩冬、墨涅拉奥斯……为赢取功名,他们都在战斗中不惜牺牲生命。同样,阿伽门农之所以去抢占阿基琉斯的战利品,也是为了补偿自己所失去的荣誉(I. 119)。只是阿伽门农的荣誉与阿波罗的祭司产生了冲突,这才激怒了阿波罗。

因而,功名不单纯是人类政治社会所追求的东西,它同时也关涉到神意问题。同时,功名的成就也与个人的命运联系在一起。所以,要理解阿基琉斯的忿怒,就必须搞清忿怒与功名的关系;而要理解功名,则必须理清交织在其中的命运和神意问题。

一、两种命运

命运的本意是指“份额”(moira):对人来说,份额就是指一个人所获得的生命;对有生无死的众神来说,份额不是生命,而是权能或力量,表现为其所掌管的领域。如宙斯掌管天、波塞冬负责大海、哈迪斯掌管冥府等(XV. 190－193)。命运对人意义重大,它高高在上,掌握它的不是人而是诸神。负责大地上所有人类命运的女神有三位,[②]分别是拉刻西斯、克洛托、阿特洛波斯。柏拉图在《理想国》[③]中也曾这样描述:

> 她们是“必然”的女儿,“命运”三女神,身着白袍头束发带。她们分别名叫拉刻西斯、克洛托、阿特洛波斯,和海妖们合唱着。拉刻西斯唱过去的事,克洛托唱当前的事,阿特洛波斯唱将来的事。克洛托右手不时接触纺锤外面,帮它转动;阿特洛波斯用左手以同样的动作帮助内面转;拉刻西斯两手交替着两面帮转。

克洛托纺织的就是每个人的生命之线,拉刻西斯搓线来决定其长度,阿特洛波斯则负责切断它。

对凡人来说,命运就是他的大限;而对半人半神的英雄来说,虽然他同凡人一样有生有死,但其重要性远超前者。《伊利亚特》与《奥德赛》同为荷马所著,[④]但二者有很多不同。在人物方面:《伊利亚特》里的主要角色是众神和英雄,《奥德赛》的主人公则是奥德修斯。同时,在阿基琉斯与奥德修斯之间也存在诸多差异:比如前者代表了勇敢,后者代表了机智;前者代表了青年的好斗,后者代表了中年的沉稳……

---

② 荷马:《荷马史诗·奥德赛》,罗念生、王焕生译,人民文学出版社,2006年,第123页。

③ 柏拉图:《理想国》,郭斌和、张竹明译,北京:商务印书馆,1986年,第421－422页。

④ 荷马是否真有其人,或说即便有,是否为同一人亦或是一群盲诗人,至今尚无定论。有学者甚至认为《伊利亚特》和《奥德赛》的作者是两位,而两部作品代表了两种不同英雄的竞争,而一些较为温和的学者,也会将这两部作品区分为荷马早期与晚期的不同作品。但无论真实情况如何,都足以表明两部史诗具有不同的风格和取向。

在这些差异中，有一个最为本质的不同，即阿基琉斯是一个半人半神的英雄，而奥德修斯却是个凡人——虽然其功绩甚至不亚于阿基琉斯。赫西俄德说，人类与众神有同一个起源，[5]但从直系关系上看，半神的阿基琉斯还是与奥德修斯这样的凡人有很大不同，这个不同，就体现在命运问题上。

1. 凡人的命运

对凡人来说，命运在其出生之时就已基本确定。即便如阿伽门农、赫克托尔这样杰出的国王或王子，在其出生之时，"那不可抗的命运就是这样在我生他时为他搓线"（XXIV. 209）。在《奥德赛》中，奥德修斯的大命运也是被确定的，这是连怀恨的波塞冬也不能违逆的。[6] 普通人如果不去求问神谶的话，是不可能知道自己命运的；[7]而作为凡人的领袖或人民的国王，虽说命运也是确定的，但因他们得到了众神的格外偏爱，所以能通过不同的方式来获知自己的命运。

但这种获知也并不意味着"幸运"，因为对于依然确定的"命数"来说，对命运的认识并不代表能将其改变。甚至，对命运的知晓有时反而会促发他们僭越的欲望，并由此引发巨大的灾难，俄狄浦斯对自己命运的获知就带来了人间最大的悲剧。无论俄狄浦斯亦或其父母，在命运实现前都已知道弑父娶母的结局，但恰恰是俄狄浦斯有意躲避这一命运的行动，反倒促成了它的实现。[8]

2. 英雄的命运

对于介乎神与人之间的英雄来说，他们不同于凡人，也不同于不朽

---

⑤ 赫西俄德：《工作与时日　神谱》，张竹明、蒋平译，北京：商务印书馆，1991 年，第 4 页。

⑥ 关于波塞冬对命运的服从，参见《奥德赛》I. 20，V. 289，IX. 532；关于奥德修斯的命运，参看《奥德赛》XI. 104－137。在冥府，虽然特瑞西阿斯指出了奥德修斯未来的两种可能："如果你们不伤害畜群，一心想归返，你们忍受艰辛后仍可返回伊塔卡；如果你抢劫畜群，那会给船只和伴侣们带来毁灭"。但这种看上去选择的"运"，其实并不能影响他最终平安抵达故土的"命"——这是众神的意愿。

⑦ 荷马：《荷马史诗·奥德赛》，第 28－29 页。

⑧ 同上，第 204 页。

的神明。他们虽与常人一样被命运所掌控,但"命运"对他们来说不是单数,甚至还能做出选择。

比如赫拉克勒斯。他是宙斯的儿子,母亲是阿尔克墨涅(XIV. 323)。在他成年的过程中,有一次分岔路口的选择。[⑨] 一条路走来的是花枝招展、娇态毕露的恶行;另一条路走来的是面貌俊美、举止大方的德行。前者许诺他可以获得各式各样的欢乐与享受;后者则告诉他,唯有辛勤的劳作,才能体验到神所赋予的美好。赫拉克勒斯选择了后者,也因此,他的一生充满了艰辛,但同样也创造了伟业,并在死后成为了奥林波斯的一位神祇。阿基琉斯同样有两种命运:要么坐船回故乡,从此默默无闻而终其一生;要么留下牺牲,成就自己一世英名为人所传唱。可以说,促成赫拉克勒斯辛劳的一生以及阿基琉斯战死特洛亚的结局,都是他们自己的选择,而他们做出的决定,都是为了获得比生命更值得追求的荣誉。

英雄神圣的出身使他们拥有两种不同的命运,并能通过选择来决定最终结果。然而,这两种命运似乎也并非当下就是明朗的。每种命运都还笼罩着一些迷雾,需要随时间的推移才会渐渐清晰。并且,其最终的决定是否能带来最佳的结果也同样值得商榷。[⑩]

下面以阿基琉斯的命运为例,分析一下英雄的命运是如何在选择中逐渐明朗的:

(1) 阿基琉斯在与阿伽门农发生争执开始时,他是知道自己的短命的(I. 352),但这种预知并不明晰,而他的母亲忒提斯也只提到"因为你的命运短促,活不了很多岁月,你注定要早死"(I. 416)。这所谓的"短促"并没有一个明确的时限。

(2) 在忒提斯请求宙斯并得到允诺之后,阿基琉斯的愿望达到了:阿开奥斯人受到特洛亚人的强烈冲击。为此阿伽门农不得不派埃阿斯、福尼克斯和奥德修斯前来同阿基琉斯和解。这时阿基琉斯道出了自己的两种命运:"我的母亲、银足的忒提斯曾经告诉我,有两种命运引导我

---

⑨ 色诺芬:《回忆苏格拉底》,吴永泉译,北京:商务印书馆,1984 年,第 47 - 51 页。

⑩ 荷马:《荷马史诗·奥德赛》,第 213 页。

走向死亡的终点。要是我留在这里,在特洛亚城外作战,我就会丧失回家的机会,但名声将不朽;要是我回家,到达亲爱的故邦土地,我就会失去美好名声,性命却长久,死亡的终点不会很快来到我这里"(IX. 411)。

在宙斯实现了其请求后,阿基琉斯也由此明朗了自己两种不同的命运:一种是获得名声,但为希腊人战死沙场;另一种则是平安回家,失去美名。此刻,阿基琉斯总体上还是倾向后者的,即不愿同阿伽门农和解。因而他对福尼克斯回复道:"我不要这种尊重,我满足于宙斯的意愿,只要我胸中还有气息,膝头还强健;那就是我在我的有弯顶的船上的命运"(IX. 608-610)。言下之意,"我胸中还有气息"(活着),"就是我在我的有弯顶的船上的命运"。

(3) 帕特洛克罗斯的死是阿基琉斯命运转折的主要原因。虽然阿基琉斯也曾允诺,只有战火烧到他的船边才会出兵,但那其实是指当敌人已经威胁到了自己的生命时,他才会出手。

涅斯托尔劝说帕特洛克罗斯身披阿基琉斯的铠甲出战(XI. 794),而帕特洛克罗斯在面见阿基琉斯时,担心阿基琉斯是顾虑自己的命运而不出战,故主动请缨代为出战。为此阿基琉斯愤懑地说:"我即使知道什么预言,也不会放在心上,更何况母亲没向我泄露宙斯的天机。……我曾说过要我平息胸中的怒火,只有等战斗和喧嚣达到我的船只前"(XVI. 50,62)。在这里,阿基琉斯仍在说自己不知道"宙斯的天机",同时他也不知道帕特洛克罗斯的出战将以死为代价(XVII. 404)。所以他答应了同伴出战的请求,还将自己得自父亲的铠甲送给他,并嘱咐"当你把敌人赶离船只便立即回来……你可以屠戮特洛亚人,但不要贪恋战斗和厮杀,率领军队追向伊利昂,从而惹得奥林波斯的哪位不死的神明下来参战"(XVI. 87,91)。

但当帕特洛克罗斯得胜却继续冲击特洛亚人,并最终导致战死沙场的结果时,阿基琉斯已有所预感,并自言其母曾不明确地预言:"米尔弥冬人中最优秀的人将在我仍然活着时在特洛亚人手下离开阳世"(XVIII. 11)。而在他确证了帕特洛克罗斯的死讯后,忒提斯也已经知道"不可能再见他返回到可爱的佩琉斯的宫阙"(XVIII. 60)。因为阿基琉斯此时已坚定了信念,做出了高尚的决定(XVIII. 128)。可以说,此时死对他已无足轻重了，对阿伽门农不义的忿怒已转化为替帕特洛克罗斯复仇的怒火："那就让我立即死吧，既然我未能挽救朋友免遭不幸。……我随时愿意迎接死亡，只要宙斯和其他的不死神明决定让它实现。……如果命运对我也这样安排，我愿意倒下死去，但现在我要去争取荣誉。"（XVIII. 98，115，120）

可以说，帕特洛克罗斯的死使阿基琉斯改变了自己早先的选择，或者至少是将此前的犹豫转化成了赴死的决心。死亡对阿基琉斯来说不再重要，他已经"清楚地知道自己注定要死在这里"（XIX. 421）。但是，以什么样的方式，在何时何地以及如何死去这个命运具体的结果仍未完全清楚。

（4）只有当阿基琉斯带着新的大盾和铠甲走上战场后，他的命运才最终清晰。在杀死吕卡昂前，阿基琉斯说："有人会在战斗中断送我的性命，或是投枪，或是松弛的弦放出的箭矢"（XXI. 112）；在力战河神时，他也曾埋怨自己差点命丧其手，不能实现功名，提到母亲曾说他"将在戎装的特洛亚城下，丧命于阿波罗飞速流逝的箭矢"（XXI. 277）；赫克托尔在死前最终道出了阿基琉斯的命运："帕里斯和阿波罗把你杀死在斯开埃城门前"。然而，这一结果对阿基琉斯来说已不重要了，因为他早有觉悟："你就死吧，我的死亡我会接受，无论宙斯和众神何时让它实现"（XXII. 365）。

（5）在杀死赫克托尔之后，阿基琉斯对同伴交代了自己的后事（XXIII. 246）。总结一下：在命运问题上，凡人与英雄有很大不同。凡人在命运面前没有选择的能力，甚至只有他们中的佼佼者或是求问过神谶的人，才能知晓自己的命运。但是，对命运的知晓并不能改变其命运中的不幸，甚至有时候反而会为他们带来更大的痛苦。而半神的英雄则可以选择自己的命运，但他们是逐渐认识和接受自己的命运的。

此外，凡人与英雄在对待命运上还有一个最大的区别，即凡人既不能改变命运，有时也不接受命运，而英雄对命运做出的选择，可以说是一种接受。

比如面对死亡的命运，赫克托尔说的是：

帕特洛克罗斯，你怎么说我死亡临近？
谁能说美发的忒提斯之子阿基琉斯

不会首先在我的长枪下放弃生命?⑪

但阿基琉斯说的却是:

你就死吧,我的死亡我会接受,
无论宙斯和众神何时让它实现。⑫

二、与命运交织的神意

在特洛亚战争中,除阿基琉斯外还有两个重要的英雄,他们分别是埃涅阿斯和萨尔佩冬。

埃涅阿斯是阿佛罗狄忒与安基塞斯所生,他的战功不及阿基琉斯,但出身却很高贵(XX. 105)。萨尔佩冬亦是如此,他的父亲是宙斯,母亲是拉奥达墨亚。根据上文,半人半神的英雄的命运有两种。那么,埃涅阿斯和萨尔佩冬的命运也该如此。事实上,在《伊利亚特》中,荷马并未细致地讲过这两人的命运,他们也不是史诗的主角。但是,从众神对埃涅阿斯和萨尔佩冬的保护来看,两人的命运确实与凡人不同,他们都因直系神脉的原因而受到了特别关注,命运也因此具有了不确定性。

埃涅阿斯曾多次得到母亲阿佛罗狄忒、阿波罗和波塞冬等神明的帮助:一次是同狄奥墨得斯的对决。被雅典娜鼓舞的狄奥墨得斯战无不胜,甚至能刺伤阿佛罗狄忒与战神阿瑞斯。与这样可怕的对手交战,死亡必然会扑向埃涅阿斯。但是,当他被狄奥墨得斯投出的大石头砸伤而跪倒在地,"黑暗的夜色飞来,笼罩着他的眼睛"(V. 310)的时候,阿佛罗狄忒与阿波罗保住了他的性命(V. 315,345);而当他第二次面对阿基琉斯的时候,又为波塞冬所救(XX. 293 - 339)。波塞冬直言:"以后一碰上阿基琉斯便立即退却,免得违背命运提前去哈德斯的居所"。埃涅阿斯的命运本来不

⑪ 荷马:《荷马史诗 · 伊利亚特》,第 393 页。

⑫ 同上,第 512 页。

是在特洛亚而终结，宙斯安排了他来统治特洛亚的子孙（XX.307）。但是，如果他选择继续同阿基琉斯战斗，无论是否受了阿波罗的唆使（XX.108），他都将以死作为终结。⑬ 可见，作为半神的埃涅阿斯，其命运也有一种类似的选择，当然这种选择也包含了波塞冬的成份（XX.311）：继续为了荣誉与阿基琉斯战斗到死，亦或退却而成为未来特洛亚子孙的王。

如果说埃涅阿斯的命运还不够明显的话，那么萨尔佩冬的两种命运则更为清晰。一次是宙斯保护了他免遭透克罗斯箭矢的伤害（XII.401），另一次则是在命运所赋予的帕特洛克罗斯的荣誉下，萨尔佩冬将成为他的牺牲品。

在这里，宙斯对赫拉说的话尤为重要：

> 可怜哪，命定我最亲近的萨尔佩冬将被
> 墨诺提奥斯的儿子帕特洛克罗斯杀死。
> 现在我的心动摇于两个决定之间：
> 是把他活着带出令人悲伤的战场，
> 送往他在辽阔的吕西亚的肥沃故乡，
> 还是让他被墨诺提奥斯之子杀死。⑭

宙斯的话里有两个重要的主题：一个是“命运”，另一个是“意愿”。正是这两个主题决定了萨尔佩冬的生死。

前面提到了凡人与英雄的命运，可以说，命运是掌握在神的手里的。即便是英雄，也不过是多了一种选择而已，始终不能逃脱编织在一起的双股绳索，就像他们注定是有死的生命一样。但是，众神与命运的关系又是怎样的呢？命运可以作用于神吗？命运与神的意志相比，是像人类一样被命运所决定，亦或是神意规定了命运？

对人来说，命运就是他的生死；对有生无死的神来说，命运并没有“命”的含义。如果说众神也有命运的话，那么还是指“份额”方面的，即

---

⑬ 对照《奥德赛》IV.499－511，小埃阿斯本可以逃避死亡，但他背逆天意，得到了死亡的结果。

⑭ 荷马：《荷马史诗·伊利亚特》，第378页。

它代表的是神的权能与力量的大小。权能与力量虽不能影响众神的“死”,但是却能影响他们的“生”。

荷马史诗里描述神命运的地方并不多,但赫西俄德《神谱》中有一些故事可作参照:阿特拉斯用头颅和双臂来支撑天宇,这是宙斯安排的命运;[15]赫拉克勒斯解救被束缚的普罗米修斯,也不无宙斯的意愿;而宙斯也曾被普罗米修斯预言过自己的一些命运,但大都被他最终用强力和智慧规避掉了。[16]

通过宙斯的例子可以发现,似乎对神来说,他们的命运(份额)并非确定不变。改变命运的是智慧和力量,但就像众神的力量有大小区分一样,众神对命运的影响也有区分。拥有最大力量和权能的是宙斯,他不单可以轻易决定和改变凡人与英雄的命运,甚至还能改变自己的命运。而对众神来说,有些命运是必须去遵守的。或者若想改变,也须得去祈求力量更大的宙斯来实现,而人类也可通过祈求宙斯或其他神的方式来实现意愿。

所以,如果根据对命运施加的影响来排序的话,“宙斯-众神-英雄-凡人”将是一个递减序列。这样的命运四等级与人神的力量和权能相关。正因为宙斯具有至高无上的力量和权能,所以才可影响和改变命运。(1)从某种程度上说,宙斯的意志直接影响命运,无论这命运是众神的还是人类的。(2)众神虽弱于宙斯,但在一定程度上也可以影响人的命运。比如他们会通过用浓雾来保护自己喜欢的人,或用语言和勇气来鼓励其斗志。其中,阿波罗、雅典娜、阿佛罗狄忒、阿瑞斯表现得尤为突出。但是,除阿波罗之外,没有任何一个神会直接插手去终结人类的生命,他们对人更多使用的是保护和防御,攻击方面只有鼓舞其斗志。[17] 这说明

---

⑮ 赫西俄德:《工作与时日　神谱》,第42页。

⑯ 同上,第53页。

⑰ 在《伊利亚特》中,阿波罗是除宙斯外,唯一一位动手杀人的神。从最开始的射向阿开奥斯人的弓箭(I. 50),再到亲自推翻阿尔戈斯人的堑壕与壁垒(XV. 355-361),再到用掌猛击帕特洛克罗斯的大盾(XVI. 704),甚至在最后,亲自出手攻击帕特洛克罗斯从而造成了他的死亡……需要注意的是,即便这些主动攻击也都是在宙斯授意下完成的。在《奥德赛》中,波塞冬也只有在小埃阿斯违抗天意时才制造了他的死亡(IV. 505-510)。而雅典娜即使在气愤无比时,也未亲自动手杀人(XXII. 224-240)。

众神并不能对命运为所欲为。(3)对于英雄与人类来说,前者至多只能选择命运中的一种,后者则只有接受命运,没有改变的力量。(4)对末端的凡人来说,他们连自己的命运都不能掌握,只能遵从,而大多数人甚至终其一生也不知晓自己的命运。

总体来看,似乎决定人类和众神命运的只有至高无上的力量了。事实也确实如此,在这个众神与人类共存的世界,最高的统治者就是宙斯。他之所以能够统治众神与人类,也是因为靠力量推翻了他的父亲克罗诺斯。而克罗诺斯的统治又是通过推翻其父乌兰诺斯来实现的。可见,整个神谱就是一部在暴力驱动下政权更迭的历史。在此前的统治者那里,命运只在克罗诺斯那里实现了,因为乌兰诺斯和盖亚告知,他注定要被自己的一个儿子推翻,而这个命运就是宙斯用计谋和武力实现的。

如果用人的标准来衡量,宙斯无异于一位僭主:他通过暴力推翻前任的统治者(推翻克罗诺斯),然后凭借自己的权能与力量维持统治(掌控着最大的权能和力量),同时他也担心自己会同样被另一些力量所推翻(赫拉、波塞冬、雅典娜等奥林波斯的其他神都曾想要把宙斯制服⑱),因而时时刻刻防范着新生力量与预言中的威胁(吞噬墨提斯)。这都是为了继续维持他天上地下唯我独尊的统治。⑲

但问题也出现了,宙斯作为一个权力最高的统治者,完全可以凭借自己的意志去改变命运,那么为何他又会对自己儿子的命运保持犹豫,并最终选择了一个不符合自己意志的命运呢?他为何要遵守这个自己可以改变的命运之规呢?

赫拉是这样回答的:

可怕的克罗诺斯之子,你说什么话?
一个早就公正注定要死的凡人,

⑱ 荷马:《荷马史诗·伊利亚特》,第17页。

⑲ 无论波塞冬、赫拉、雅典娜、阿瑞斯都不能与宙斯的力量匹敌,即便他对众神行恶,他们也必须忍受(XV. 109)。在众神之战中,唯一没有参战的就是宙斯,可以说,他反倒是鼓励众神进行战斗的唯一的一个神(XX. 155),“宙斯高踞奥林波斯山顶听见呐喊,高兴地大笑不已,看着神明们争斗”(XXI. 389),这情形就像众神鼓励人类去战斗一样。

你却想要让他免除悲惨的死亡?
你这么干吧,其他神明不会同意。
我还有一点要说明,请你好好思量。
倘若你把萨尔佩冬活着救出送回家,
其他的神明那时难道不会也从
激烈的战斗中救出自己亲爱的儿子?
许多神明会怨恨你,他们都有儿子
在普里阿摩斯的巨大城池下参加作战。[20]

这段话表明,并不是宙斯没有能力去改变萨尔佩冬的命运,只要他想,随时可以。但是,赫拉提醒他必须考虑后果。奥林波斯众神一直都遵守着命运的安排。而一旦作为最高统治者的宙斯随意按自己的意志改变它,那么,命运的权威就被破坏了。宙斯改变的将不只是萨尔佩冬的命运,同时还改变了命运所象征的“公正”。这样一个公正秩序的破坏,随后就将导致众神的效仿,“同样可以去救出自己亲爱的孩子”。其实,奥林波斯山上的众神并不是完全没有能力改变命运的,他们也曾尽力保护一些人。但他们之所以不去改变总体的大命运,毋宁说是自己情愿去遵守的:因为命运代表着一种恒常与稳定的公正。所以宙斯最终违背了自己的意愿,选择了尊重先定的命运。

表面看来,萨尔佩冬和赫克托尔的例子呈现了命运与神意的对立。但换个角度,二者又是宙斯意志的统一。作为一个僭主,倘若宙斯完全凭靠自己的强力来维护统治,那么公正无从谈起,决定统治的将是宙斯的意志而不是恒常的秩序;同样,一个纯粹的命运,倘若没有必要的强力作为支撑,那也不过是一个脆弱的花瓶,随时可被打碎。在强力的保护下,命运才能被尊重与实施,同时,命运又是强力任性的最好约束。强力者必须足够明智地发现,自己对公正的践踏,将导致新的无序,整个世界将重新退回到混沌状态。所以,为了维持和平与秩序,力量必须隐退,而代表公正的命运必须得到所有神和人的尊重。第三代神的崛起出于力量,但其维持则需要

---

⑳ 荷马:《荷马史诗·伊利亚特》,第378页。

秩序。因而，唯有将宙斯的意志与命运统一起来，一表一里，将强大的意志用以维持命运之秩序，才能最终获得众神的尊重与服从。

在赫克托尔被阿基琉斯追得绕城三圈时，宙斯也曾对其产生怜悯，雅典娜当即反驳道：

> 掷闪电的父亲，集云之神，你说什么话！
> 一个有死的凡人命运早作限定，
> 难道你想让他免除可怕的死亡？
> 你看着办吧，但别希望我们赞赏。[21]

为此，宙斯不得不取出那杆代表公正的黄金天秤，把阿基琉斯与赫克托尔各放一边，提起中央。赫克托尔一侧下倾，滑向了哈迪斯。于是阿波罗立刻就把他抛弃了。

三、余论：诸神之意与人之功名

命运之于众神，类似于法律之于人类。人间秩序的建立依靠法律或礼法。没有习俗和法的世界是一个自然的混沌世界，礼法是人类文明和秩序的象征，它使自然人具备了共同生活的政治属性，在多方面维系着人类社会的稳定与和平。习俗不同于自然，它根植于古老的传统，经由时间和历史而逐渐形成。故而，不同的习俗因其产生的地理、环境和历史的基础不同，彼此之间也有差别。哲人正是在众多习俗的不同中，发现了自然，因而也就对习俗的根基提出质疑。自然的发现使习俗成为了一种人为或约定，它的构建就意味着它毁灭的可能。在自然面前，礼法成为一种不再是根基的东西，这类似于强力对命运的威胁。当法不再是必然和必须的时候，它就失去了神圣与永恒。而一旦命运之根被强力掘断，一切就又会重回混沌与争斗。

在去神化的今天，法律就是一种约定的产物，维持它的基础不再是

㉑ 同上，第506页。

神,而是强力。在众神消失的世界,人成了众神,而命运则以法的面相出现。

如果回到开始,回到荷马的世界,就会发现,其实不是命运类似于礼法,而是礼法摹仿了命运。因而,柏拉图在《法篇》的开头就提到:"法的起源是神"(624a)。这种说法并非修辞,法本来自于 nomos(习俗,礼法),而它与 nemein(份额)同源。前文也曾提到,命运(moira)本就有份额的含义。宙斯不单有代表公正的黄金天秤,还有两个土瓶,一个装祸,一个装福,每个人的运气就由此分配(XXIV. 526)。人就活在命运与神意交织的双重绳索之下。

阿基琉斯的忿怒源于代表其功绩的荣誉的丧失。功名似乎是人类超脱命运束缚的最好方式。但是,这也并非单纯只通过个人的卓越和战功就能一蹴而就。"功"得益于自己的拼搏与牺牲,"名"则需要他者的承认与传唱。[22] 战功之于荣誉类似于德性之于幸福。幸福不仅需要德性的生活,同时还要有机运的垂怜。所以,阿伽门农不公正地剥夺阿基琉斯的战利品,就代表了对其功绩的磨灭,阿基琉斯对此束手无策。人之功绩,既要有自身不断地努力,还要有后天被他人和众神的承认,荣誉同样被笼罩在了命运与神意之下。阿基琉斯的忿怒表面原因是阿伽门农对其荣誉的剥夺,但它深层的原因却是命运与宙斯的意志(I. 6,7)。

那么我们不禁要问,作为有朽的人类,面对标榜"公正"的命运和众神的意志,我们还能做什么?我们没有众神的力量,没有改变命运的能力,更没有源自半人半神的英雄的双重命运,甚至在获得美名上也要依托机运的垂怜。是否这就意味着在食物链的最底端,人只能接受那无形命运的安排和最高统治者的意志呢?

或许,面对无法改变的命运与神意,人唯一能做的就是像西西弗斯

---

[22] 英雄的荣誉依托诗人的传唱才得以彰显和流传。所以在《伊利亚特》里可以看到,因与阿伽门农产生争执而退出联军的阿基琉斯,会与帕特洛克罗斯在营帐中传唱其他英雄的荣誉来安抚心情(IX. 189);同时,也可以在《奥德赛》里发现,当奥德修斯听到诗人传唱他在特洛亚留下的"英名"时,会忍不住流下泪水,并最终向阿尔基诺奥斯王说出自己的真实身份(VIII. 533)。

那样接受它。但这种接受不是认命,而是将人的有限转化为对不朽的追求,转化成为获得更长久的荣誉和英名所做出的必要牺牲。因而,恰恰是人的死,才使其可能以这种有死性来换取英名。[23] 人对有死的命运的接受,同时也是实现不朽的开始。荣誉作为政治生活追求的最高目的,[24]从某种程度上说是人超越个体有限性的最好方式。作为一个有死者,他的大限即是生命的终结。在有限的生命里,一切都会随时间的流逝而被磨灭,但以功绩所确立的巨大美名却可以使一个亡故之人仍旧保持他生前获得的最大光荣——即便美名也可能会被不可抗力所磨灭。荣誉是一个有朽者接近不朽的最好方式,它是对人有限生命和必死结局的超越,是对从有朽到不朽的奋争。

凡人赫克托尔就这样做出了与半神的阿基琉斯[25]一样的决定:

> 我无法逃脱,宙斯和他的神射儿子
> 显然已这样决定,尽管他们曾那样
> 热心地帮助过我:命运已经降临。
> 我不能束手待毙,暗无光彩地死去,
> 我还要大杀一场,给后代留下英名。[26]

㉓ 在女神卡吕普索(本意是"隐藏")那里,奥德修斯可以选择长生不死,永远不朽,但得到的结果会是隐姓埋名。以及,阿基琉斯在冥府对阿伽门农说的话:"可惜你怎么没有在当年一身荣耀时,就在特洛亚地区遭到死亡的命运,那样全体阿开奥斯人会给你造陵墓,你也可给后代子孙赢得伟大的英明。"(《奥德赛》XXIV. 30 - 34)

㉔ 亚里士多德:《尼各马可伦理学》,廖申白译,北京:商务印书馆,2006 年,第 12 页。

㉕ 荷马:《荷马史诗 · 伊利亚特》,第 425 页。

㉖ 同上,第 510 页。

“神人关系”视野下时间之属性

——基于奥古斯丁《忏悔录》的研究

杨　杰

【内容提要】《忏悔录》卷十一记述了奥古斯丁的时间哲学。本文尝试以“神人关系”作为视域，来审视时间的四个属性，即受造性、现在性、内在性和暂时性，以及它们之间的内在逻辑关系。时间的受造性解释了时间的由来，引出了造物主（神）与受造物（人）之间的张力，并且规定了时间只能是现在的、内在于心灵的和暂时的。这些时间属性也表明了奥古斯丁思维的四次过渡：从人的时空转到神的维度；从过去和未来转到现在；从外在之物转到内心；最后从理智思索转到人生态度。时间的暂时性也提示我们，奥古斯丁并未把关于时间的探讨与《忏悔录》的要旨割裂开，相反地，时间概念与全书的旨趣是相契合的。

【关键词】　奥古斯丁　时间属性　神人关系

“启示”（to reveal, revelare）①是基督宗教思想中的一个重要概念。这个词指的是天主（或神，下同）主动将奥秘向人揭露。启示的源头是神，而对象是人，尽管基督宗教内流派众多，对启示之阐释也略有差异，但启示所指向的“神与人的关系”，却像一条暗线般贯穿着几乎所

---

① 详参 I. Howard Marshall, *New Bible Dictionary* (3rd Edition) (Downer Grove, Illinois: InterVarsity Press, 1996)，启示（Revelation）条目。

有基督宗教涉及的主题，甚至可以说，基督宗教乃是从不同的方面来言说"神人关系"。"神人关系"是圣经中的一条枢要线索，或者说圣经就是一本处理"神人关系"的说明书。本文亦认为，"神人关系"也是奥古斯丁"神学-哲学"中至关重要的一条线索。

奥古斯丁作为古代教父之翘楚，其"神学-哲学"思想十分宏富。所谓"横看成岭侧成峰，远近高低各不同"，对于理解奥古斯丁的思想，切入点不同，结论难免有差异；所站之处不同，看到的也不只是一面。当然，笔者对于以"恩典"（Grace）为核心来剖析奥古斯丁的神学-哲学是没有异议的。② 本文将尝试站在"神人关系"的高度，来把握奥古斯丁《忏悔录》（Confessiones）③中的时间属性。

纵观整本《忏悔录》，凡十三卷，大概说来，一至九卷叙述的是奥古斯丁悔改归向天主的历程，内容大多是对一己之罪恶的羞愧和追悔、对天主智慧和怜悯的颂扬。而在第十卷，他开始探讨记忆，第十一卷涉及时间概念，第十二至十三卷是他对旧约《创世纪》第一章作的注疏。本文将聚焦于第十一卷。

奥古斯丁笃信基督宗教，他相信理性的蒙蔽需要天主之光的照耀。④ 因此，在研究时间哲学时，他始终以谦恭的态度来恳求天主赐予智慧来完成整个思考和写作过程。于是乎，与其说奥古斯丁是在信手拈来、胸有成竹地高论时间的要素、实质，不如说他只是记下了自己的思路，其中不乏困境、疑窦和障碍——这也解释了为何文本中会出现不少反问句或自问自答句。总的说来，时间对奥古斯丁来说是颇难理解的，他说时间问题是一个"令人纠缠不清的谜"，是一项颇为艰难的

② 周伟驰在《奥古斯丁的基督教思想》（北京：中国社会科学出版社，2005年）中便是围绕"恩典论"来展开研究的。

③ 本文所引用《忏悔录》的内容来自拉丁文译本和中文译本，其中拉丁文译本来自赵敦华、傅乐安编、吴天岳审校：《中世纪哲学》（上卷），北京：商务印书馆，2013年。中文译本均采用奥古斯丁：《忏悔录》，周士良译，北京：商务印书馆，1982年。以下不赘注。

④ 奥古斯丁常常会把人的理智比作黑暗中的眼睛，而天主便是光芒，没有光照之处，"盲眼"便无法窥见真理。譬如，他祈祷："主，我的天主，你的秘蕴真是多么高深委曲，我的罪恶的结果把我远远的抛向外面，请你治疗我的眼睛，使我能享受你的光明而喜悦。"见 Confessiones XI，31。

任务，这个论题容易让人丧失耐心、半途放弃。在思考的过程中，他也曾一度自嘲“依旧不明白什么是时间”。[⑤] 他还说，人们经常谈到时间，也能轻易知晓其含义，然而，一旦深究起来，时间似乎就变得滑不留手——“那么时间究竟是什么？没有人问我，我倒清楚，有人问我，我想说明白，便茫然不解了。”[⑥]尽管如此，他还是为后人遗留下来比较整全的时间理念。

通常情况下，我们更关注的是：时间的实质、奥古斯丁时间观在哲学史上的位置及其独特之处等。然而，我们容易忽略的是：奥古斯丁是一个虔诚的信徒（几乎每一卷书的每一章都流露出他丰盈的宗教情感），基督宗教的时间观念对他的影响几乎是决定性的。[⑦] 换言之，奥古斯丁乃是在尝试着疏解和诠释基督宗教的时间观。更进一步说，奥古斯丁更渴望的是：站在天主所在之处，以天主之视角俯瞰时间。[⑧] 因此，其时间观中有三个不可忽略的关键词：基督宗教（或神）、奥古斯丁与时间。既然如此，奥古斯丁乃是站在神的维度与人的维度之间来构建时间哲学。忽略两个维度中的任何一个或忽视两个维度间的关系，都有碍于我们认识时间的本质。本文试着从两个维度间的关系（即“神人关系”）来剖释时间的四个属性：受造性、现在性、内在性和暂时性，并浅析四个属性间的逻辑关系。

一、时间是受造的

奥古斯丁从何处开始琢磨时间是什么呢？严格说来，应该是《忏悔

---

⑤ Confessiones XI,22,25, 27.

⑥ Confessiones XI,14.

⑦ 尽管《忏悔录》是奥古斯丁毫无保留地（对天主的）情感抒发，却并未使《忏悔录》只满溢着浓烈的情感。相反地，在饱含深情的同时，它也包含一些严谨的“神学-哲学”思考。换言之，其独特之处在于，作品中既包含了极丰沛的情感表达，又不乏相当冷静的沉思（二者实已融为一体，在后四卷中尤甚）。

⑧ 在探寻时间时，奥古斯丁经常祈求天主助他明悟。见 Confessiones XI17,22,27。

录》第十一卷第十章,有人诘问:"天主在创造世界之前做了什么?"[⑨]为了解答这个问题,他引入了关于时间的研讨。在第十章之前的内容,他关注的是天主创世论。我们有必要梳理一下第十卷中创世论的一些要点,以便我们更明晰文本的上文下理。

首先,天主创世与工匠创作截然不同。[⑩] 后者运用(天主赋予的)灵魂中的创造力把形式加诸质料(比如泥土、木石、金银等)之上完成创作。而天主创造天地时,宇宙还并不存在,或曰没有任何的质料和工具可供天主使用。把奥古斯丁的意思再往前推一步,可知天主乃是从无中创造了宇宙。

其次,天主是在"道"[⑪]中创造万有的。[⑫] 道的特征有二:其一,道即言语,换言之,天主乃凭借言语创世。然而,奥古斯丁强调,创世的言语与物质界的言语是判然有别的。后者是转瞬即逝的,而且需要借助物质的震动来传播。而创世的言语是永恒不灭的,并且不依赖任何媒介的震动来完成创造(毕竟创世时任何媒介都是不存在的)。其二,这创世的言语是与天主永恒同在的,奥古斯丁将其称为是"元始",这意味着道不是受造物,宇宙尚未存在,道已然存在。从奥古斯丁整个信仰系统和两千年基督教会的传统来看,这道、这言语便是三位一体中的第二位格——"圣子",也名为"耶稣基督"。

基于以上两点,基督宗教的创世论是有其独特性的。然而,有人提出来疑惑[⑬]——天主在创立世界之前做了些什么?不但如此,有人又进一步抛出了一个两难的问题——天主创造的意愿是新的、前所未有的

---

⑨ 有一个揶揄的回答是:"天主正在为放言高论者准备地狱"(Confessiones XI,12)。奥古斯丁摒弃了这个答案,他既不愿嘲笑追根究底的人,也不愿赞许解答乖谬的人,对于不知道的事,他宁可诚实地回答不知道。

⑩ Confessiones XI,5.

⑪ "道"原为 verbum,也就是 Word,出自《若望福音》1:1-3,"在起初已有圣言,圣言与天主同在,圣言就是天主。圣言在初就与天主同在,万物是藉着他而造成的,没有一样不是由他而造成的。"本文所引圣经中译文皆出自思高本圣经。以下不赘注。

⑫ Confessiones VI,VII.

⑬ 奥古斯丁称这些提问者是"满有成见"(Confessiones XI,11)和"思想肤浅"(Confessiones XI,12)的,似乎这些发问的人是有意刁难和嘲讽。

呢,还是永远的?若支持前者,即天主的本体中(substantia)产生了一个新的东西(即创造意愿),那么怎么能说天主是真正的永恒?若支持后者,既然天主创造的意愿是永远的,那么受造物为何不是永远的呢?这是个难以回答的问题,想必也让当时的信徒颇为头疼。

在答复以上疑问时,奥古斯丁希望人们意识到:天主与人不同,天主的本质超越于人的本质,仅赖人之思维来揣度天主的意图,实属愚昧。我们生活在时间中,并不代表天主那里也有时间,实际上,天主既然是一切的创造者,那么时间也是天主所造的。⑭ 换言之,在创造天地之前是没有时间的。因此,并不存在"天主沉默了无数个世纪后"⑮才创造宇宙的说法(既然时间不存在,何来"无数个世纪后"的说法)。奥古斯丁辩解说,"如果天地之前没有时间,为何要问'那时候'你做了什么?没有时间,便没有'那时候'。"⑯

创造时间的天主不受被造之时间的辖制。天主掌管着时间,时间却无法禁锢天主,此乃造物主和受造物的差别。对人(或受造界)而言有过去和将来,对天主而言,只有永恒的、整个的现在,"天主在永远的现在的永恒高峰上超越一切过去,也超越一切将来,因为将来的,到后来即成过去"。⑰ 人心沉浮于事物过去和未来的波浪之中,无从着落,时间是川流不息的,它不能整个是现在。"一切过去被将来驱除,一切将来又随过去而过去,而一切过去和将来都出自永远的现在。"⑱而在天主那里,昨天和明天都是没有意义的,因为天主是永恒的,天主只有今天。奥古斯丁还引用了旧约中的颂词——"你(即天主)永不改变,你的岁月没有穷尽"⑲——来佐证天主的永恒无时间性。

因此,人活在时间中,时间是存活之人身后的大布景。但对于天主

⑭ 按照《尼西亚信经》,天主的创造包含有形和无形之物,尽管有看不见、摸不着之物,但也同样是天主的创造。亦见 Confessiones XI,14。

⑮ Confessiones XI,13.

⑯ Ibid.

⑰ Ibid.

⑱ Confessiones XI,11.

⑲ Confessiones XI,13. 出自《诗篇》102:27。

而言,他是时间的创造者,不受时间限制,掌管着开始和终结的按钮,他只有永恒的现在——"无古往无今来的永恒……屹立着调遣将来和过去的时间"。[20] 奥古斯丁还说,"一切开始存在或停止存在的东西,仅仅在你无始无终的永恒思想中认为应开始或应停止时才开始存在或停止存在。"[21]于人而言,时间之中的事物意味着流变不居,但天主的知识一无增减,行动一无变更。天主的永恒性决定了他的不变性。总之,人和时间都是被造的,当以惯常思维去考量时间时,才会自以为聪明地提出以上的问题。思维跳脱时间,方能把握时间,这类似于"不识庐山真面目,只缘身在此山中"的道理。

二、时间是现在的

从幼年起,奥古斯丁就被大人们教导:时间可以分为三类,即过去、现在和将来。他对此产生了疑问:三类时间都存在吗,还是仅有现在存在?"将来成为现在时,是否从一个隐秘的处所脱身而出;现在成为过去时,是否又进入了隐秘的处所?"[22]

上文已经提到,奥古斯丁非常确信一点——过去已然过去,故过去不存在;将来尚未来临,故将来不存在。然而,他似乎遇到了一个困境,他洞察到,过去和将来也可以说是存在的。首先,假如过去不存在,不存在的东西,谁也看不到,然则为何我们可以讲述往事?我们能述说前事,恰恰说明我们心中看到了过去,过去至少留下了一些踪迹,否则我们便无法讲述。其次,倘若将来不存在,不存在的东西,谁也看不到,然则为何说预言的人可以预言将来?预言能实现,岂非恰恰说明预言将来的人看到了将来,否则便无法预言。从以上两个意义来说,过去和将来都是存在的。

倘若过去和将来存在的话,那么它们在哪里呢?奥古斯丁认为它们只存在于现在。当我们追述往事时,我们是在追述那些借助于感觉弥留

---

⑳ Confessiones XI,11.

㉑ Confessiones XI,8.

㉒ Confessiones XI,17.

在内心中的踪迹,根据这些踪迹继而形成语言(verba)。"譬如我的童年已不存在,属于不存在的过去时间;而童年的影像,在我讲述之时,浮现于我现在的回忆中。"㉓可见,已过之事居于现在之中。

同理,将来也存在于现在。他强调,人们所谓的预见将来,不是指尚未存在的将来事物,而是指已经看到的原因或征兆,看到后心中有了观念(concepta),方能预言将来。譬如,"我看见黎明,我预言太阳将升。我看见的是现在,而预言的是将来;我不是预言已经存在的太阳,而是预言尚未存在的日出,但如我心中没有日出的影像(imago),和我现在谈日出时一样,我也不能预言。"㉔由此看来预言者不是当真看到了日出本身,而只是看到了日出的概念而已。总之,将来居于现在之中。

根据以上的分析,我们得到一个阶段性的结论:过去的时间和将来的时间,就其本身而言,是不存在的;然而,从奥古斯丁的实际生活经验而言,过去和将来又显然是存在的。到底是哪里出了差错,难道我们可以说过去和将来既是存在的、又是不存在的?

奥古斯丁认为,我们之所以会出现错乱,在于我们一开始便将时间分成三类(即过去、现在和将来),如此分法不够精确,可是人们却以讹传讹。实际上,我们与其说过去存在,不如说是过去的影像存在;与其说将来存在,不如说是将来的概念(或影像)存在。因此,我与其说过去和将来是存在的,不如说是关乎过去和将来的影像(或概念)是存在的。

基于以上的讨论,奥古斯丁给了一个新的分类:"时间分过去的现在、现在的现在和将来的现在三类",㉕这样会更加准确些,能避免歧义。"这三类存在于我们心中,别处找不到;过去事物的现在便是记忆,现在事物的现在便是直接感觉(contuitus),将来事物的现在便是期望。"㉖对于时间分过去、现在、将来的说法,既然已成习惯,奥古斯丁也不会反对

㉓ Confessiones XI,18.

㉔ Ibid.

㉕ Confessiones XI,20.

㉖ Ibid.

和排斥，他只是希望人们认识到“所说的将来尚未存在，所说的过去也不存在”㉗即可。

在奥古斯丁这里，时间奔流不止地向前推进着，过去的时间已成为过去，将来的时间尚未来临，二者都是不存在的。至于现在，他认为“现在之所以在(esse)的原因是即将不在”，㉘换言之，就连现在也是稍纵即逝的，时间毫不止步地、一直地走向过去。

时间的现在性还表现在另一个方面，即时间是没有长度的。在日常中，我们说时间的长短，是针对过去和将来而言的。奥古斯丁举例说，“长的过去，譬如我们说百年之前，长的将来，譬如说百年之后；短的过去，譬如说十天之前，短的将来，譬如说十天之后。”㉙可是，奥古斯丁对此提出了质疑——过去已然不存在，将来还尚未存在，对于不存在的时间，我们何谈长短呢？对于过去的时间我们能否说：它曾是长的？他认为，我们不能这样说，“因为一过去，即不存在，我们便找不到有长度的东西了。”㉚那么，对于将来的时间，我们是否能够说：它将是长的？他坚称，我们也不能这样说，因为“既然属于将来，不能是长的，因为还不可能有长短”。㉛

对奥古斯丁而言，谈论时间之长短，对于过去和将来而言是没有意义的，那么对于现在呢？现在的时间可能是长的吗？奥古斯丁主张，“现在是没有丝毫长度的。”㉜他举了一个例子：以一百年为时间长度，一百年中任意以其中一年作为现在，在这一年之前的便属过去，之后的乃属将来，故“一百年不能同时都是现在的”。㉝ 同理，当前的一年或一天也并非全都属于现在，它总有过去和将来。我们可以假想一个无限小、不可再分割的时间，仅有一点称其为现在，但它也急速地飞向过去，不作刹

㉗ Confessiones XI,22.

㉘ Confessiones XI,14.

㉙ Confessiones XI,15.

㉚ Ibid.

㉛ Ibid.

㉜ Ibid.

㉝ Ibid.

那停留,所以,现在的时间同样是没有长度的。结论是:过去的时间、现在的时间和将来的时间都是没有长度的。

根据奥古斯丁的观点,对天主而言也只有现在。尽管在人的维度和神的维度中过去和未来皆不存在,只有现在存在。但神的维度中的现在是永恒的现在,而人的维度中的现在是时间中的现在,人并非生而永恒。当然,更严格地说,时间中的现在随着人的死去或时间的终结(基督宗教称为末日),终将过渡为永恒的现在。然则,天主的永恒是无始无终、无起点无终点的永恒;而人的永恒是有始无终、有起点无终点的永恒。

三、时间是内在的

既然时间没有长度,是否意味着它不可度量呢?(逻辑上讲,没有长度之物自然无从度量)然而,经验告诉我们,日常中我们分明是在度量时间的。我们把时间的长短挂在嘴边,譬如,花多长时间做了某事;多长时间没有见过某种东西。我们还会脱口而出,哪一段时间长,哪一段时间短,一段时间与另一段时间相比,长一倍、长两倍或者相等。似乎出现了一个悖论,究竟是哪里出了问题?

奥古斯丁发现,有两个需要迫切厘清的思路:第一,过去、现在和将来能被度量吗?他主张过去和将来不能被度量,因为二者究其实质而言是不存在的。现在存在,但现在的时间是没有体积的,它如何被度量呢?第二,被度量之物,都是在一定空间中被度量的,那么人是在哪一种空间中度量时间的呢?——"是否在他所来自的将来中?但将来尚未存在,无从度量。是否在他经过的现在?现在没有长度,亦无从度量。是否在它所趋向的过去?过去已不存在,也无从度量。"[34]

不厘清以上两个大问题,会让时间观变得更加扑朔迷离。实际经验中,人常常度量时间,可惜关于时间是如何被度量的却找不到依据。在与时间相关的日常交谈中,谈话双方都明了各自的意思,然而,就是这些

---

[34] Confessiones XI,21.

简单的与时间关联的对话，却使我们陷入迷雾。可见，看似平淡无奇的时间概念，一旦深究起来，是颇渊深的。时间像幽灵般——“从尚未存在的将来出现，通过没有体积的现在，进入不存在的过去”——让人难以把握。

与奥古斯丁同时代的一位学者提出：时间不过是日月星辰之运行。对此观点，奥古斯丁不敢苟同。他辩解说，当天上的星空停止运行时，我们依然还活在时间中，并且依然可以计算时间的长短。事实上，星体的主要作用是作为日子、季节和年代的重要标识，但星体之运行并不能决定时间之存亡。奥古斯丁举了旧约《若苏厄书》中的例子来加以说明。当时，以色列领袖若苏厄(Joshua)祷告后，居然让日月停止了转动。[35] 但是，时间还在持续着，战争也在继续着直至结束。借此例证他认为，说“时间是日月星辰的运转”，实为谬误。[36]

时间是用来度量物体运动的，物体只能在时间中运行，但时间并非等同于物体的运动。从另一个角度来说，物体不光只有运动一种形态，物体同样会有静止的状态。“我们不仅估计活动的时间，也估计静止的时间。”[37]据此看来，物体的运动(或静止)是一回事，估计物体的运动(或静止)又是另外一回事，前者不是时间，而后者显然更接近时间。诚然，时间是拿来度量物体运动的，与此同时，我们更可说：我们在度量时间。换言之，度量物体运动和度量时间，二者是同时的，后者显然更为根本。奥古斯丁用反问的方式提出，“是否我要度量物体运动自始至终所经历的时间，必须度量物体在其中运动的时间本身?”[38]回答是肯定的。

然而，我们用什么度量时间本身呢？先来看看我们怎样度量物体的长度吧。我们使用较短的长度，来度量较长的长度，通过较短长度的累加得到较长的长度是多少。譬如，用毫米尺来度量长几厘米的东西，用

---

[35] 《若苏厄书》10:12－13 说：“上主将阿摩黎人交于以色列人的那一天，若苏厄当着以色列人的面对上主说：‘太阳！停在基贝红！月亮！停在阿雅隆谷！’太阳果然停住了，月亮站住不动，直到百姓报复了自己的仇敌。”

[36] 奥古斯丁可能是在反对使用占卜、算命的宗教。

[37] Confessiones XI,24.

[38] Confessiones XI,26.

厘米尺来度量长几米之物。但是,奥古斯丁力倡,我们并不是用较短的时间来度量较长的时间,这样做并不可靠。因为时间之度量与物体长度之度量是不能混为一谈的。

奥古斯丁坚信,时间是伸展(distentio),是思想上的伸展(distentio animi)。问题的关键在于,我们在度量时间时,究竟是在度量什么?奥古斯丁说,"我不量将来,因为将来尚未存在;我不量现在,因为现在没有长短;也不量过去,因为过去已不存在。"[39]这个问题颇难领会。以一个声音所经历的长短而言,声音没有开始我们不能度量,因为还未开始,遑论长短;声音已经开始了,但还未结束,由于声音还在持续中,我们也不能下结论断言其长短;但当声音停止时,它已然不存在了。可是,实际的生活中,我们的经验告诉我们,我们分明是可以度量时间长短的,并且这种度量也是可靠的。这似乎遇到了一个瓶颈:"我们所量的不是尚未存在的时间,不是已经不存在的时间,不是绝无长度的时间,也不是没有终止的时间。所以我们不量过去、现在、将来或正在过去的时间,但我们总是在度量时间。"[40]

那么,我们究竟在度量什么呢?奥古斯丁终于找到了出路,并掷地有声地说:我们度量的是记忆中的印象(affectio)![41] 假如我们读两个音:一个长音,一个短音。当我们读完两个音后,我们能准确地说出前者比后者长两倍。这时候,两个音都已经不存在了,但长音和短音都留下了印象,在我们的心中。因而,我们所度量的与其说是两个字音本身,不如说是我们心灵之中存留的印象。他说,"我度量现在的印象,而不是度量促成印象而已经过去的实质。"[42]质言之,当我们说我们在度量时间时,实际上是在度量印象。从这个意义上说,与其说度量时间,不如说度量印象,或曰"印象即时间"。[43]

---

[39] Ibid.

[40] Confessiones XI,27.

[41] 这句话是切中要害的,算是"破题之语"。参见张荣:《自由、心灵与时间——奥古斯丁心灵转向问题的文本学研究》,南京:江苏人民出版社,2010年,第292页。

[42] Confessiones XI,27.

[43] Ibid.

很奇妙的是,我们同样可以度量静默,即使不发声,我们也知道静默历时多久,是由于我们正在度量着思想中一个声音的长度,借此来衡量静默的长短。同理,当我们要发出一个声音之前,"思想中预先决定多长,在静默中推算好多少时间,把计划交给记忆,便开始发出声音,这声音将延续到预先规定的界限。"[44]这意味着,在奥古斯丁这里,思想和记忆几乎可以等同。

他接着说,"人的思想工作有三个阶段,即期望、注意与记忆。"[45]尽管过去已然不在,但过去的记忆还在心中;尽管将来尚未存在,但对将来的期望业已存于心中;尽管现在没有长度(仅仅是一念即过的点滴),但注意(attentio)能一直延续下去。在时间流逝的过程中,"所期望的东西,通过注意,进入记忆",[46]也可以说,将来通过注意走向过去。

总而言之,"并非将来时间长,将来尚未存在,所谓将来长是对将来的长期等待;并非过去时间长,过去已不存在,所谓过去长是对过去的长期回忆。"[47]为了更好地解释记忆、注意与期望的关系,他还举了唱歌的例子。譬如我们唱一首歌曲,开唱前,我们将期望聚焦于整首歌曲;开唱后,已唱部分属于记忆,未唱出的部分属于期望,而注意则集中于正在进行中的歌唱部分,注意不断地把将来引向过去,期望越来越短,记忆愈来愈长;直至唱毕,期望完结,全属记忆。

通过以上的分析,奥古斯丁实现了一个转向:不是向外找度量时间之根据(天体的运动不是时间,运动的持续也不是时间),而是向内回溯,在心灵中找到了度量时间的根据(时间即印象)。由此,他不是在自我之外来定义时间——在自我之外来为时间作定义的都欠妥。一言以蔽之,时间不是外在事物的伸展(或延展),而是内在思想的伸展。那么,时间便成了人之专属,时间是天主为人而"量身定做"的(天主和人之外的物体都不需要时间)。他的结论是:时间是属于存活的人的,而

---

[44] Ibid.

[45] Ibid.

[46] Ibid.

[47] Ibid.

永恒是属于天主的。

四、时间是暂时的

《忏悔录》是奥古斯丁晚年的一本自传性著作。值得注意的是,关于时间的深入而系统的探讨,不是在一本神学著作中,反而是在一本自传中,这十分奇特。诚然,从某种角度说,《忏悔录》所抒发的是奥古斯丁的人生哲学,他以自己的亲身经历来证实真正的幸福生活是什么样的,其结论是: 天主之外无幸福。一方面,奥古斯丁要向天主诉说人所遭遇的忧患;另一方面,也颂扬天主对人的仁慈与宽宥,"向你披露我们的衷情,求你彻底解救我们……使我们摆脱自身的烦恼,在你身上找到幸福。"[48]换言之,奥古斯丁在《忏悔录》中告诉读者们,他是如何找到幸福的,同时也劝勉读者与他一同迷途知返,虔心归向天主。奥古斯丁还说,他写《忏悔录》追忆从前的恶行,其缘由并非"因为我流连以往,而是为了爱你,我的天主"。[49] 当然,除此之外,奥古斯丁也希望借此书"激励读者和听者的心,使他们不再酣睡于失望之中……使弱者意识到自己的懦弱而转弱为强",[50]同时,也希望自己洗心革面的故事,能够使读者因着一个人改过向善而欢乐。

时间哲学竟然出现在一本阐发人生哲学的书中,而且占了几乎整整一卷的篇幅,我们不禁要问: 奥古斯丁的时间观是如何与其人生哲学勾连在一起的? 难道二者是割裂的? 时间的什么属性,导致它能与奥古斯丁的人生观如此紧密地连在一起? 或者说,探讨时间概念对人的生活有什么实际意义和指导吗? 更具体地说,对作为信仰者的奥古斯丁而言,研究时间能否助他更好地处理"神人关系",或曰更好地面对天主? 在奥古斯丁看来,时间暂时性的属性能够回答以上疑问。

奥古斯丁主张,时间不是轮回,时间是有起点和终点的,将来逐渐减

---

[48] Confessiones XI,1.

[49] Confessiones XX,1.

[50] Confessiones X,3.

少成为过去,成为一去不复返的昨日。严格来说,奥古斯丁的时间观不是一条直线(没有两端),也不是一个圆周(循环往复),时间是一个线段(有始有终)。也就是说,时间不过是暂时的,它不会存留到永远。可是,人的灵魂却是永远存在的,灵魂不会永远停留在时间中,所有的灵魂将或先或后面对永恒。[51] 我们不得不梳理一下,在时间中人的实况是什么。

有别于奥古斯丁其他神学著作,《忏悔录》以奥古斯丁自己的切身经验告诉我们,活在罪恶中是人的实况,即人都是罪人。罪(hamartia)一词在新约希腊文中基本含义是指未射中靶心,即未达到天主的目标,偏离了天主的律法。具体而言是指人对神的背离,罪中之人“都失掉了天主的光荣”。[52] 从根本上说,圣经是从“神人关系”来看待罪的,罪是人对神的背叛和不忠。在《忏悔录》中奥古斯丁也是从“神人关系”来定义罪的。

奥古斯丁通过观察婴儿的举动,认为即使是婴儿也是有罪的,他说婴儿“不过是肢体的稚弱,而不是本心的无辜”。[53] 后来,他如痴如狂地沉迷于古代文学,而忘记了天主。[54] 还有一次,奥古斯丁与玩伴们偷了许多的梨子去喂猪,不是他们想吃梨,他们只是很享受一起为恶的快乐。[55]

奥古斯丁告诉读者,罪的含义是不从造物主那里获得根本的满足和快乐,而是从他物(比如文学、名誉、美食等)追求快乐、解脱和真理。换言之,爱他物超过于爱神,更享用受造物,而不愿享用造物主,即是罪之根本。奥古斯丁说,美好的东西(诸如金银、荣华、权势、地位)都有其动人之处,然而“追求这些次要的美好而抛弃了更美好的,抛弃了至善,抛弃了你、我们的主、天主,抛弃了你的真理和你的律法,便犯下了罪”。[56]

---

[51] 譬如,奥古斯丁说,摩西死后,即到达天主身旁(Confessiones XI,3),他赞同圣经中灵魂不朽之观念。

[52] 《罗马人书》3:23。

[53] Confessiones I,7. 当大人们不能顺从婴儿的要求时,幼小的婴儿会发怒,并以哭闹的方式来强迫大人们服从他们的意志。

[54] Confessiones I,16.

[55] Confessiones II,4.

[56] Confessiones II,5.

也就是说,追求或害怕失去次要的美好,成了犯罪的驱动力。

在未认识天主以前,奥古斯丁的内心没有安息,并且活在"痛苦、耻辱和错谬"之中。[57] 远离天主就是远离光明,生活将堕入无穷尽之黑暗的深渊,灵魂犹如干旱的田地,不能浇灌自己。[58] 他称天主为心灵的光明、灵魂的粮食、孕育精神思想的力量,可见,没有皈依天主之人便是盲者、饥者和弱者。[59] 没有天主,罪恶和痛苦便是人生的实况。反之,归向天主才能得到灵魂的安息和人生的幸福。

对奥古斯丁而言,侍奉天主并非出于天主的需要,仿佛天主是一块需要人耕作的田地,否则便会荒芜。他说,"侍奉你、伺候你,是为了从你那里获致幸福,而我能享受幸福也是出于你的恩赐。"[60]"天主之外无幸福"——奥古斯丁用其亲身经历论证了这一句话。他也曾说,"除非在你怀中,否则无论在我身内身外,我只会感到彷徨不安;即使金玉满堂,只要不是我的天主,于我都是瓦砾。"[61]这与早期使徒保禄(Pual)在其书信《斐理伯书》中所言的,有异曲同工之妙。保禄曾说,"凡以前对我有利益的事情,我如今为了基督都看作是损失。不但如此,而且我将一切都看作损失,因为我只以认识我主耶稣基督为至宝;为了他,我自愿损失一切,拿一切当废物,为赚得基督。"[62]

综上所述,我们得出了四个现实:时间是短暂的、人是罪恶的、人生是痛苦的、归向天主是通往幸福的唯一道路。将这四个现实合在一起,我们可以得到尤为紧迫和重要的出路:人需要在短暂的时间中悔改归向天主,一方面是为了摆脱苦厄的生活,让灵魂在天主那里获得安乐;另一方面,是为了使罪恶得到赦免,否则一旦时间不在,人之灵魂将自行承担罪恶,接受天主公义的审判,其结果是灵魂的永刑。对信徒而言,终究有一天会面见天主,故而信徒要面向永恒而活,不被时间所限制,当过盼

---

[57] Confessiones I,18.

[58] Confessiones XIII,2,16.

[59] Confessiones I,13.

[60] Confessiones XIII,1.

[61] Confessiones XIII,8.

[62] 《斐理伯书》3:7-8。

望永恒天国的生活。

因此,奥古斯丁不是在做诸如“浪费时间可耻”“时间宝贵”等道德宣传。奥古斯丁规劝读者珍惜时间,是在宗教意义上来讲的,或曰是从“神人关系”的角度来讲的,奥古斯丁告诫世人,当趁尚有时日,离弃罪恶皈依天主,切莫耽延——这不仅仅是道德的转向(从罪转向善),更是灵魂的转向(从自我转向天主)。

时间的暂时性揭示出奥古斯丁的一个重要的人生观:以寄居者[63]的身份活在世界中(或时间中)。这指的是,世界并非信徒的家园,信徒不过暂居于此,终究是要离开的,真正的家园是天主那里的永恒天国。他指出,“人们的活动只不过是人生的一部分,那么对整个人生也是如此;人生不过是人类整个历史的一部分,则整个人类史又何尝不是如此。”[64]可见,今生是短暂的,时间是短暂的。与永恒相比,时间实在微乎其微。

基于此,奥古斯丁的人生态度是:“忘记过去的种种,不为将来而将逝的一切所束缚,只着眼于目前的种种,不驰驭于外物,而专心致志,追随上天召我的恩命。”[65]通过对时间之暂时性的沉思,奥古斯丁实质上是在提升自己的灵魂,使之为永恒服务。虽活在时间中,却已跳出了时间——肉体为时间所辖,灵魂却朝向永恒。

五、小　结

在《忏悔录》中,第一人称“我”指的是奥古斯丁自己,第二人称“你”则指的是天主,整个文本都是在“我-你”的关系中铺展开的,是奥古斯丁本人对天主吐露衷肠。[66] 很自然地,他对于时间概念的分析,也是在“我-你”情景中展开的。“我”是指人的维度,“你”是指神的维度,由于

---

[63] 可参见《希伯来书》11:13;《伯得禄前书》1:17。

[64] Confessiones XI,28.

[65] Confessiones XI,29.

[66] 从这个意义上说,《忏悔录》几乎可说是奥古斯丁对天主的一篇祷告长文,祷文中洋溢着对天主挚热的爱慕和颂赞之情。

《忏悔录》是祷文性质的自传,加之奥古斯丁作为虔诚的信徒,故本文便试着在不妄解奥古斯丁思想进路的前提下,从两个维度间的互动关系来把握时间的四个属性。

作为创造者的天主创造了时间,故时间非永恒,它是受造的、有始亦有终的。天主是超越时间的,并不囿于时间之流。这就规定了时间的其余三个属性:即现在性、内在性和暂时性。在论述时间的现在性时,奥古斯丁为了避免歧义而引入一种新的时间分类方式,同时说明时间是没有长度的。而内在性指的是时间的根据在人的心灵中,亦可以理解为:时间是属人的,或曰时间是天主为人而造的,天主自己并不需要时间(造物主不依赖于被造物)。同时,奥古斯丁不是孤立地探讨时间暂时性,相反地,他将其人生哲学嫁接在时间的暂时性之上,劝导在时间中的人虔信天主,放眼永恒。

通过阐述时间的四个属性,奥古斯丁的思维也经历了四次转换。在探寻"天主在创世之前做了什么"时,奥古斯丁从人的时空观转到神的维度,揭示了时间是受造的,人不能脱离时间之流,而天主却完全不在过去、现在、将来的时间变迁中。在推敲"过去和未来到底是否存在"时,他将思维从过去和未来转到现在,表明时间是现在的,过去或将来从实质上说并不存在,事实上,只有"现在的过去,现在的现在和现在的将来"存在。对天主和人而言,时间都是现在的,在这个意义上,二者有相似之处;然而,天主的现在是在永恒中、无始无终的现在,而人之现在是在时间中、有始无终的现在。在探求"时间在哪里被度量"时,奥古斯丁将时间的基础从外在之物转到人的心灵上,也间接地表明时间是属人的。在思考"时间给人的启迪"时,奥古斯丁把时间与人生追求相接连,正因为时间是短暂的,才亟需专注于当下,紧随天主,心系永恒。概而言之,对于时间的研商,并未使时间哲学显得格格不入或突兀异常,甚至与《忏悔录》全书的宗旨分隔开,相反,时间理念与全书的要领是契合的。

值得玩味的是,整本《忏悔录》有一个"过去-现在-将来"的时间线索。自第一卷第六章开始,他回忆起自己的幼年时代,接着在青年时代去到迦太基、罗马和米兰，直至三十岁左右在花园里悔悟，[67]这算是旧事，属过去。至第十卷第四章起，他笔锋一转——"我不忏悔我的过去，而是忏悔我的现在"[68]——回到了现在。接着，他在注解旧约《创世纪》之后，当即遥望将来的天堂之福乐。在《忏悔录》的末尾，奥古斯丁说了这样一席话——"主，你是永久的工作，永久休息；你不随时间而见，不随时间而动，不随时间而安息，但你使我们见于时间之中，你创造了时间，你也制定了时间后的安息。"[69]——算是对其时间哲学作了一个简练的总结吧。

---

[67] Confessiones VIII,13.

[68] Confessiones X,4.

[69] Confessiones XIII,37.

奥古斯丁是现实主义者吗？*

陶杨华

【内容提要】 本文质疑了尼布尔将奥古斯丁界定为现实主义者的提法。尼布尔将上帝之城抽象为一个超验的原则和理想，否认上帝之城位于历史之中，这根本上曲解了奥古斯丁的“双城”学说。通过对《上帝之城》这一文本的阅读，我们认为，根据奥古斯丁的论述，存在一座历史中的上帝之城，而这就从根本上挑战了现实主义把“实在”狭隘化为经验性的权力政治的做法；同时，对历史中的上帝之城的揭示，也为人的历史性生存提供了真切的希望。

【关键词】 上帝之城　奥古斯丁　尼布尔

莱茵赫德·尼布尔在《奥古斯丁的政治现实主义》一文中称奥古斯丁为“西方历史上第一个伟大的现实主义者”。[①] 鉴于尼布尔的权威，以及大多数国际政治研究者对孕育了奥古斯丁政治观念的那个更为宏大的基督教神学语境缺乏了解，奥古斯丁是一个现实主义者这一论断就在国际政治思想史的探究中被轻易地接受下来，鲜有质疑。比如，迈克

---

* 本文系浙江省教育厅项目“奥古斯丁上帝之城与地上之城二元政治架构探源”（GZ152105070800）；浙江工业大学校基金（人文社科类）2016 年度一般项目。

① Reinhold Niebuhr, “Augustine’s political realism,” in Reinhold Niebuhr, *Christian Realism and Political Problems* (Augustus M. Kelley publishers, 1977), p. 121.

尔·罗里奥在其论文《现实主义者与奥古斯丁：国际政治思想中的怀疑论、心理主义和道德行动》[②]中，虽然已经敏锐地觉察到了奥古斯丁的政治观念与国际政治中的现实主义者有着一些重要的不同之处，但依然没有从根本上质疑奥古斯丁是一个现实主义者这一提法，而只是指出了奥古斯丁的政治观念中，相较国际政治中的现实主义者，给予了道德行为以更大的空间。

我们的研究则试图指出，尼布尔对奥古斯丁政治观念的考察其实是相当狭隘和片面的，尼布尔仅仅是把奥古斯丁关于“地上之城”的一些论述转用于其对国际政治的理解，而对奥古斯丁学说中更为核心的“上帝之城”，则鲜有关注，并且，我们在下文将会表明，尼布尔完全错误地理解了上帝之城和地上之城这两座城的关系，从而使得尼布尔忽略了奥古斯丁学说中对政治现实主义构成直接挑战的一面。

一、尼布尔的论述

尼布尔认为，现实主义是指“把所有那些抵制既定规范的社会、政治因素考虑进去的倾向，这些因素中尤为关键的是自利和权力欲”。[③] 使得尼布尔对奥古斯丁备加推崇的主要原因，正是在于奥古斯丁对人的自利和权力欲作了极其深刻的诊断。根据奥古斯丁，人的自利和权力欲并非出于人的本性，而是一场精神性病变的结果。尼布尔下面这段文字精彩地概括了奥古斯丁对恶的理解：

> “自爱”，而非一些理智尚未彻底驾驭的残存的自然冲动，才是恶的根源。这一无节制的对自我的爱，……被理解为是由于自我放弃把上帝当成真正的爱的目的而把自身当成目的所导致的后果。

---

② Michael Loriaux, “the Realists and Saint Augustine: Skepticism, Psychology, and Moral Action in International Relations Thought,” *International Studies Quarterly*, vol. 36, no. 4 (dec., 1992), pp. 401 - 420.

③ Reinhold Niebuhr, “Augustine's Political Realism,” p. 119.

> 正是这一强有力的自爱,或用现代的表述,自我中心,正是这种自我把自身设置为目标或把自身视为其置身其中的随便哪个共同体的虚假中心的倾向,在每一个人类共同体中播下了混乱的种子。自爱要比柏拉图所描述的肉身的冲动更具精神性,它也在比柏拉图和亚里士多德所能认识到的更深的程度上败坏了理智。[④]

自爱具有对人性和人类共同体的这样一种无所不在的腐蚀力,对这一点的理解,确实一下就拉近了奥古斯丁和政治现实主义者的距离。但尼布尔认为,奥古斯丁的政治现实主义具有一般性的政治现实主义所不具有的优势。一般性的政治现实主义容易犯的大错就是把权力欲及权力政治从整个人类现实中抽象和提升出来,将之固定为最高的现实,从而公然鼓吹权力政治本身。尼布尔这样写道:

> 一种现实主义,当它把人类行为的普遍特点同时视为规范性的时候,它就成了道德上的犬儒主义或虚无主义。奥古斯丁的思想,奠基于圣经对人类行为的描述之上,能同时避免幻想和犬儒主义,因为它在认识到人类自由的败坏具有普遍性一面的同时并没有将其规范化。善与恶并非由人类存在所具有的固定结构所决定。根据圣经的观点,人会利用自由把自身视为存在的虚假中心,但这并没有改变如下事实:爱,而非自爱,才是人之存在的法则;只有把人从他自身中拉出来,把他从自爱所具有的自我毁灭的后果中拯救出来,人才能够健康地生活,人的共同体也才能够享有和平。[⑤]

爱,此处指的是对上帝的爱。爱和自爱的区别也正是奥古斯丁的上帝之城和地上之城二者的根本区别。“如果奥古斯丁的现实主义见于他对地上之城的分析,他对现实主义所导致的犬儒主义和相对主义的拒斥则见于其关于上帝之城的定义中,上帝之城与地上之城混杂在一起,但

---

④ Ibid., pp. 122 - 123.

⑤ Ibid., p. 130.

是它以对上帝的爱而非自爱为其主导性原则。”⑥

至此为止，尼布尔对奥古斯丁思想的描述还是相当精准的，但其接下去的论述却出现了根本的偏差。偏差之处在于，尼布尔认为奥古斯丁克服伦理上的相对主义和虚无主义的途径主要在于用爱去化解自爱，“用上帝之城的爱来影响地上之城”，⑦“用基督徒的责任来完善地上之城的和平”。⑧

用上帝之城的爱来影响地上之城，这固然无可厚非。但如果不能意识到这一影响力的巨大局限性，并把尘世的伦理希望完全寄托于此，那么这就既不是奥古斯丁的思路，也只会在实践层面加剧伦理上的虚无主义。在实践层面，把“用上帝之城的爱影响地上之城”这一思路推到极致，那无非就是构建一个基督教国家。但极具讽刺的是，当公元410年罗马被蛮族攻克之际，异教徒指责的正是罗马的基督教化导致了罗马的衰落。而正是在这一背景下，奥古斯丁开始创作其巨著《上帝之城》，以回应异教徒的指责，并尽力拉开基督教与罗马这座地上之城的距离。因此，当尼布尔认为奥古斯丁诉诸用上帝之城的爱影响地上之城这一方式来挽救尘世的伦理希望时，这在一定程度上表明了他对《上帝之城》创作背景的无知，这一点下文还要涉及。

尼布尔对奥古斯丁思想的这一错误解读，不仅仅会导致实践层面的困难，还有其更深的理论层面的原因。对尼布尔来说，对上帝的爱，仅仅是“一个判断当下现实的原则”，⑨而不是现实本身，同样，“在我们里面的基督并不是一种拥有，而仅仅是一个希望”。⑩ 这就清楚地显示了尼布尔的神学立场：神性的东西并不位于时间和历史内部，而是作为超验的原则和理想超越于历史，位于历史之外。尼布尔的这一神学立场根本上背离了奥古斯丁的历史观，也必然导致曲解奥古斯丁的双城学说。因

---

⑥ Ibid., p. 129.

⑦ Ibid., p. 134.

⑧ Ibid., p. 131.

⑨ Reinhold Niebuhr, *Beyond Tragedy: Essays on the Christian Interpretation of history* (NY: Charles Scribner's Sons, 1938), p. 286.

⑩ Reinhold Niebuhr, *The Nature and Destiny of Man: a Christian Interpretation* (NY: Charles Scribner's Sons, 1943), vol. 2, p. 125.

为,按照尼布尔的这一神学立场,上帝之城也就不具有任何历史实在特性,而仅仅是一个批判地上之城的超验原则和理想,尘世完全归属于地上之城,这些都从根本上背离了奥古斯丁主义。柯伯特下面这段批评尼布尔的文字可谓切中要害:

> 尼布尔僵硬地区分了时间和永恒,历史和超验。上帝居于超验而不是位于历史之中……尼布尔把基督教语言视为象征和神话,这其实是回到了他认为具有巨大缺陷的新教自由主义。真实的特殊(the real particular)过分轻易地被解读为宗教性的观念……基督论,也具有被还原为一种仅仅关于深刻知识的宣称这样一个风险……尼布尔越是使得我们确信神学的伦理责任以及世界对其的需求,我们就越是向往一个积极的视域,它具有更多的实质。⑪

奥古斯丁的双城学说,正是为我们提供了这样一种具有更多实质内涵的积极视域。

二、上帝之城与历史

在文章的这一部分,我们将简要地介绍一下《上帝之城》创作的历史背景,同时指出,在奥古斯丁的双城学说中,上帝之城不是一个理想、观念或原则,而是一个具体的历史实在。

1.《上帝之城》创作的背景和核心主题

公元410年罗马的陷落,不仅导致了异教徒对基督教的攻击,也在基督徒内部引起了巨大的震撼、怀疑和惊恐。基督教历史上著名的教父哲罗姆就说,“西部的混乱,特别是罗马的劫掠,使我极为震惊,就像人们常常说的,我甚至忘了自己叫什么。我很长时间保持沉默,知道这是该

⑪ Paul Kolbet, “Rethinking the Christological Foundations of Reinhold Niebuhr's Christian Realism,” Modern Theology 26: 3 July 2010, p. 449.

哭泣的时候。”[12]用吴飞的话来说，哲罗姆“越来越把这种毁灭等同于末日的灾难。罗马的衰落和灭亡，就意味着整个世界的灭亡，而在世界灭亡之后，就是末日审判了”。[13]

哲罗姆的这样一种反应并非偶然，而是有其特定的思想史背景的。著名历史学家蒙森把这一思想史背景命名为“基督教的进步观念”，其核心就是认为“罗马的强大与基督教的诞生有内在的关联”，[14]认为基督教在罗马的出现，为罗马带来了政治上的繁荣、知识上的进步和道德上的更新。蒙森这样写道：

> 我们发现一些最为显要的基督教护教者提出了如下观点：在基督教的护持之下，世界在历史时间之内取得了真实的进步，并且更远的进步也值得期待。这些作家宣称，新的信仰不仅仅给追随者，而且给全人类带来了祝福。他们指出这一无法否认的历史事实：基督恰好诞生于奥古斯都建立罗马帝国并在世界上创立罗马治下的和平这一历史时期。这些早期的护教士争辩道，正如基督教的出现恰好与显著的世俗层面的进步同时，所以，这一新信仰的成长将伴随进一步的世俗层面的进展。[15]

把宗教信仰与世俗进步如此紧密地结合在一起，这其实是一种无比糟糕的护教策略，这不仅会导致当世俗的进步受阻，比如当罗马陷落这样的事件发生时，在信徒中间引发巨大的怀疑和幻灭感，而且在某种程度上也扭曲了基督宗教真正的精神。

面对罗马的陷落，奥古斯丁则显出了罕有的冷静和自持，奥古斯丁并没有陷入上述的“基督教进步观念”，而是面对由这一进步观念所导

---

⑫ 转引自吴飞：《心灵秩序与世界历史：奥古斯丁对西方古典文明的终结》，北京：生活·读书·新知三联书店，2013年，第12页。

⑬ 同上。

⑭ 同上，第13页。

⑮ Theodor Mommsen, “St. Augustine and the Christian Idea of Progress: the Background of the City of God,” *Journal of the History of Ideas*, vol. 12, no. 3 (Jun., 1951), p. 357.

致的对基督信仰的幻灭,从一个完全不同的历史基础出发来坚定和捍卫人们的信仰。在一篇作于罗马陷落之后不久的布道辞中,奥古斯丁这样说道:

> 上帝将地上的幸福和痛苦混杂……对这些痛苦和压制,你们嘟囔说:"看,一切在基督时代都毁灭了。"你又抱怨什么呢?上帝从未向我应许说,这些不会毁灭,基督也没有向我应许这个。永恒者只会应许永恒之事。如果我信仰,我会从必朽变为永恒。这不洁的尘世啊,你抱怨什么呢?你抱怨什么呢?[16]

"永恒者只会应许永恒之事",奥古斯丁直指人的宗教经验的核心:与人的终极的灵魂救赎这一神圣事件相比,尘世帝国的兴衰只具有次要的非终极意义,帝国的兴衰并不会从根本上影响灵魂的救赎。这其实已经预示了其不久之后创作的巨著《上帝之城》所具有的历史观念:世界历史与救赎历史,地上之城与上帝之城之间的二元分野与对峙。奥古斯丁的基本辩护思路还是很清楚的:在救赎历史与世界历史、上帝之城与地上之城之间作出根本性的区分,赋予前者以终极的意义,并坚决否认后者具有任何神圣的一面。用吴飞的话说就是:"奥古斯丁用一种新的文明理想,即上帝之城,来否定罗马的精神追求。……光荣伟大的罗马帝国所剩下的,只有残酷的政治斗争、虚妄的人生追求和阴冷的权谋之争,不再具有历史的神圣意义。"[17]总之,两座城的分野和对峙,而非两座城之间的关系和联结,才是《上帝之城》最核心的主题和立论之根基,尼布尔在这一点上根本就会意错了。奥古斯丁这样写道:

> 两种爱造就了两个城。爱自己而轻视上帝,造就了地上之城,爱上帝而轻视自己,造就了天上之城。地上之城荣耀自己,天上之

⑯ 转引自吴飞:《心灵秩序与世界历史:奥古斯丁对西方古典文明的终结》,第21页。
⑰ 同上,第283页。

城荣耀上主。地上之城在人当中追求光荣；天上之城最大的光荣是上帝，我们良知的见证。地上之城在自己的光荣中昂头，天上之城则对自己的上帝说，你“是我的荣耀，又是叫我抬起头来的”。在地上之城，君主们追求统治万国，就像自己被统治欲统治一样；在天上之城，人们相互慈爱，统治者用政令爱，在下者用服从爱……⑱

奥古斯丁当然不会反对尼布尔的思路：用上帝之城来影响地上之城，从而增进地上之城的和平与德性。和尼布尔一样，奥古斯丁也认为，地上之城的一切善好，包括其和平与德性，都不是终极的好，用蒙森的话说是："正义与和平……这些最高的基督教理想，尚没有、也永远不会在罗马帝国的世俗机构中得到承载，它们将会在永恒教会的精神共同体中得到实现。"⑲在《上帝之城》著名的题为"没有真正的宗教就没有真正的德性"的第19卷第25章中，奥古斯丁这样写道：

尽管从表面上看，以一种最值得称赞的方式，灵魂管理着身体，理性节制着诸种邪恶；但是，如果灵魂和理性并没有以一种上帝命令它们应当服务的方式服务于上帝，那么，它们就没有以一种正确的方式管理身体和各种恶的倾向。因为，人的心智如果对真实的上帝一无所知，从而不顺服于他的管理之下，而是在各种恶的精灵的腐蚀下与它们行淫，那么，人的心智会成为怎样的一个身体和恶行的女主人呀?! 所以，人的心智自以为拥有美德，通过这些美德心智管理着身体和各种恶行，但是，如果心智为了成就某事或者维持这一成就本身，而不把这些美德与上帝联系起来，那么，这些美德就不是美德而是恶行本身。有些人宣称即便他们的美德仅仅是为了自己而不为其他任何目的，他们的美德依旧是真实的和值得赞美的，

⑱ Augustine,《上帝之城》, a new translation by Henry Bettenson, 中国社会科学出版社影印本, book xiv, chapter 28, p. 593。本文凡是引用《上帝之城》原文的，主要是根据这个英译本，也参考了吴飞的《上帝之城》中译本。

⑲ Theodor Mommsen, "St. Augustine and the Christian Idea of Progress: the Background of the City of God," p. 364.

但他们这样说恰好表明了他们的骄傲与自我吹嘘,因而这些美德应该被视为恶行而不是美德。因为正如是某种高于肉体的东西而不是来自于肉体本身的东西赋予肉体以生命那样,同样地,并不是某种来自于人本身的东西,而是某种高于人的东西,使得人的生命获得福佑。[20]

但是尼布尔和奥古斯丁之间依然有着一个根本的差异。对尼布尔来说,地上之城的这些善好,虽然不完美,却是我们在尘世能拥有的唯一善好、唯一希望,因为在尼布尔看来,上帝之城的善好仅仅是一个超验的末世论理想,而不具有任何具体的历史现实性。在《人的本性与命运》一书中,尼布尔要求我们重视"那些相对正义的规范和彼此间的关爱,通过这些,生命得到了维持,相互冲突的利益得到了协调"。[21] 但奥古斯丁则认为,地上之城的这些善好中不存在任何的希望,上帝之城的公民可以利用这些善好,但不能享受它们,不能把根本的希望寄托于此,终极的希望是在上帝之城本身,在上帝之城结束其尘世的羁旅,达到其与神的最终的汇合之中。这可以从奥古斯丁下面这段论述地上之城的和平所具有的意义这段话中体现出来:

一个与上帝疏远的民族必然是邪恶的。但即便是这样一个民族,也有其所珍爱的和平,而这一和平确实不应该被反对;但这个民族不会长久地拥有和平,因为它不会好好地利用这一和平。同时,哪怕对我们来说,这个民族能够在此生拥有和平,也是一件重要的事,只要这两座城(指上帝之城与地上之城——笔者注)还混杂在一起,我们也要利用巴比伦的和平——虽然通过信仰,上帝之城的公民已经从巴比伦城(即地上之城——笔者注)之中解放了出来,仅仅是羁旅于巴比伦城中而已。这就是为什么使徒指示教会为地上之城的皇帝和高官祈祷的原因所在,并补充说,"以便我们能够在

⑳ Augustine,《上帝之城》, book xix, chapter 25, p. 891。

㉑ Reinhold Niebuhr, *The Nature and Destiny of Man: a Christian Interpretation*, vol. 2, p. 89.

奉献与热爱中度过宁静平和的一生”。㉒

“两座城还混杂在一起”，这一表述会使得部分读者认为奥古斯丁并没有那么强调两座城之间根本上的对立和分野，关于这一点，罗明嘉作了很好的说明：

> 在奥古斯丁对社会生活的理解中，双城的区别不是一种可见的社会学意义上的现实，而是一种神学意义上的现实，只能在信仰中理解。两者之间最终的区别，不到历史终结之日是不会显现的。㉓

何谓“神学意义上的现实”？这里有两层含义：其一，双城的区别是根据圣经这一至高的神圣文本的启示而来的，是一种“元叙事”“元历史”，也就是说，奥古斯丁的双城说为我们观察现实提供了一种特定的角度，甚至可以这么说，奥古斯丁的双城说告诉了我们什么是现实本身。“现实”并不能脱离那个观察现实、叙述现实的“元叙事”架构而独立存在。也就是说，不能从一个既定的现实出发去评判上帝之城，因为什么是“现实”本身就会因为人们所置身其中的元叙事的不同而不同。上帝之城因信而生，失去了信仰之眼，否认圣经的权威，我们也就看不到上帝之城这一现实了，这就是罗明嘉说“只能在信仰中理解”的原因所在。其二，双城说作为一种元叙事，意味着两座城都处于一个动态的发展进程中，各自有其起源、发展和终结，双城的分野要在这样一个历史进程中才变得越来越明晰。当尼布尔把上帝之城抽象为一个超验的原则和理想时，他根本上忽略了上帝之城所具有的这一个历史的维度。

㉒ Augustine，《上帝之城》，book xix，chapter 26，p. 892。

㉓ 罗明嘉：《奥古斯丁〈上帝之城〉中的社会生活神学》，张晓梅译，北京：中国社会科学出版社，2008 年，第 102 页。

2. 历史中的上帝之城

在奥古斯丁的历史神学中,双城的对立与分野贯穿人类历史的始终,他这样写道:

> 我把人类分成两支:其中一支由以人的标准而生活的人组成,另一支由以上帝的意愿而生活的人组成。我也寓言式地把这两支的集团称为两座城。两座城,我指的是两个人类社会,其中一个注定要与上帝一起永恒地统治,另一个则要与魔鬼一起接受永恒的惩罚。但这是它们最终的命运,这我要在以后再谈。现在,由于我已经谈了足够多关于这两个社会的起源问题……我接下来要描述它们从第一对人产下后代直到人类停止繁殖为止这段时间的发展。这两个社会的发展,作为我要处理的主题,贯穿于整个时间的序列,其中死者让位于继他们而起的新生者。㉔

这就清楚显示了虽然上帝之城的终极实现位于时间之外,是个末世论的现实,但是上帝之城却在历史的时间内部经历了发展,在历史的时间内部我们同样拥有上帝之城。任何把上帝之城抽象为一个末世论理想的做法,或任何使历史的时间完全屈从于地上之城的做法,都根本上曲解了奥古斯丁的历史神学。㉕

我们认为,导致尼布尔等人曲解奥古斯丁双城说的原因主要有以下三点。

原因之一在于,奥古斯丁认为"两种爱决定两座城",这就使得一部分人想当然地以为在奥古斯丁的双城说中,两座城的公民都必须处于某个单一的爱的支配之下,也就是说,上帝之城的公民只有对上帝的爱,而无任何自爱,而地上之城的公民则完全屈从于自爱,再无任何对上帝之爱的光亮穿透他们的生活。这一对奥古斯丁双城说的僵硬解读导致这样一个后果:过分地拔高了上帝之城,而正是把上帝之城这样的理想

㉔ Augustine,《上帝之城》, book xv, chapter 1, p. 595。

㉕ 跟尼布尔一样,吴飞的著作《心灵秩序与世界历史》也犯了同样的错误。

化，导致了一部分人认为上帝之城在历史内部不具有任何现实性。尼布尔正是基于对上帝之城这样的解读，所以指责奥古斯丁，说他不懂得人"既是圣人又是罪人"这一事实。[26] 人既是圣人又是罪人，这当然是个伟大和深刻的命题，但指责奥古斯丁不懂得这个命题，则表明了尼布尔对《上帝之城》这个文本的阅读是多么疏漏！事实上，奥古斯丁本人正是这个命题的深刻阐释者之一，《上帝之城》中被广为研究的第 19 卷有大量关于上帝之城的公民与罪作内在争斗的描述，比如，奥古斯丁反问道，"谁达到了如此高的智慧，以至于他无需再与贪欲搏斗？"[27]奥古斯丁认为，羁旅中的上帝之城，即上帝之城在尘世朝圣的那一部分，虽然已经因信而生，但并非一个彻底完美的团体，而是依然处于与罪的搏斗之下。比如，他这样写道：

> 即便是圣徒和那些唯一至高无上的上帝的虔诚崇拜者，也不能免于魔鬼各式各样的诱惑与欺骗。但是，正是在这样一个虚弱的处境下，正是由这样一个恶的时光所引起的焦虑，引导我们去寻求和更为炽热地向往安宁之境，在那里，和平是完全的和得到确证的。[28]

总之，对于历史中的上帝之城的公民来说，他们的核心标志并非无需与罪作搏斗这一事实，而是他们在神面前的谦卑与顺服。"上帝之城是此世的过客，他们在必朽之生中全部和最高的使命，就是呼唤上帝之名。"[29]

但尼布尔等人的错误还有一个更隐蔽、更难以察觉的原因，这就是他们抛弃了奥古斯丁的实在观，而把实在本身等同于地上之城的经验现实。在奥古斯丁的实在观中，原初的实在——自然，是无比美善的，因为这是上帝创造的；同时很重要的一点是，这一上帝创造的自然，并非一个

---

[26] Reinhold Niebuhr, "Augustine's Political Realism," in Reinhold Niebuhr, *Christian Realism and Political Problems* (Augustus M. Kelley Publishers, 1977), p. 138.

[27] Augustine,《上帝之城》, book xix, chapter 4, p. 854。

[28] Ibid., book xix, chapter 10, p. 864.

[29] Ibid., book xv, chapter 21, pp. 634 - 635.

寓言、一个神话,而是真实的事件。尼布尔等人把上帝创世仅仅视为一个包含着真理的神话或寓言,这实际上从一开始就出现了根本偏差。当然,问题在于,如果自然是美善的,或者,如果上帝创造的一切都是好的,而一切存在皆源于上帝,则存在即善,善的才能够存在,那么,恶从何而来?恶又是什么呢?奥古斯丁认为,"在自然中并没有一个实体是恶的,恶仅仅是善的缺失",[30]恶只能从恶的后果而得知,恶作为善的缺失,使人的存在降格,趋于虚无,奥古斯丁这样写道:

> 与人依附于那最高程度的存在者时所具有的状态相比,当人转向他自身时,他的存在就变得不那么真实了。所以,离弃上帝,转投自身,这样的一种自我陶醉,并不会一下子就使得人失去存在,但确实使得人的存在趋向虚无。[31]

恶并非从某个实体而来(不然,就彻底违背了创世神学),而是源于意志的悖谬,源于意志的转向:意志离开上帝,转向自我,也就是说,意志从对最高实在的依附转向了一个较低的实在那里。"当意志离开高级的实在,转向较低的存在时,意志就是坏的,这并非意志所转向的那个东西是坏的,而是这一转向本身就是悖谬的。"[32]意志的这一转向,不仅内在地导致了人的存在趋于虚无,也导致宏观历史层面的实在的缺失,奥古斯丁这样描写地上之城的始祖——撒但的精神处境:

> 他拒绝服从他的创造者,在傲慢中他把自身的权势视为自己的私人所有物,并陶醉于这一权势之中。所以,他既是一个欺骗者又是一个被骗者,因为没有存在者能够逃脱全能者的权势。他拒绝接受实在,并在他的骄傲自得中放肆地去伪造一个非实在。[33]

---

[30] Ibid., book xi, chapter 22, p. 454.

[31] Ibid., book xiv, chapter 13, p. 572.

[32] Ibid., book xii, chapter 6, p. 478.

[33] Ibid., book xi, chapter 13, p. 445.

这样我们就发现,由这一意志的悖谬所导致的地上之城,绝不能被等同于实在本身。地上之城起源于这一意志的悖谬,作为罪的后果,是对自然的偏离,是对实在的削减,是次级实在,而不是原本的实在,不是真正的实在,其终极的趋向正是虚无本身。与之相反,上帝之城建立于正确的爱的秩序之上,在恩典之助下,与罪作斗争,恢复了那被罪所削减的自然,因而具有更多的实在,更多的希望。历史中的上帝之城虽然尚处于羁旅之途中,但是"上帝之城诞生于对基督复活之信仰中,并活在希望之中"。[34]

第三个,也是最后一个原因在于,尼布尔等人低估了道成肉身的意义。跟上帝创世一样,道成肉身也不是一个神话或寓言,而是一个真实的历史事件。"耶稣受难和复活——救赎历史的决定性事件——给相信主日的人带来了最终未来的确定性。"[35]说道成肉身是一个真实的历史事件,这也就意味着,随着基督的道成肉身,历史的时间内部发生了某种根本性的变化,一条全新的道路、一种全新的生活模式在历史的时间中诞生了。基督不仅仅是真理,也是"道路"。根据奥古斯丁,上帝之城与地上之城在历史中的对立与分野,其根本的原因是出于基督的拣选。奥古斯丁这样写道:

> 两个城开始死生相继的过程,其中最先问世的,乃是这个世俗之城,随后才是上帝之城中的公民,是此世中的过客。他靠恩典被预定了,靠恩典被拣选了,靠恩典成为下界的过客,靠恩典成为上界的公民。至于他自己,则起源于一开始就整个被谴责的质料;使徒把上帝比喻为陶匠,丝毫不鲁莽,而是很明智的。他从这质料中制造了一些贵重的器皿,也制造了卑贱的器皿。[36]

㉞ Ibid., book xv, chapter 18, p. 628.

㉟ 卡尔·洛维特:《世界历史与救赎历史》,李秋零译,上海:上海人民出版社,2005年,第211页。

㊱ Augustine,《上帝之城》, book xv, chapter 1, p. 596。

三、结 论

奥古斯丁对现实主义作了以下两个根本挑战。现实主义者倾向于把权力政治视为最高、最严肃的现实,而在奥古斯丁历史神学的观照下,现实主义所捕捉到的这个现实绝非实在本身,而是实在的削减,现实主义者的"现实"建基于一个悖谬的意志之上,其最终的趋向是虚无;同时,在历史的时间内部,兴起了一座因恩典而生的上帝之城,终极的意义和希望存在于上帝之城中,真正严肃的事情也在上帝之城公民对上帝的谦卑与顺服之中,奥古斯丁确实削减了尘世政治斗争的神圣性,"精确地与人同上帝和自身发生关联的强度相比,这个世界的历史失去了意义。"[37]

奥古斯丁历史神学的伟大又清醒的一面正是在于,他一方面看到了地上之城那悖谬的现实,但另一方面,在悖谬之城旁边,又矗立着一座希望之城,这一希望就如此真实地位于历史的时间内部。对于奥古斯丁来说,这一希望是如此地真实,因为它来自于那最高的权威圣经的启示本身。

---

[37] 卡尔·洛维特:《世界历史与救赎历史》,第216-217页。

卢梭论宗教与契约式国家的关系

章亚军

【内容提要】 在《社会契约论》中，卢梭庄严地宣称：没有任何一个国家的建立不是以宗教为基础的。① 卢梭认为这一论断不仅适用于历史上实存的所有国家，而且适用于人们自愿订立契约所建立的国家。对于前者来说，卢梭采用实证的方式证明之。对于后者来说，卢梭接连完成了两项任务：第一，给出这样的社会也需要宗教的依据；第二，认定与之相配合的宗教是"新的公民宗教"。针对第一项任务，卢梭给出了三大理由：上帝必然存在，来自上帝的良心是社会凝聚的基石以及无神论具有危害性。针对第二项任务，卢梭通过对教士宗教的批判，认定政治与宗教的背离将使社会动荡；紧接着，通过旧公民宗教（民族宗教）以及对日内瓦小议会的批判，断言新的公民宗教绝不能采用政教完全合一的形式。此外，通过对人类宗教的考察，卢梭认定培养人与培养公民必须结合起来。因为只培养人的基督教将导致奴役，而只培养公民的宗教又不可能（公民首先是个人）。由此可见，卢梭的契约式国家提倡的是政治与宗教的部分一致性。从卢梭的上述思想中，我们可以得出一个至关重要的结论：理性人本身就是契约式国家（现代国家也是契约式国家）的神学基础。

【关键词】 卢梭　公民宗教　契约式国家

---

① 参见卢梭：《卢梭全集》（第四卷），李平沤译，北京：商务印书馆，2013年，第162页。

作为构建新时代的弄潮儿们,在基督教的历史背景下,所有启蒙哲学家都对宗教发表了自己的看法。作为卢梭同时期的哲学家,伏尔泰对上帝的存在充满怀疑,法国百科全书派的霍尔巴赫更是坚定的无神论者。然而,与他们不同,卢梭却在《社会契约论》中宣称任何国家都必须建立在宗教的基础之上。不仅以往的国家都证实了这一点,通过契约方式建立起来的新型国家也不能例外。因此,卢梭就为自己制造两大难题:第一,契约式国家为何需要宗教?第二,契约式国家需要怎样的宗教?通过这些问题的解决,他清楚阐明了宗教与契约式国家的关系。

毫无疑问,卢梭的宗教思想是其整个思想体系不可缺少的一部分。大多数学者认为,《社会契约论》第四卷第八章是经过深思熟虑的补写。他们认为:"这一章恰恰原本就不在社会契约论的计划之内"。② 这一看法的出处是何兆武先生翻译的《社会契约论》(2005 年版)第 166 页的译者注释。然而,早在 2001 年出版的《主权在民 VS 朕即国家——解读卢梭〈社会契约论〉》中,《卢梭全集》的翻译者李平沤先生就已经指出:"他把本章先抽出后来又加进去。"③可见,这一章并不是补写。并且,在出版前,卢梭还对其进行了润色。卢梭在《山中来信》中直接指认:"……在卷末和全书的结尾部分指出宗教不仅能够而且应当作为一个合法的组成部分纳入政治共同体。"④

此外,卢梭的宗教思想针对的对象是一些理性的公民。他的几部重要著作之间都有着密切的关联。通过《论科学与艺术的复兴是否有助于使风俗日趋纯朴》,卢梭指出科学与艺术都不具备道德教化的功能。那么,什么具备道德教化的功能呢?卢梭认为是政治和宗教。这一答案就暗含在《论人与人之间不平等的起因和基础》一文中。也就是说,政治制度和与之配套的宗教的优劣直接决定了人民成为奴隶还是主人,成为被奴役者还是自由人。他认为自然状态只是一个符合逻辑的推论,人类

② 汲喆:《论公民宗教》,载《社会学研究》2011 年第 1 期。

③ 李平沤:《主权在民 VS 朕即国家——解读卢梭〈社会契约论〉》,济南:山东人民出版社 2001 年,第 133 页。

④ 卢梭:《卢梭全集》(第五卷),李平沤译,北京:商务印书馆,2013 年,第 441 页。

绝不可能再回到自然状态。所以,摆在人类面前的首要任务,不可能是别的,而只能是建构一套能够带来自由的政治制度和宗教制度。人们可以借助这种制度跳脱出不断被奴役的怪圈。《社会契约论》就是建构新的政治制度与宗教制度的一次尝试。

之所以在文章的开头就点明这两点,是因为只有清楚这两点,我们才能真正理解卢梭的宗教思想。第一点表明宗教所要教化的人是一些参与政治的人。第二点表明参与政治的这些人是自愿订立契约的理性人。卢梭的宗教思想就从这些理性的人[5]开始,最终给出了契约式社会也需要宗教的三大理由:上帝存在,上帝赋予的良心是社会凝聚的基石以及无神论的危害性。

一、有关上帝存在的证明

1. 物质的运动只能来源于上帝

卢梭既然认为应该从人开始,那么,问题就变成了从人的什么开始?卢梭认为他那个时代众多的复杂哲学体系不仅不能给人指出真理,而且让人忽视了真理。也就是说,我们应该从最简单的东西开始,卢梭认为这个最简单的东西就是感觉。每个人都有感觉,并且他坚信感觉可以给人确切的真理。这一点并不与理性相违背,而恰恰是理性的要求。"我之所以采取多凭感觉而少凭理智这个准则,正是因为理智本身告诉过我这个准则是正确的。"[6]

他认为,我们首先可以感受到的是时而运动、时而静止的物质。而且,在他看来,物质的自然状态是静止。因为如果物质的自然状态是运

---

⑤ 国内学者(如赵林、赵立坤等)大多受到卡西尔的影响,认为卢梭将人的情感视为宗教的基石。这种论断忽视了卢梭对于理性的强调。因为在卢梭的宗教思想中,理性和情感都扮演着至关重要的角色。卢梭主要从两个角度考察宗教问题:第一角度是考察宗教教义的真假。第二角度是考察宗教对社会是利是弊(这两条原则参见卢梭的《致博蒙书》)。由此观之,在考察宗教问题时,理性是不可或缺的。下文还将指出,正是理性发现上帝必然存在。

⑥ 卢梭:《卢梭全集》(第七卷),李平沤译,北京:商务印书馆,2013 年,第 13 页。

动,那么,我们将无法“设想有任何静止的物质”。因此,接下来关键性的问题就是物质的运动从何而来?卢梭区分了两种运动:“因他物的影响而发生的运动和自发或随意的运动。”⑦卢梭发现人的运动是一种自发的运动,它是在意志的支配下发生的。那么,外在于人的物质的运动必定也由一个意志在支配着。但是物质与人不同,其自然状态是静止的,所以推动物质运动的意志必定外在于物质。一个物质的运动固然可以追溯上一个推动它的物质,但是必定有一个最初的推动者,使整个运动的链条得以真正的开始。

2. 自然和谐的秩序只能来源于上帝

由于人不仅有感觉能力,还有判断能力。感觉与判断是不同的。在卢梭看来,我们的感觉不会出错,但是我们的判断会出错。“例如,当短棍子只有长棍子的四分之一那么长的时候,我为什么会以为它有长棍子的三分之一那么长呢?……这是因为进行判断的时候我是主动的,而进行比较的时候我的活动出了错误……”⑧人能通过比较来判断。

3. 上帝是“意志”“智慧”“能力”和“仁慈”的综合体

卢梭的上帝并不是耶稣,也不是宙斯,而是一种精神性的存在。卢梭将其称为“意志”“智慧”“能力”和“仁慈”的综合体。但是卢梭认为我们对上帝的认知仅限于此。当我们去追问上帝的样子、他的构成、他存在的位置时,我们的心灵就变得迷茫。卢梭认为,我们人类的能力是很有限的。他还认为,盲目地论述上帝的性质,简直是对上帝的侮辱。

二、良心是凝结社会的基石

社会之所以成为社会,就在于它是人的结合体。要使人与人能够凝结在一起,每个人就不能行不利于他人的行为。所以,有利于他人的行为

---

⑦ 同上,第14页。

⑧ 同上,第12页。

就被定义为是善的行为，例如关心他人、帮助他人；有损于他人的行为就被定义为恶的行为，例如辱骂他人、殴打他人。如果想要一个结合体长治久安，我们就需要鼓励前者，压制后者。换言之，人要多行有利于他人的行为。

那么，人为什么会结合在一起呢？人为什么会做出有利于他人的行为呢？也就是说，善的行为如何可能呢？后一个问题的答案也可以回答前一个问题，换言之，正因为人能为他人考虑，每个人能在结合体中得到他人的关爱、帮助，所以人们才结合在一起生活。卢梭通过对人性的分析来揭示善的真正来源。

1. 人的两种本原和善恶的来源

通过对人类理性的观察，卢梭不仅得出上帝存在的结论，并且认为人具有灵魂和肉体两种本原。“我认为我在人的天性中发现了两个截然不同的本原，其中一个本原促使人研究永恒的真理，去爱正义和美德，进入智者怡然沉思的知识领域，而另一个本原却使人固步自封，受自己感官的奴役，受欲念的奴役；而欲念是感官的指使者，正是由于它们才妨碍他接受第一个本原的种种启示。”⑨

这两种本原遵循两个不同的原则。灵魂遵循的是良心，肉体遵循的是欲念。结合上文卢梭有关运动和判断力的论述，可见人还具有自由的意志和理性。

接着，卢梭认为，恶来源于理性与欲念的结合。卢梭认为，理性的发展到达一定的阶段才具备辨别善恶的能力。在这个过程中，人们的感官是与生俱来的，因此理性容易被欲念所控制，成为满足个人欲望的工具。作恶之人又可以分为两类，第一类人指的是那些判断出现了错误的人：“他判断正确了，他就选择善；他判断错误了，他就选择恶。那么，是什么原因在决定他的意志呢？是他的判断。是什么原因在决定他的判断呢？是他的智力，是他的判断的能力；决定的原因存在于他自身。”⑩上文已

⑨ 同上，第26页。奇怪的是，这一对涂尔干有关宗教和人性的定义至关重要的思想，大多数国内学者都选择了忽视。

⑩ 同上，第28页。

经谈到判断是人所拥有的比较的能力。因此,判断力也就是人的理性能力。第二类人是那些明知故犯的人。即"我知道什么是善,并且喜欢善,然而我又在做恶事"。[11]

卢梭认为善是理性与良心的结合。也就是说,理智与良心是相辅相成的。理性只有在良心的引导下,才能真正的行善事。"正是你(良心)使人的天性的能量和行为合乎道德,没有你,我就感觉不到我身上有优于禽兽的地方;没有你,我就只能按我没有条理的见解和没有准绳的理智可悲地做了一桩错事又做一桩错事。"[12]又如,"有些人想要单单拿理智来建立道德,这是不可能的,因为这样做,哪里有坚实的基础呢?他们说,道德就是对秩序的爱。哪里有情感和智慧,那里就有某种道德的秩序。"[13]当然,只有良心也是不够的,"但是单单存在着这样一个向导是不够的,我们还需要认识它和跟随它。"[14]并且,卢梭认为大部分人都多多少少保留了对于善的喜爱。"知道善,并不等于爱善;人并不是生来就知道善的,但是,一旦他的理智使他认识到善,他的良心就会使他爱善;我们的这种情感是得自天赋的。"[15]

既然理性可以被引导为善,也可以被引导为恶。所以关键就在于让理智真正地认识到良心。卢梭用了众多笔墨来论述他的良心学说。

2. 良心的定义及其来源

卢梭认为良心是一种感觉。"良心的作用并非判断,而是感觉。"[16]也就是说,人有两种感觉,一种是肉体上的,一种是灵魂上的。这两种感觉都是真实的。但是,肉体上的感觉带来危害,而灵魂上的感觉带来恬静。因此,对大部分人来说,他们最终会选择满足良心的要求。但对于那些长期忽视良心召唤的人来说,即使知道善,也会行恶事。

---

⑪ 同上,第26页。
⑫ 同上,第47页。
⑬ 同上,第49页。
⑭ 同上,第47页。
⑮ 同上,第46页。
⑯ 同上,第45页。

既然良心是不同于肉体的感觉,那它就是一种心理的感觉。卢梭将其定义为情感。然而,众所周知,人的情感多如牛毛。卢梭这里指的又是哪一种情感呢?笔者认为卢梭指的情感是一种同情心。“当我们看到不公正的行为时,我们会感到愤怒;当我们看到公正行为时,我们会感到喜悦。”[17]这种同情心本身就是有道德性的,它就是判断善恶的原则。“在我们的灵魂深处生来就有一种正义和道德的原则;尽管我们有自己的准则,但我们在判断我们和他人的行为是好或是坏的时候,都要以这个原则为依据,所以我把这个原则称为良心。”[18]这种判断善恶的情感,不仅每个人都具有,而且它具有同质性。正是由于同质的情感,每个人都会行出有利于他人的行为,即行出善来。既然人们能在结合体中得到善,他们也愿意结合在一起。可见,正是良心将他们结合在一起。“但是,如果我们可以毫无疑问地肯定说人天生是合群的,或者至少是可以变成合群的,那么,我们就可以断定他一定是通过跟他的同类息息相连的、固有的情感才成为合群的,因为,如果单有物质上的需要,这种需要就必然使人类互相分散而不互相聚集。良心之所以能激励人,正是因为存在着这样一种根据对自己和同类的双重关系而形成的一系列的道德。”[19]

除此之外,卢梭还谈到良心始终是不顾一切人为的法则而顺从自然秩序的。[20] 也就是说,良心也是自然秩序的一部分。上文已经谈到,自然秩序是上帝的安排。因此,良心不是后天的产物,而是上帝的恩赐!

3. 无神论的两大危害:消解道德与毁灭希望

1755年11月1日葡萄牙里斯本发生了大地震,伏尔泰借此反对上帝是正义的论断,甚至怀疑上帝的存在。卢梭给伏尔泰写了一封长信,批判伏尔泰的观点。

卢梭给出了三点回应:第一,自然秩序的有效性,我们并不能因为

---

⑰ 同上,第44页。

⑱ 同上。

⑲ 同上,第46页。

⑳ 同上,第4页。

地震就否认这种有效性。"上帝已尽可能好地安排了事物的秩序,我们不可随意改变它,切不可像那些嘲讽上帝的哲学家那样要上帝来为我们看管我们的行装。"[21]所以,即使"我们不应说'全都是好的',也应当说'总的来说是好的'或者'就总体而言是好的'"。[22]第二,地震致人死亡,很大的因素在于人不认识自然秩序。城市中的居民违背自然秩序,居住在太高的楼层。第三,承认上帝的存在给了人希望。"我感觉到了它,我相信它的存在,我希望它能永生。"[23]

卢梭的意图非常明显,否定上帝的存在,就否定了自然法。否定了自然法,就否定了人类天生具有的良心。没有了良心,也就消解了道德;没有了道德,社会也就荡然无存。与此同时,否定了上帝的存在,就否定了灵魂不朽,也就没有了天堂地狱,那么死后审判也就不可能存在。因此富人就将更加放纵,而穷人则将失去希望。因此卢梭感叹道:"既然这种看法能给人安慰,在人们由怀疑而变为失望之际,怎么能不作如是观?"[24]理性人的生与死都需要上帝的存在,宗教的存在。

三、新型的公民宗教

1. 教士宗教及其缺陷

卢梭认为政治统一是一个国家稳定的保障。霍布斯早在《利维坦》中就谈到了这一点。宗教改革后的欧洲,往往因为宗教差异产生一系列的战争。霍布斯亲历由宗教纷争引起的英国内战,卢梭生活在有众多宗教派别的法国,在政治统一性这一点上可谓是英雄所见略同。

然而教士宗教恰恰破坏了这种同一性。这种宗教使得生活在同一个国家的人们服从于两种不同的权力。两种权力不断的斗争,时刻存在着分

㉑ 雷蒙·特鲁松:《卢梭传》,李平沤、何三雅译,北京:商务印书馆,1998年,第193页。

㉒ 同上。

㉓ 同上。

㉔ 同上。

裂整个国家的危险。我们很容易联想到代表各国君主势力与代表罗马教皇势力在历史上展开的长期的斗争。首先,假如教皇势力与君主势力维持某种程度的和谐,那么,生活在这种国家的人民,只能承受着两种势力的剥削。因为人民还是这些人民,剥削者却有两套人马,例如法国的第一等级(教士)与第二等级(国王与贵族)。更何况,这样的国家更容易发生战乱。对于最高统治权的争夺,往往使得君主采用暴力的方式来达到其目标,教皇也会以暴力的方式进行反击。卢梭对这种宗教嗤之以鼻:"一切破坏社会统一的,都是不值一谈的;凡是使人陷入自相矛盾的制度,都是不屑一顾的。"㉕

2. 旧的公民宗教(民族宗教)的缺陷与日内瓦小议会的错误

旧的公民宗教,也可以称作是民族宗教,本身具有很多的优势。它将对神的崇拜与对国家或民族的崇拜结合起来。并且将对神的信仰、崇拜方式都以法律的方式固定下来。任何人违反对神的崇拜仪式,就是违反法律,就是反对这个国家。但是,这样的民族宗教对内和对外都保持着一种高压态势,它将不宽容政策执行到底。对内,它不容许任何异见者;对外,它实行征服,消灭他国的神,或者迫使他国的神臣服于自身国家的神。然而,国家、民族必须要落到实处,个别的人往往成了国家或民族的化身。希特勒作为日耳曼血统的真正代表,必然要披上高于任何世俗之人的神圣外衣。这一点在前现代社会不断得到证实。但是希特勒毕竟只能是人,而不是神。所以需要不断制造出迷信,使得人民认同这个国家的化身。例如,希特勒是神这样的迷信就出现了。民族宗教是充满迷信的宗教,这样的国家也是崇尚迷信的国家。这种宗教,"……它要愚弄人民,使人变得轻信、迷信……"㉖实际上,这是一种典型的政教合一的神权政治制度。

作为宗教不宽容的受害者,卢梭强烈反对政教的绝对合一。更确切地说,反对将宗教典籍中的所有内容都直接作为法律的内容。在《爱弥儿》发表以后,日内瓦的小议会违反《教会法》,强行干涉宗教事务,对卢

㉕ 卢梭:《卢梭全集》(第四卷),第163页。

㉖ 同上。

梭进行迫害。卢梭对这一行径的回应主要分为以下方面:第一,小议会的行径违反了一定程度上政教分离的日内瓦《教会法》。第二,日内瓦行径违反了新教的精神。卢梭将新教的精神概括为自由解释,具体表现为两条原则:“承认圣经是衡量人们信仰的标准;除自己的理解以外,其他人对圣经的解释,都是不被认可的。”[27]值得注意的是,这只是卢梭的概括,并不一定是真实的新教本身的精神。路德宗和加尔文宗都不可能承认后一条原则。日内瓦的相关规定就能说明这一问题。《教会法》第88条规定:“无论何人,只要擅自按其一己之见曲解公认的教义,都将被传唤到会接受询问。”[28]当然,如果就整个新教运动而言,我们确实可以认同卢梭的第二条原则。新教派别很多,皆称自家教义来自圣经。这两条原则表明人的灵魂的拯救与世俗的政府没有任何关系,它要求在信仰问题上彻底排除世俗的力量。因此,应该将政教分离开来,放置在各自合适的位置上。所以,在卢梭看来,小议会才是真正的执法犯法者,应该被逮捕!

3. 基于人类宗教之上的公民宗教

人类宗教就是福音书宗教。这样的宗教认为人类都是上帝的子女,每一个人都是兄弟姐妹。但是这种宗教只关心天国,而不关心人世。所以信奉这种宗教的基督徒将无视现世的压迫,变相地承认了奴役,这种宗教也就成了奴役制的帮凶。而且这种宗教与特殊国家的立法也相矛盾。因为这种宗教标榜的是普世主义,上帝向所有人敞开,而每个国家的立法都具有特殊性。所以,卢梭疾呼道:“……‘基督教’和‘共和国’这两个词是互相排斥的。”[29]

通过上述三种宗教的考察,卢梭提出了自己的公民宗教思想。公民宗教教义只有五条:上帝存在,灵魂不朽,赏善罚恶,法律至上,宗教宽容。这五条教义可以分成两个部分。前三条实际上是培养一个人所必不可少的,因此每一个国家、每一种宗教信仰下的人都应该承认这些教

---

[27] 卢梭:《卢梭全集》(第五卷),第313页。

[28] 同上,第375页

[29] 同上,第166页。

义。卢梭想要借助每个人都是上帝子女的指认,来避免国与国之间的敌对状态。后两条是培养一个公民不可缺少的,每一个国家都应该有法律至上的观念,法高于任何人,避免了任何人成为其他人的主人,避免了奴役制的出现。当然,不同的国家可以根据本国的国情制定不同的法律内容。宗教的宽容则避免了国内的敌对状态。培养人与培养公民的目标在公民宗教中得到了很好的结合。

由此可见,公民宗教的五条教义,并不单单是宗教教义,更是法律的法条。我们甚至可以认为这五条教义构成了宪法的最重要内容。因此,在卢梭的契约式国家中,宗教与法律具有部分的一致性。换言之,政治与宗教具有部分一致性!

四、契约式国家的神学基础:理性人本身

社会契约论是自由主义哲学家仰仗的利器。正是借助于这一理论,部分自由主义者企图建构与以往国家完全不同的国家,乃至一个新的世界。但是现代社会充斥了众多的问题,信奉自由主义的普世主义的政治理论并没有完成席卷全球的目标。这套理论在其诞生地就遭遇了滑铁卢。法国大革命的历史事实告诉世人,现代社会(契约性社会)存在一个严重的问题:社会失范问题。原子式个人之和等于社会的社会理论,以及与之相配套的无干预的市场经济理论和作为技术中立性存在的国家理论都成为社会失范的重要理论来源。

卢梭是自由主义者,但他并不认同上述自由主义者的相关理论。路易·杜蒙就认为卢梭要比大多数人所想象的保守得多。由于卢梭并没有清晰区分出社会和国家,所以,在国家和社会方面,卢梭始终坚持主权者的至高性和统一性。主权者是大于部分之和的,它不是众意。它的公意性就表明了它的非中立性,他始终代表公共利益。(阿伦特在《论革命》中认为,卢梭政治哲学的独特之处是将公意等同于公共利益。“因此,公意就是普遍利益的表述,是人民或民族整体利益的表述。”[30])“主

---

[30] 阿伦特:《论革命》,陈周旺译,南京:译林出版社,2007年,第65页。

权既然是不可转让的,同理,主权也是不可分割的,因为意志要么是公意,要么不是;它要么是整个人民的意志,要么只是一部分人的意志。"[31]主权者高于一切,自然也高于市场经济领域。这种经济模式不可能是无干预的,尽管卢梭承认人与人之间财产占有的差异性。

除了突出主权者至高无上的地位,卢梭强调宗教是促成社会凝结不可或缺的一部分。从历史上来看,宗教在每一时期都起到了凝结社会的作用。因为宗教包含了道德原则。部分道德原则是法律,部分道德原则是习俗。人们要想和谐地生活在一起而不走向混乱,只能依据这些原则去行动。那么,一个契约式国家,一个纯粹"人造的机器",它为何还需要有神的宗教?卢梭认为,不仅参与订立契约的理性人会承认上帝存在,而且正是他们的团结使得"人造的机器"得以存在。根据社会学家涂尔干的理论,任何一个社会,无论是现代社会,还是前现代社会,都需要两种团结方式。它们分别是机械团结和有机团结。在前现代社会,机械团结是更加重要的方式,现代社会则更加侧重于有机团结。而且,他还认为机械团结就是一种相似性的团结,也就是说它是同质性的。这种同质性到底指的是什么?卢梭认为,这种同质性就是每个人都具有的同情心,也就是说,它是一种每个人都具有的情感。这种同质性是道德的一部分,是任何社会(国家)都不可缺少的。那么,它从何而来呢?卢梭认为它是天生的,它来自于上帝。有学者追溯到路德来阐明契约式社会的神学基础。[32]卢梭有关上帝存在以及良心由来和作用的论述则表明,契约式社会的神学基础就是参与订立契约的人本身。由此观之,在卢梭看来,无论是构建一个"所多玛式"的社会,还是构建一个真实"理想国",只要它需要团结,它就离不开上帝,离不开宗教。

---

[31] 卢梭:《卢梭全集》(第四卷),第42页。

[32] 参见孙向晨:《公民宗教:现代政治的秘密保障》,载《复旦学报(社会科学版)》2012年第6期。

参考文献

[1] 卢梭:《卢梭全集》(一至九卷),北京:商务印书馆,2013 年。

[2] 卢梭:《致博蒙书》,吴雅凌译,北京:华夏出版社,2014 年。

[3] 雷蒙·特鲁松:《卢梭传》,李平沤、何三雅译,北京:商务印书馆,1998 年。

[4] 李平沤:《主权在民 VS 朕即国家——解读卢梭〈社会契约论〉》,济南:山东人民出版社,2001 年。

[5] 阿伦特:《论革命》,陈周旺译,南京:译林出版社,2007 年。

[6] 涂尔干:《社会分工论》,渠敬东译,北京:生活·读书·新知三联书店,2013 年。

[7] 尚杰:《社会契约论导读》,成都:四川教育出版社,2002 年。

[8] 吴增定:《利维坦的道德困境:早期现代政治哲学的问题与脉络》,北京:生活·读书·新知三联书店,2012 年。

[9] 赵林:《卢梭宗教思想初探》,载《法国研究》1997 年第 1 期。

[10] 孙向晨:《公民宗教:现代政治的秘密保障》,载《复旦学报(社会科学版)》2012 年第 6 期。

[11] 孙向晨:《论卢梭公民宗教的概念及其与自然宗教的张力》,载《基督教文化评论》2009 年第 30 期。

[12] 汲喆:《论公民宗教》,载《社会学研究》2011 第 1 期。

[13] 戴晖:《卢梭的公民宗教思想》,载《世界宗教文化》2013 年第 6 期。

[14] 项松林:《卢梭:现代形式的社会宗教之父》,载《宗教学研究》2009 年第 3 期。

[15] 林壮青:《卢梭的共和构想和宗教》,载《哲学研究》2014 年第 10 期。

[16] 赵立坤:《卢梭浪漫主义宗教观》,载《浙江学刊》2004 年第 5 期。

[17] Louis Dumont, translated by Mark Sainsbury, Louis Dumont, and Basia Gulati, *Homo Hierarchicus: the Caste System and Its Implications* (Oxford: Oxford University Press, 1970).

[18] Emile Durkheim, translated by Ralph Manheim, *Montesquieu and Rousseau: Forerunners of Sociology* (Ann Arbor: The University of Michigan Press, 1960).

黑格尔论宗教与政治的关系

张云凯

【内容提要】 本文立足于黑格尔柏林时期的论述来勾勒他关于宗教与政治关系思考的整体形象。本文围绕三个不断深化的维度依次展开,分别是:对于现代国家政教分离原则的肯定;宗教作为伦理生活的内在整合和超越环节;哲学对于基督教精神与现代国家政治自由的调解。

【关键词】 黑格尔　基督教　政治　自由　伦理生活

黑格尔关于宗教与政治关系的论述具有多重的面向,这不仅展现在国家理论和历史哲学的维度,也展现在宗教哲学与对现实政治考察的维度。这些论述在不同时期各有侧重,也是在时代思潮和现实政治的激荡中形成的产物。这使得黑格尔思想显得复杂:他既不是赞扬普鲁士政权的国家主义者,也不是伪装成哲学家的基督教神学家;他坚守现代国家政教分离的原则,但是他不认为这就是宗教和政治关系的全部;他既不是政治宗教的鼓吹者,[①]也不认为宗教能够为现代政治和法律提供具体规范性的内容。为了避免各执一端而不及其余,我们必须一方面理清黑格尔论述中的思想线索,同时将其置于时代思潮和政治现实的语境之中,才能够从整体上把握他关于宗教和国家关系的论述。

---

① 这里的政治宗教(Politische Religion)是指沃格林所指出的,是国家通过创造类似于宗教象征和神话,从而将自身神圣化、绝对化的意识形态形式。

一、对于政教分离原则的维护

伴随着欧洲旧秩序的复辟，与启蒙运动和法国大革命相对立的19世纪的德国浪漫主义复古思潮逐渐兴起，出现了主张恢复不同教派统一与国家和教会统一的思想倾向。[②] 黑格尔坚决反对这种观点。他认为宗教改革所带来的教派分裂诚然带来了国家与教会之间的分裂乃至于战争，但是这恰恰说明了以前的那种国家与宗教的关系不过是机械的、外在的统一，而教派分裂则构成了现代国家产生的历史前提。在1821年出版的《法哲学》中，黑格尔对于宗教与政治的关系是在国家内部法的范围时涉及的主要问题涵盖了教会与国家法律、制度之间的关系，随着讨论的深入，不可避免地涉及到了宗教意向[③]与国家政治之间的关系。

理解黑格尔在《法哲学》中关于国家的论述时应当注意到他与浪漫主义复古思潮之间的争执。黑格尔尝言，"国家是神的意志，也就是当前的、开展为世界的现实形态和组织的地上的精神。"[④]这并不意味他试图将国家神化，或者说粉饰当时的普鲁士政权。实际上黑格尔是在理念的层面强调现代国家所体现的政治自由的合理性。"作为自由而合乎理性的那精神自在地是伦理性的，而真实的理念是**现实的**合理性，正是这合理性才是作为国家而存在的。这个理念同样很清楚地指出，理念中的伦理性的**真理**，对**能思维的**意识来说，是作为经加工而具有**普遍性**的形式的那种内容——即作为**法律**——而存在的。一般说来，国家知道自己存

---

② 欧洲19世纪前期甚至可以被称为复辟的时代，与之相应的浪漫主义的复古思潮也茁壮生长了。这种思潮可谓是奇特的混合，面对现代社会的分裂，中世纪的生活形式在他们那里获得了谜一样的魅力；另一方面，这一思潮又与现代的、强烈的个体主观情感的表达联系了起来。

③ Gesinnung 被不同的中文译者分别译为"情绪""信念""品质""意向"等。Gesinnung 兼有意向、品质、思想倾向、立场等多重含义。在黑格尔这里，Gesinnung 是伦理生活中所形成的内在的、具有普遍性维度的思想倾向和立场，与良心（Gewissen）概念相似，其并不是以明确的概念形式呈现出来的。本文沿用杨祖陶先生的翻译。

④ 黑格尔：《法哲学原理》，范扬、张企泰译，北京：商务印书馆，1997年，第271页。

在的目的,它具有确定的意识,并依照基本原理来组织和实现这些目的。"[⑤]国家是具体自由的现实,在国家中伦理生活的目的得到了实现,不仅认识到了自身的自由,也是其自由具体实现为自我组织。在现代国家中,伦理生活的自我认识不仅体现在宪法之中,并且具体化为各个方面的组织和机构。

国家的法律、制度是作为思想和真理的特定存在,而宗教虽然也是对真理的认识,却是以主观情感和表象的形式呈现的。由于宗教是真理的表象形式,不能简单断言宗教是国家的基础。宗教也不仅仅局限于教义、情感和宗教实践,同样也必然要以教会组织形式出现在国家之中。就此而言,教会不可能、也不应该作为现代国家的基础。"那些只抓住宗教的形式来对抗国家的人……在认识上始终只停留在本质上,而不愿意从这种抽象中前进以达到定在(Dasein)……只希求抽象的善,而听凭任性去规定什么是善的事物……如果在对国家的关系上也坚持这种形式,以为对国家来说这种形式是本质上规定的和有效的东西,那么国家作为已经发展成为具有巩固地存在着的各种权力和规章制度的机体,将限于动荡不安和分崩离析。"[⑥]特别是对那些诉诸缺乏内容的主观良心和宗教情感的浪漫主义者来说,他们没有看到现代国家作为具体自由的现实反而更为真实,而空洞的观念反而会成为瓦解合理现实的力量。国家不为任何教会服务,独立于教会的现代国家不仅是处理现实政治问题的场所,同时也是保障思想自由、鼓励科学自由发展的场所,因而比盲目的宗教激情要真实合理得多。

这就构成了黑格尔对于宗教和国家之间关系的论述的一个基本前提:对于现代国家和教会分离原则的肯定。罗森克朗茨在谈到黑格尔关于国家与教会之间的关系时指出,"国家实现了作为伦理体系自身的概念,然而宗教与国家绝非漠不相干;在国家中实存的自由得到维系,只要这种自由自身在事实层面并不与国家法律相矛盾;而国家也仅只依凭理性为根据,如果其要将一种宗教树立为国教,就立刻失去相对于特殊教

⑤ 黑格尔:《法哲学原理》,第276-277页。

⑥ 同上,第272页。

派的独立性。"[7]的确,黑格尔不仅没有提到现代国家应当确立某种宗教为国教,他更强调宗教自由不是无边际的抽象自由。宗教活动在事实层面上不能与体现伦理生活普遍性的国家法律相违背。国家不仅具有普遍性的高度,也使伦理生活获得了具体的、外部定在的形式,必须要同维护伦理生活意向的宗教机构和组织区别开。由于宗教具有现实的组织机构,乃至于财产和地产,在此方面,国家和教会必然发生关系。教会成员以及教会组织不仅要受到法律的约束,同时也要接受公共权力的监督。黑格尔不仅坚决反对将国家视为实现宗教观念的工具,而且当教会试图凌驾于国家之上,干涉政治生活、挑战法律秩序,干涉国家对于公民的培养和教育之时,国家就必须坚持高于教会的权威性和处理这些问题的正当性和自主性。但是黑格尔也主张,在一个组织完善、法律健全的国家中,如果教会承认国家在法律和制度上的权威性,并且不对国家采取否认、敌视与对抗的立场,他甚至支持国家对于教会的发展持较为宽松的原则。对于宗教的观念和自身的发展,国家不应该干预,并且应当保护个体选择宗教信仰和教派的权利,"对触及国家的一切细枝末节可以完全不问,甚至可以容忍那些根据宗教理由而竟不承认对国家负有直接义务的教会(当然这要看数量而定)。"[8]概而言之,黑格尔认为一个成熟的现代国家在处理与教会的关系上并不应当凭借任意专断的强力,而是主要依靠风俗习惯和法律制度作为有机整体的系统合理性,来克服和减少宗教的失范状态。

就此而言,那些向往中世纪教会和国家关系的浪漫主义者们的主张——无论是"国家与教会的统一"还是"宗教作为国家的基础"——都因缺乏现实性而流于空泛。但是黑格尔同时看到,即使现代国家采取政教分离的立场,也未必能化解政治与宗教可能的冲突。信徒和教会诚然可以对国家的法律和制度保持外在的服从,但是内在并不承认其权威性。"国家不是机械式的构造,而是具有自我意识的那种自由的合理的生活,伦理世界的体系,所以意向和对包含在这种意向中的原则的意识,

---

⑦ Karl Rosenkranz, *Erläuterungen zu Hegels Encyklopädie der philosophischen Wissenschaften* (Berlin: Verlag von L. Heimann, 1870), S. 135.

⑧ 黑格尔:《法哲学原理》,第 273 页。

就成为现实国家中的一个本质的环节。"[9]在黑格尔那里国家是精神自由实现的有机系统,既不是契约论意义上的国家,也不是功能主义意义上的仅仅保障公民安全与社会秩序的机构。既然国家不能仅仅依靠法律、制度性的外在强力来维持,也不应要求公民无条件地内在服从。这样似乎产生了断裂:国家既不应当干涉宗教的内在意向,另一方面又需要得到伦理生活的内在意向的认同,特别是对培养这种意向的宗教的认同。最后黑格尔将这种培养伦理生活的宗教意向落实在了"新教良心"这一概念上,并指出"唯有哲学洞察才认识到教会和国家都以真理和合理性为内容,它们在内容上并不对立,而在形式上各有不同"。[10]

二、宗教意向作为伦理生活的内在整合和内在超越环节

在《法哲学》中,黑格尔主要在"国家内部法"的范围讨论宗教与政治的关系,就国家政权与教会的分离原则做出了肯定,但是对宗教与国家的关系还主要是廓清对于这一关系的误解,但已经为进一步充分讨论敞开了空间。在1830年出版的《哲学百科全书》的"精神哲学"部分中,黑格尔再一次着重阐发了两者关系,而这是在由民族精神向世界历史精神过渡的部分中加以展开的。

首先,宗教的产生必须是自发的,宗教的现实性力量在于其必须植根并渗透于其民族精神之中,植根于民族的伦理生活之中。"**真正的宗教和真正的宗教性**只从伦理中产生并且是思维的、即对其具体本质的自由普遍性有自我意识的伦理。只有根据伦理和从伦理出发,上帝的理念才被知晓是自由的精神;因此,在伦理精神之外去寻找真实的宗教和宗教性是徒劳的。"[11]对于黑格尔来说,宗教同伦理生活一样,并非国家出于外在的工具性意图建构起来的。真正的宗教必然是伦理生活之精神

---

⑨ 同上,第275页,有改动。

⑩ 同上,第277页。

⑪ 黑格尔:《精神哲学——哲学全书·第三部分》,杨祖陶译,北京:人民出版社,2006年,第361－362页。

内在的、自然的生发,现代国家不可能凭空构建出一种宗教,也不应当将宗教消弭于国家权力之中,成为统治公民的工具。

其次,国家的法律和个体的权利义务、乃至于民族的风俗传统的原则是在伦理生活的内在整合环节——宗教意向中找到根源。“伦理是被追溯到其实体性内核的**国家**,国家是伦理的发展和实现,而伦理本身和国家的实体性则是**宗教**。按照这种关系,国家是以伦理的意向为基础,而伦理的意向则是以宗教的意向为基础。”[12]国家是伦理生活普遍性的最高发展阶段和民族精神的实现,但是伦理生活的内在意向是在宗教意向中得到整合的。因此,宗教不是国家的直接基础,二者彼此是以伦理生活的意向为中介的。宗教观念为伦理生活,包括家庭、市民社会,最终是政治权利提供了整体性的前理解。正是在这个意义上,虽然宗教并没有为国家法律提供明确的、具体规范性的内容,但宗教仍然是伦理生活整全性的表象“认识”。

其三,宗教意向同时也是伦理生活内在超越的环节,这是由于其扬弃了伦理生活中的偶然性。民族精神虽然能够将自身实现为具体自由的、现实的国家,但是成熟的民族精神能够超越自身的“直接性”,即风俗习惯等偶然性的制约,以及暂时的国家利益的考量,将自身提升到绝对精神的高度,在普遍的世界历史的意义上寻求本民族的自我意识和自我定位。黑格尔将宗教视为伦理生活意向最为深刻的内在整合环节,其意义在于宗教意向并不是完全陷溺于伦理生活的有限性中,这种内在的整合同时也是伦理生活自我扬弃的环节。宗教是伦理生活在与绝对者的关系中所实现的对于自身自由的认识,其不断超出个别人的自由、个别民族的自由,最终认识到了人的普遍自由。民族精神中所涌现的宗教不仅是其内在超越的环节,同时也是世界历史精神成为现实的关键。在《精神哲学》大开大阖的论述中,世界历史精神展现为特殊原则的民族精神的不同环节,构成了精神自由的原则从潜在不断走向现实的序列,在最终对于普遍自由的认识中世界历史精神才得到了实现。

---

⑫ 同上,第362页。

在此基础上,我们来看黑格尔如何理解宗教良心与伦理良心的一致性的关系。与浪漫主义自我满足的抽象良心和无法触及现实的“优美灵魂”式的良心所不同,真实的良心恰恰是呈现在伦理生活中具体的良心。而伦理良心只有在宗教良心中才能获得根源,同时宗教良心是伦理良心的自我整合环节。两者并不互相矛盾,在真正的宗教中两者是相互一致的。宗教良心不是屈服于绝对的超越者,而应当具有精神的自由原则,因而能够承担对于伦理生活的培养和更新,能够包容伦理生活的具体性内容,并进而对现代国家的政治自由提供内在的支撑。黑格尔认为,新教良心正是这种宗教良心的代表。“宗教良心的原则和伦理良心的原则最终就在**新教的**良心里成为同一个东西,这就是在其合理性和真理性中自知着的自由精神。宪法和立法及其种种活动都以伦理的原则和发展为其内容,而这个伦理是从被置于其本源的原则上、并因而首先是现实的宗教真理本身中产生出来的,而且是只能从那里产生出来的。这样,国家的伦理和国家的宗教精神性就是彼此巩固的。”⑬

与《法哲学》中论述相一致,黑格尔认为新教良心与现代生活和现代国家在原则上是一致的。在他看来新教良心不仅是精神对于自身自由的认识,同时也肯定了伦理生活的具体内容。问题还远未结束,我们必然要追问的是,凭什么新教良心的原则被视为现代国家乃至于伦理生活的本源呢?这是不是出于黑格尔的教派偏见呢?

在《精神哲学》中黑格尔提到,“宗教哲学必须认识被认为绝对的那个本质的诸规定进展中的逻辑必然性。与这些规定相应的首先是崇拜的方式,以及进而世俗的自我意识,即对人的最高使命是什么的意识,和与此一起的一个民族的伦理的本性,它的法、它的现实的自由和它的宪法的以及艺术和科学的原则——这一切都是和构成宗教的实体的那个原则相应的。一个民族的所有这些环节构成一个系统的总体,而且是一个精神创造它们和使它们生动起来的,这个见解就是宗教史和世界史是重合的这个进一步的见解的根据。”⑭黑格尔乐观而充满野心地谈到对

---

⑬ 同上,第370页。

⑭ 同上,第376页。

于宗教历史和世界历史之间一致性的认识，这种一致性就是精神的自由原则。对于新教良心原则的追问需要我们深入到黑格尔柏林时期的宗教哲学的阐述中。

三、新教精神与现代国家

1. 基督教的自由内涵

黑格尔尝言自己身为路德宗的成员，并将愿意继续保持路德宗的信仰。这并不是迫于"卡尔斯巴德决议"之后日趋紧张的德国政治环境的无奈说辞，也不是单纯的信仰告白，更不能就此断言黑格尔的哲学就是基督教神学。黑格尔认为宗教是绝对精神的"表象"形式，即意味着宗教的象征性语言与思辨的概念之间始终存在间距。"在基督教中这种宗教内容得到了展开，然而是通过表象的形式；这种形式被哲学翻译为知识的形式。"[15]即使在与基督教关联最深的宗教哲学中——在导言中黑格尔就已经提纲挈领地阐明——宗教哲学不是试图给出建立新宗教的基础，也不是为了坚定信仰而辩护的神学，更不是为了唤起宗教情感，而是将宗教表象中早已有之的理性内涵澄清为思辨哲学的概念。

黑格尔将宗教视为人与绝对者的关系之中对于自身自由理解的一种形式。他将基督教视为完善宗教的形式，这在于基督教通过表象的方式把握到了有限精神对于上帝认识同时也是神性的自我意识的自身实现。换言之，上帝作为绝对精神并不是处于这个世界的彼岸，而是内在于世界之中，内在于人作为有限精神对于自身自由的不断认识和实现中，而基督教实现了无限者的上帝与人的有限精神的和解。基督教的教义已经体现了神与人的和解原则，但这首先只是在宗教社团[16]中得到了

---

⑮ G. W. F. Hegel, *Vorlesungen über die Philosophie der Religion*, *Teil 1*, Hrsg. von Walter Jaeschke (Hamburg: Felix Meiner, 1993), S. 351.

⑯ Gemeinde 兼有教会地方建制的"堂区"与属灵沟通的"团契"(Koinonia)的意思。黑格尔主要是在后者意义上使用，本文沿用贺麟先生的翻译"社团"。

认识。“宗教社团的活动已经由此得到了规定:这个和解已经自在地完成了,即上帝是精神。”[17]这一原则虽然内在于宗教社团之中,但是其实现却是永恒的过程。“宗教社团的持存是其持续永恒的生成,这基于精神是永恒的认识其自身,将自身分化到个体意识的光芒中;通过在有限意识中对于其本质的认识,神性的自我意识得以产生,精神从这种有限性中重新得到聚集和把握。”[18]对于黑格尔来说,基督教社团是精神自我意识的双重化的过程,一方面是基督教社团的宗教观念内化到个体的意识中,获得具体的内涵,另一方面同时也是个体主动扬弃自身片面性,重新回到宗教社团这一精神性的共同体之中。这样作为精神的宗教共同体才是神性自由的真实实现,宗教社团的生命力正是展现为这种不断运作的过程。

当黑格尔将作为“崇拜”的宗教实践视为“宗教的概念”[19]的最后一个环节时,我们已经可以看出黑格尔《宗教哲学讲演录》最终的落脚点是向现实世界的回复,即落实在基督教与现实世界之间的关系上。黑格尔想要指出的是自由不仅仅局限于宗教内部与神和解所赢获的自由,同样也是伦理生活的普遍性——现代国家中的政治自由。

黑格尔通过阐述基督教历史发展中的不同形态来分析其与现实世界之间的关系。[20] 最为重要的是天主教与新教的相关论述。黑格尔对天主教中精神性的内容与宗教社团之间的外在关系进行了批评,称其为“反思的”。正如他早年所批判的“实定宗教”,天主教宗教社团的维系依靠外在的权威——教士的中介。个体在形式上是自由的,是“上帝的子民”。但是精神性的内容并不是在宗教成员内心中自由确立起来的,而是经由教士阶层的中介,因此与个体处于外在关系中。这造成了宗教

[17] Hegel, *Vorlesungen über die Philosophie der Religion*, *Teil 1*, S. 162.

[18] Ibid., S. 163.

[19] “宗教的概念”分为三个环节,分别是上帝的概念,对于上帝的认识和宗教崇拜。这三个环节中崇拜作为最后一个环节,导向的是宗教与伦理生活之间的关系,构成了两者之间的交汇点。

[20] 这集中在宗教哲学的第三个环节,即“圣灵的王国”或者说个别性的环节。在这一部分,黑格尔论述了基督教社团的自身发展。

意识的分裂,一方面和解所带来的对于自身自由的认识仅仅是停留于抽象的、形式的自我意识上,而这种形式的主体性又内化为主体内部精神与感性自然之间的对立。“[天主教]社团具有这种独特性,它将绝对的自为自在的精神与主观个体精神之间的无限对立包容在自身之中。这个主观个体的精神在其作为个体自我意识的规定之中,是形式自由的极端……这个最为内在的东西与自然性的人和其所有的特殊性相对立,并且这种主体自身就是这个无限对立。”㉑最后这种反思性也表现在天主教对于神圣的(精神的、属灵的)和世俗的(感性的、自然的)机械性划分之中。中世纪的历史表明,这种对两个不同领域的机械划分模式根本没有产生效果,相反,在与世俗政权的冲突中,天主教教会反而堕落成了俗世政权的形式。

宗教改革是基督教精神的进一步实现,黑格尔将宗教改革的原则归为两个方面,其一为信仰,其二为享用。首先,“因信称义”的原则重新确立了精神的内在自由。精神与自我意识的和解不再是经由神父的中介,而是直接同个体建立了联系,宗教成员确知了自身的绝对自由。修道院和主教制度被取消,牧师和信众之间的平等关系,使得对权威的盲目外在服从转移到了主体对于内在的精神自由的肯定。其次,这种和解同时也带来了对于感性自然的肯定。感性世界不再是与自我无关的、异化的世界,这个外部世界本身也是精神性世界的一部分。宗教改革认识到了世俗世界本身的合理性,不再坚持精神与自然之间的对立。家庭的爱取代了独身制;劳动、工商业作为人的自然需求取代了贫穷而得到肯定;世俗世界的感性享受不再被视为邪恶的东西。

黑格尔认为法国启蒙运动一开始就站在了反对教会腐化堕落的立场上,而德国的宗教改革则是神学的启蒙,已经祛除了天主教的弊病。但即使新教带来了神圣与世俗和解的原则,也是局限在宗教观念中。新教精神的内在自由并没有落实为公共领域和司法制度层面的政治自由,而这是由法国大革命所带来的成果。法国大革命突破了旧世界,带来了对封建制度的冲击和工商业发展的支持,以及保障个人自由和权利的法

㉑ Hegel, *Vorlesungen über die Philosophie der Religion*, *Teil 1*, S. 168 - 169.

律和政治制度。这既符合黑格尔对于宗教作为绝对精神的表象形式的判断,也符合其对现代社会自我分化这一现实的清楚洞察。宗教表象不是纯粹思想的概念,宗教实践与政治实践的差异不能混淆。

澄清了这些背景,我们可以进一步从容地回应宗教与政治的关系问题。黑格尔将宗教改革所带来的内在精神自由与法国大革命所带来的外部的政治自由视为相互补充的关系。哲学对于宗教的扬弃并不是要消除宗教,而是在宗教改革的内在精神自由与法国大革命所带来的现实生活的政治自由之间进行调解,使得彼此能够看到对方的合理性。

2. 对"新神学"和启蒙理性的双重批判

之前的论述中我们看到了从1821到1830年黑格尔对于宗教与国家关系的论述重心的转变——对浪漫主义复古思潮的批判转为对宗教之于伦理生活的积极正面的阐述。这一转变也体现在黑格尔宗教哲学的四次讲座中及对于当时神学思潮和现实政治的反思中。

1821年的讲座中黑格尔将其批评标靶集中于他的柏林同事——施莱尔马赫的新神学。我们姑且不论其是否公正地对待了施莱尔马赫,先来看黑格尔批评本身的内容。这一批评首先展现在从基督教的教义精神来批判施莱尔马赫对于宗教"情感"的强调。黑格尔对新教的"因信称义"原则进行了解释。信仰不是仅仅停留于个体主观情感层面的,而是体现在其基本的教义中。施莱尔马赫虽然看到了有限者与无限者的和解的重要性,但却依赖于个体性的、偶然的内心感受作为中介。信仰的内容不是空洞的情感。黑格尔曾尖刻批评说动物也有情感,但是精神是高于情感的形式。即使个体的宗教情感是所有宗教都具有的,并不能说明基督教的特殊之处。在施莱尔马赫的新神学中,怎样理解"基督"被弃之不顾,三一神性也成了历史性争论的一部分而失去了价值。个体的情感被封闭在主观性和任意性之中,而精神则从这种任意性中解放了出来并且纯化和规定了情感。黑格尔认为基督教是以精神性的客观内容,特别是教义为中介的。首先,基督不是作为宗教的创教者,而是有限精神的人与无限精神的上帝之间和解的中介。"社团的信仰仅仅基于理性之上,精神之上……或者说这个自我意识是由上帝所带来的信仰,表达为基于精神之上的信仰,即一个扬弃所有有限中介的中介……[这个自我意识]因此就是在人的形象中出现的自我持存的神圣的理念——上帝的形象(imago Dei);它是从上帝那里来的,并且是精神的精神,是上帝的见证。"[22]黑格尔认为基督代表着上帝通过呈现为一个永恒个体的自我意识的形象,展现了精神与自我意识之间的和解关系,是导向基督教社团作为精神的共同体的关键环节。基督教三位一体的教义不是可有可无的历史性教条,不是基督教在与亚历山大学派争论中的偶然产物,而是基督教的本质,构成了社团的传统和历史发展的核心。当新神学将其局限于把个体、偶然性的情感视为真理时,基督教社团的精神就"消逝"了。在新神学看来,"只有单独的个体才适合进入天国,而不是社团。"[23]当然,这并不是说基督教将会停止存在,而是指新神学陷入主观感受和偶然性的情感之中,放弃了与他者共在的精神性原则。

在1821年的宗教哲学手稿中,黑格尔表达了对其时代新神学的愤怒。这不仅包括施莱尔马赫的浪漫主义神学,同时也包括以道德宗教为核心的启蒙神学。黑格尔径直将自己所处的时代与罗马时代相比,所有的一切都被贬低到了对于私人权利和私产的追求。伦理生活的有机性消失了,抽象的法律成为政治生活的原则,而普通民众则很无助且毫无生机。下层人民得不到神学家的安慰,得不到哲学的辩护,也得不到国家权力的支持。"现时对私人福利和享受的追求提上了日程,缺乏客观真理的道德见识作为自我行动、意见以及信念的基础……在最为接近无限痛苦的贫苦人那里,在无限痛苦中爱的教导被取代为享受、无痛苦的爱那里,盐失去了它的味道……当道德之徒满足于在其反思、意见、确信、在其有限性中得到满足时,所有根基、基石、世界的实质性纽带都潜在地变成为内在空虚,失去了内涵和客观真理内容的形式,那么就只有这样的基点:有限性在其自身之中,自负空洞、缺乏内容,到达了自我满

㉒ Hegel, *Vorlesungen über die Philosophie der Religion*, *Teil 3*, Hrsg. von Walter Jaeschke (Hamburg: Felix Meiner, 1984), S. 85－86.

㉓ Ibid., S. 158.

足的蒙启(Ausklärung)[24]的顶点。”[25]

基督教的精神不仅仅是在个体的内在精神中实现神与人的和解,同时也是在个别的自我扬弃的偶然性,敞开自身而与他者处于精神的共同体之中。当以启蒙为代表的道德宗教诉诸空洞的自由而抽去了现实生活具体内容之时,新神学恰恰也向主体自身中逃遁,并将希望寄托在对于绝对者依赖的情感之上,并认为这种情感具有最为丰富的内容。黑格尔激烈批评施莱尔马赫将情感落实在对于绝对者的被动“依赖”上,认为这种与新教精神背道而驰的“蒙启”重蹈了天主教的覆辙。与之相反,宗教改革的精神是对于人的解放,是对于精神内在自由的肯定。浪漫主义的新神学有意无意地将这一原则遮蔽起来,他们或是从现实世界逃避到主体内部偶然情感的迸发和对绝对者的神秘直观中,或是沉浸在游戏性的技艺和奥秘知识的自我满足中。

很难用保守或革命来简单刻画黑格尔在上述论述中所展现的立场。黑格尔虽然看到了其时代愈发严重的阶层分化,但他并没有得出政治革命的结论。对于其同时代的新教神学来说他持一种批判立场,但却是回溯到基督教教义和宗教改革精神的批判上。正如利特认为,“这种批判并不是对基督教的批判,而是指出神学不能穿透社会自身而建立起的对立。[这种神学]将物化的世界建立为唯一的现实,然后放任自己要么在一个无法理解的超越者中、要么在情感中来换取真理。”[26]

3. 思辨哲学的和解与现实政治

在1821年的手稿中,黑格尔指出信仰与理性之间的不和谐只能首先在哲学概念中得到和解,黑格尔意识到解决这一问题的困难性,“今天如何解决这些问题,必须留给哲学。在哲学中的和解也是片面的……宗教必须在哲学中寻求庇护。”[27]出于对于形形色色新神学的失望,黑格尔

㉔ 黑格尔在这里做了文字游戏,以Ausklärung(dis-enlightenment,去启蒙)来代替Aufklärung。

㉕ Hegel, *Vorlesungen über die Philosophie der Religion*, *Teil 3*, S.95－97.

㉖ Joachim Ritter, *Hegel and the French Revolution* (Cambridge: MIT Press,1983), p.189.

㉗ Hegel, *Vorlesungen über die Philosophie der Religion*, *Teil 3*, S.97.

认为只有在思辨哲学中基督教的精神才真正能够保留。

抽象的、形式化的启蒙理性认为基督教缺乏理性内涵。而正是由于和启蒙分享着共同的前提,新神学也放弃了基督教中精神性的内容,退回到偶然性的主观情感和对绝对者的"依赖"中。两者一方坚持了抽象的自我意识,另一方坚持了缺乏思想性的主观情感。两者看似对立,实则一体两面,都对宗教社团所生发、培养得以维系的精神性内容弃之不顾。黑格尔不仅在启蒙的知性原则面前为基督教精神辩护,也在宗教面前为现代国家和法律所体现出的具体自由的现实辩护。黑格尔一方面反对局限于主观情感,从现实中抽离,不断向原子化、个体化方向进展的基督教新神学,另一方面也反对启蒙对于知性原则的坚守和对宗教的盲目拒斥。

在黑格尔看来,思辨哲学的概念不再局限于宗教的表象形式,而能够阐明真正的宗教精神的本质恰恰是内在的精神自由,这与现代人的伦理生活处于相互补充、相互依赖的整体关系中。"世俗领域的原则已经处于这种精神性的共同体中,世俗世界的原则和真理是精神的……主体的无限性的天命是内在的无限性、是其自由……这个主体的天命应当是其与世俗世界关系的基础。这就是理性、主体的自由——主体作为主体得到了解放,并且这种解放是通过宗教已经达到的,按照其宗教的天命,它本质上就是自由的。"[28]这就是黑格尔在1831年去世之前所一直坚持的立场:如果抽象的启蒙原则与新神学的对立依然存在,如果神学无法洞穿现代生活的自身分裂,并且囿于主观情感之中,放弃与他者共在的精神共同体的建构和伦理意向的整合与培养,那么基督教的精神就只能保留在思辨哲学中。

黑格尔认为新教精神的原则与现代国家的政治自由原则相一致,现代国家也依赖于伦理生活意向中的内在的精神自由,如果引导伦理生活的宗教意向缺乏这一环节,那么政治与法律层面的自由便会成为空洞的形式。这也展现在黑格尔对于当时现实政治的关注中。

1830年法国七月革命的爆发在欧洲各地产生了连锁反应,英国民众受到七月革命影响,为了支持宪政改革而开始斗争,迫使政府不得不

㉘ Ibid., S. 262–263.

宣布议会改革。虽然黑格尔惊讶于革命的再一次来临,在其中他再次看到了巨大的分裂。[29] 但是他既没有机械地按照和解原则拒斥七月革命,也不像他的学生们那样陷入对政治革命的激情中。[30] 这位老人一直在染病去世前都在同情而不无忧虑地审视其时代所发生的一切。

在1831年宗教哲学的讲座中黑格尔以七月革命为实例,专门论述了宗教与政治之间的关系。“在最近的当代史中,我们已经经历到了这种片面性的重要例证:人们在法国政权的高层看到了一种宗教意向,这个政权轻视国家,并对现实充满敌意,反对法权和伦理生活。最近的革命就是这样一种与国家宪法原则相矛盾的宗教良心的后果。并且正是按照这种与个体认信哪种宗教无关的国家宪法,让这一冲突之解决仍然遥远。”[31]黑格尔极其厌恶波旁王朝的复辟,将其称为“十五年的滑稽戏”。波旁王朝虽然表示遵守君主立宪制、尊重宪章,但是统治阶层却与天主教教会串通一气,扶持天主教教会的权威,违反宪章,倒行逆施。在黑格尔看来被推翻的波旁王朝不值得同情,但是他又指出,法国宪章在形式上体现了大革命的成果,但却游离于民众的伦理生活之外,忽视了伦理生活的宗教意向。对于黑格尔来说,法国宪法在形式上符合政治自由的原则,但是却未见得能够内化到法国民众的心中,这与天主教所培养形成的宗教意向格格不入。天主教的宗教品质包括独身制,对于俗世

㉙ 参见洛维特:《从黑格尔到尼采》,李秋零译,北京:生活·读书·新知三联书店2006年,第34-38页。

㉚ 对比黑格尔关于英国议会改革以及法国七月革命的论述,我们就会发现黑格尔对于两者的思考是各有侧重的。对于英国议会改革来说,黑格尔并没有强调宗教的因素。论述的主题是肯定顺应社会形势的议会改革是必然的,但是黑格尔看到新阶层的代表要么局限于个别利益,要么热衷于通过抽象的原则来博取名誉和众望。这就使得他质疑议会改革是否能够在政治实践中清除陈旧腐败的因素,同时不破坏其中由于长期从事政治事务,具有审慎判断力、以国家利益为重的政治家(hommes d'Etat)传统。而对于法国七月革命来说,他则更为强调抽象的国家法律与伦理生活和宗教意向之间的冲突。一般认为法国大革命已经打击了教会权威,清除了天主教在公共领域的影响。这种看法忽视了法国天主教深厚的历史传统和影响力。实质上,在整个19世纪,法国共和政权与天主教教会之间的冲突一直是主题,直到1905年的《世俗法》才彻底确立了政教分离原则,而严格的世俗化立场一直延续并反映在当今法国公共政策的讨论中。

㉛ Hegel, *Vorlesungen über die Philosophie der Religion*, *Teil 1*, S. 347.

利益的否定以及教士对于民众的权威等根本无助于培养出具有内在自由精神的伦理意向。“对于民众来说，最终的真理并不是以思想和原则的形式，而被视为法权的东西只是通过有规定的、特殊的东西而存在。对于民众来说这种法权和伦理生活的规定性仅仅在现存的宗教中得到验证。当后者与自由的原则不相融贯时，将会恒常出现分离和不可调解的对立。”[32]在黑格尔看来，现代抽象化的政治和法律制度与古代人关于政治的思考非常不同。在柏拉图《理想国》中，古代人认为伦理生活的意向是非常重要的原则。这落实为哲学家对于城邦的教育和培养，哲学引导着城邦的伦理生活，城邦的各个阶层都应该共享审慎的自制原则。虽然古代人仅仅片面地意识到了伦理生活意向的重要性，但是现代形式化的法律体系则根本忽视了其重要性。市民法尽管已经规定十分详细，但个体总是面临特殊具体的生活处境，不可能事无巨细都依赖于法条。

“这两种因素，意向与形式的宪法，两者是不可分割与相互依赖的。”[33]对于黑格尔来说，宗教对于伦理生活意向的培养，一方面是将个体从直接自然性的状态中向着普遍性净化和提升，另一方面则是普遍性重新又返回落实在伦理生活的领域之中，从而形成对于伦理生活和政治自由的前理解。宗教是伦理生活内在自身整合和自身超越的维度，这使得伦理生活作为有机整体处于不断运作的动态过程中，这也是其具有生命力的关键。黑格尔虽然始终坚持只有思辨哲学能够认识到宗教和国家的本质都是以自由概念为核心，但是他也清醒地看到：哲学的和解也是片面的，其只能够阐明宗教精神与现代国家的自由在概念上的内在一致性，至于这一原则的实现，不仅需要实践智慧，同样也需要在世界历史进程中的进一步展开。

四、结　语

我们大致将黑格尔在柏林时期关于宗教和政治关系的论述通过不

---

[32] Ibid., S. 347.

[33] Ibid.

断深化的思路进行了考察：首先，黑格尔始终坚持现代国家中政权与教会分离原则这一前提，然而这并非宗教与政治关系的全部；其次，宗教被视为既植根于伦理生活之中，同时又作为伦理生活内在整合、内在超越的环节，与现代伦理生活相一致的宗教意向最终被落实到新教良心的概念中；最后，黑格尔通过对于基督教精神的思辨哲学“翻译”，指出了其理性内涵，以及与现代国家与伦理生活相互补充、相互依赖的关系。只有当基督教能够认识到自身本已有之的精神自由的原则，现代伦理生活和国家制度并非是异己的“他者”时，才能真正作为现代人生活的内在整合环节，实现对于伦理意向的培养和更新。

当然黑格尔无法预见到现代社会令人惊讶的自我分化，他也没有看到资本、技术和计算理性在他去世以后逐渐接手对于尘世的统治权，他更不会预见到在一战、二战中被神化的、具有强大动员能力的国家成为摧毁性的力量。在当今的西方国家，世俗化的过程依然继续压缩宗教的生存空间，在中国，宗教则从未具有像西方那样的影响力。宗教发挥伦理生活的内在整合功能的论断似乎已经迂腐，但这并不意味黑格尔的问题和思路已经毫无意义。黑格尔已经认识到现代社会自身不断分化为经济与法律，国家与教会等不同领域等的合理性。但是他强调现代社会的自我分化同样也需要内在的整合环节，否则相互冲突的领域之间的调解便缺乏理性的基础，他对宗教依然抱以极大希望，将其和艺术与哲学同样视为对伦理生活整全性认识的三种不同形式，这三者作为“绝对精神”是伦理生活的内在超越维度，是现代人理解自身自由不可缺少的教养环节。如果我们既不想陷入现代社会、国家、法律的抽象化认识的自鸣得意中，也不满足于将遥远的过去生搬硬套到当下，那么黑格尔的论述不仅仍有意义，也会对我们的智识构成持久的挑战：现代人的生活中是否还需要一种类似于宗教那样的内在整合环节？是否还需要一种类似于宗教所能提供的表象、象征和实践那样形成对于自由的前理解？它既超越狭隘的个人、民族的局限性，同时又植根于我们共同体的生活，是否能够包容、培养和更新我们共同生活的意向？

根本恶
——以康德与马克思为例*

马　彪

【内容提要】 不同的时代、不同的思想家对于圣经中“原罪说”或“根本恶”的理解是不同的。马克思对此所作的诠释，无疑与黑格尔和费尔巴哈对他的直接影响密切相关。然而，就其理论渊源而言，康德对马克思的意义尤为巨大。与传统的启示神学不同，康德试图在理性的界限范围内重建道德的宗教或批判神学。遗憾的是，在如何处理弃恶趋善、协调道德自律与上帝恩典之悖论的问题上，康德并没有给出令人信服的解释。康德思想中的这些矛盾，经由黑格尔与费尔巴哈的驳斥之后，为马克思由无神论的视角重新审视整个宗教传统奠定了坚实的基础。康德和马克思对“原罪”或“根本恶”的解读过程，既是一个由唯心论到唯物论的演化过程，也是一个从有神论到无神论的发展过程。

【关键词】 根本恶　康德　任性　马克思　异化

长期以来，人们在论述马克思哲学的理论渊源时，总是把目光聚焦在德国古典哲学上，而在探讨德国古典哲学时，又把重心集中在黑格尔

* 本文系南京农业大学课改项目（2015Y041），南京农业大学中央高校人文社科基金资助项目（SKTS2016041）。

的“辩证法”与费尔巴哈的“唯物论”上,进而断言,马克思哲学就是黑格尔的“合理内核”与费尔巴哈的“基本内核”的叠加。然而,正如俞吾金教授指出的那样:“这个权威的结论既不符合历史事实,也不符合马克思的本意……尽管马克思哲学在其方法论上更多地受益于黑格尔,但从本体论上看……康德才是通向马克思的桥梁。”[①]诚然,在梳理马克思的思想脉络时,没有人怀疑黑格尔和费尔巴哈的重大作用,然而若由此忽视了康德的巨大意义则定然有失公允。鉴于此,本文尝试由“根本恶”这一概念及其历史衍化入手,具体阐释康德对马克思哲学的塑造价值和成就之功。为此,本文首先查勘康德的“根本恶”概念以及他所面对的疑难,对此略作评论之后,详述该思想是如何一步步从有神论的向度走向马克思无神论之维的。

一、康德与根本恶

众所周知,“根本恶”(Radikale Böse)是康德的首创,在《纯然理性界限内的宗教》一书中,他第一次提出了这一颇具影响的范畴,它既令人迷恋又让人困惑。令人迷恋的是,“根本恶”这个概念虽源于传统宗教,尤其与“原罪说”密切相关,但又超出基督教思想的拘囿;困惑,则是因为康德本身对“根本恶”和上帝,以及道德法则之间的冲突等关系始终没有给出清晰的表述。虽然康德一再地批判传统神学,对上帝的思辨知识亦保持怀疑,但他的“真实目的不是摧毁神学,而是用一个批判的神学去取代那个独断的神学……这个批判的神学。不过是我们在自律理性指导下的道德志向的表达途径”。[②] 对康德而言,要想真正实现独断神学向批判神学的转变,就需要对基督教的根本教义与核心思想重新诠释,而“原罪说”或“根本恶”则是其中必不可少且须作检视的重要概念。

① 俞吾金:《康德是通向马克思的桥梁》,载《复旦学报》2009年第4期。

② 艾伦·伍德:《康德的理性神学》,北京:商务印书馆,2014年,第6-7页。

1. 恶

要想理解康德的“根本恶”的含义,须首先考察他对“恶”的认识。对康德而言,“人们之所以称一个人是恶的,并不是因为他所作出的行动是恶的,而是因为这些行动的性质使人推论出此人心中的恶的准则”。[③]也就是说,对一个人的善和恶的评判不能仅从其外在的行为作出,重要的是要看到行为背后的根据,因为行为只是外在的表现,它具有多变性和迷惑性。那么,如何把握恶的准则,其内在根据又在哪里呢?在康德看来,如果将“恶”的根据置于自然偏好上,就等于否定了人是自由的存在者,将人等同于纯然动物性的东西了。而人之所以会作恶,完全是由周遭环境或是由其动物的本能决定的,根本无涉于主体的自主性。如此一来,人也不应该为其所犯的“恶”负责了,毕竟一切都是外在环境造成的,自然不能归罪于我。与此相反,“恶”也不是在理性之中对道德法则的败坏。如同作为一个自然的存在者无法通过知性去除自然法则一样,作为一个自由的存在者,我们也无法从理性的层面上去除道德法则。“设想自己是一个自由行动的存在者,同时却摆脱适合于这样一种存在者的法则(道德法则),这无非是设想出一个没有任何法则的作用因……而这是自相矛盾的。”[④]由此,康德断言,恶的根源既不在人的感性以及由此产生的自然偏好(Neigung)中,也不在为道德立法的理性的破坏中,而只在人的任性(Willkür)中,即恶的根据只存在于为了运用自己的自由而为自己制定的规则中。

需加注意的是,此处的“任性”(Willkür)与康德的另一重要概念“意志”(Wille)其貌虽似,然其实则不同。在康德看来,人的任性是一种自觉的选择能力,它体现了主体意愿的一个方面,包含有不受拘束、自由选择的意思。康德夫子自道曰:“任性的自由具有一种极其独特的属性,它能够不为任何导致一种行动的动机所规定,除非人把这种动机采纳入自己的准则(使它成为自己愿意遵循的普遍法则),只有这样,一种动机,

---

③ 康德:《纯然理性界限内的宗教》,北京:中国人民大学出版社,2011 年,第 4 页。
④ 同上,第 21 页。

不管它是什么样的动机,才能与任性的绝对自发性(即自由)共存。"[5]简单说来,任性就是在可供选择的东西之间进行选择的能力,它既不是善的,也不是恶的,或者说它是人们自由选择善恶准则的基础。与此不同,意志指的是意愿中的纯粹理性的方面,它完全不作为。作为规范,它既不是自由的也不是不自由的,一切唯理性马首是瞻,并以此向任性施加理性的压力。如果说意愿能力包含两个方面的话,意志指的是立法功能,而任性则是执行功能。[6] 当任性响应道德法则和意志的命令时,人就是善的;反之,若任性的选择唯自爱原则是依,人就是恶的。换句话说,恶的问题不只是关涉道德法则一方,还涉及另一个方面,即自爱法则,后者主要指人的自然倾向和幸福需求。康德不是禁欲主义者,他也不反对人们对物质方面与外在利益的追求。毋宁说,康德主张,人的自然偏好就其本身而言就是善的,那种企图限制或消除福祉的主张不仅是徒劳的,也是十分有害的。对康德而言,决定一个准则是善还是恶,根本问题并不在于这个准则是遵循道德法则还是自然偏好,问题的关键是何者为先,是道德法则第一位还是自然原则第一位。作为严格的道德论者,康德主张,"无论何人,只要他把道德法则纳入他的准则,并置于优先地位,他在道德上就是善的;而无论何人,只要他不这样做,并且优先考虑的是其他非道德的诱因(包括同情),他在道德上就是恶的。"[7]

那么,任性为什么会主动选择恶呢?与圣经中把"原罪"理解为对上帝之诫命的违背与逾越不同,康德认为,人的"意念"(Gesinnung)才是真正了解根本恶的基础,那种认定根本恶或者原罪是通过始祖遗传给我们的想法是不恰当的。康德指出:"意念,即采纳准则的原初主观根据,只能是一个唯一的意念,并且普遍地指向自由的全部运用。但是,它自身却必须由自由的任性来采纳。若不然,它就不能被考虑在内。关于这种采纳,不能再看出其主观的根据或者原因。"[8]也即是说,意念是任性

---

⑤ 同上,第7页。

⑥ Henry Allison, *Kant's Theory of Freedorn* (Cambridge: Cambridge University Press, 1990), pp. 5-6.

⑦ 理查德·伯恩斯坦:《根本恶》,王钦、李康译,南京:译林出版社,2015年,第20-21页。

⑧ 康德:《纯然理性界限内的宗教》,第9页。

选择善或恶的基础，没有意念，任性就不可能有选择的主观依据；在此意义上，可以说意念是任性得以可能的前提。然而，与此同时，康德又断言，意念必须由任性来采纳，否则就无法进入实质领域，甚至根本不会被考虑。显然，这是一个恶性循环：善的或恶的意念当为任性（自由选择能力）所采纳，而任性自身又以这一意念为前提。不过，这一矛盾只是表面上的，毕竟意念与任性之间的悖论既可以视为无法探究的神秘，也可以理解为理性在实践上所作的自由选择。它之所以显得不可思议，可能就在于我们无法就人类自由提供一个理论性或知识性的阐述，而这一点在批判哲学中早已给出过答案。换句话说，在思辨理性的一切理念中，自由是唯一"我们先天地知道其可能性，但却看不透的一个理念"。⑨

2. 根本恶

至此，我们一直探讨的都是何为"恶"的问题，"根本恶"还没有映入我们的视野。不过这两者也不是截然二分的，从某种意义上可以说"根本恶"是对"恶"的进一步阐发或深化，它们都与人性的机能密切相关。然而，与那些把人性简单区分为善或恶的看法不同，康德的观点较为复杂。他认为，人性中既有向善的禀赋，也有趋恶的倾向。前者指的是动物性（Tireheit）的禀赋、人性（Menschheit）的禀赋、人格性（Persönlichkeit）的禀赋，后者包括人的本性的脆弱、人的心灵的不纯正，以及人心的恶劣。需要注意的是，康德这里所提到的"人"不是指单个、孤立的人，而是作为族类或整个种类上的人。作为整体意义上的人，我们虽说在道德上有了成善的禀赋和可能，实际上还不是真的善，除非任性作出了自由的选择，将道德法则纳入到准则之中时才能在道德上说是现实的善。也就是说，我们不是生来就是善的或是恶的，而是凭借自己的主动选择来成为善的或是恶的。康德把这种由人咎由自取、自己招致的恶称为"根本恶"。⑩ 而之所以在"恶"上加以限定词"根本"，其意在于强调"它败坏了一切准则的根据，同时它作为

---

⑨ 康德：《实践理性批判》，李秋零译，北京：中国人民大学出版社，2010 年，第 1 页。

⑩ 参见康德：《纯然理性界限内的宗教》，第 18 页。

自然倾向也是不能借助于人力铲除的,因为这只有借助于善的准则才会实现,而既然所有准则的最高主观根据都是败坏了的,这就是无法实现的了"。[11] 恶之所以是根本的,就在于它在根源上已经彻底败坏,而且凭借人力是没有办法根除的,康德的这一"根本恶"主张几乎可以视为基督教"原罪说"的世俗版本。

如果说人性在根本上是败坏的、是恶的,那么它还有重生以变成善的可能性吗?有的!康德以决绝的态度认定:"人(即使是最邪恶的人)都不会以仿佛叛逆的方式(宣布不再服从)来放弃道德法则。毋宁说,道德法则是借助于人的道德禀赋,不可抗拒地强加给人的。"[12]也就是说,即使是最邪恶、最堕落之人,也摆脱不掉道德法则强加给他的应当成为更善的人的命令。由意志(Wille)提供给任性(Willkür)的道德规范虽说不像自然规律那样具有必然性,但它作为一种规范性的道德主张使得人(理性的存在者)不得不承认它的绝对律令,即使我们受到自然偏好的影响暂时选择了不服从它。

既然人性根本上是恶的,按照道德法则的要求,理性的存在者又必须由恶走向善。那么,鉴于人在道德上已然为恶的事实,我们如何才能由一个恶人变成一个善人呢?按照康德的观点,只要人们做了意念上的转变,就可以弃恶趋善。不可否认的是,单是由意识到对道德法则与义务的敬重以使人得到革新,这诚然是重要的,但毕竟还是显得有些单薄。因为问题依然是,不借助外力,一个坏了的树怎么可能结出好的果子呢?在《纯然理性界限内的宗教》中,康德对于人是单靠自身,还是必须借助神恩以弃恶从善的问题,有点语焉不详。他一会说只凭借道德法则就可以使人摆脱恶、走向善,一会又说单靠道德本身不足以引起意念的革命,成为一个新人。其中最为重要的是如何理解康德的这句话:"Gesetzt, zum Gut-oder Besserwerden sei noch eine übernaürliche Mitwirkung nöthig……"[13]如果将

---

⑪ 同上,第23页。

⑫ 同上,第21页。

⑬ Kant, *Die Religion innerhalb der Grenzen der blossen Vernunft* (Stuttgart: Philipp Reclam, 2007), p.55.

其翻译为“假定(Supposing)为了成为善的或者更加善的,还需要一种超自然的协助……”,[14]那么,上帝的援助就是辅助性的。反之,如果翻译为“诚然(Granted)为了成为善的或者更加善的,还需要一种超自然的协助……”[15],如此一来,上帝的援助对人的弃恶从善就是必不可少的了。无论从哪一个层面上理解,貌似都离不开上帝,上帝对人们去恶从善都发挥着不可或缺的作用。从康德哲学的整体思路来看,其最终目的是想以道德为基础重构理性的或批判的宗教,即他想要的是道德的宗教,而不是宗教的道德。事实上,由于他无法在理性范围内解决人的弃恶趋善问题,不得不屡次求助于上帝的恩典与帮助。康德宗教哲学中的这一困境,直接危害了他在实践哲学中所提出的“应该意味着能够”的哲学原则,进而破坏了道德自律的绝对性,陷入了“道德自律”与“上帝他律”的不可调和的悖论中而无法自拔。

简单言之,康德晚年之所以郑重地将“根本恶”概念引入到他的哲学思想中,其主要目的是“希望提取与维护基督教宗教信仰的道德理性的内核”。[16] 其实,康德对此亦不讳言,他在《纯然理性界限内的宗教》中所要做的,就是把“那种被认为是启示宗教的文本,即圣经中的内容——它们也能够通过单纯的理性被认识——表述为一个连贯的整体。”[17]也就是说,面对着启蒙理性主义与路德虔敬主义的时代背景,康德试图在理性的界限内改造宗教,尤其是给基督教奠定理性的道德基础。毕竟,在康德看来,教会的教义体系是可以在纯粹理性的范围内得到合理的说明的,理性与圣经不仅可以和睦相处,而且它们本身就是亲如一体的。然而,由前述基于“根本恶”视角的考察来看,康德对基督教所给予的理性的解读,不说是完全失败的,至少有很多观点是有待商榷的。其中,恶的起源、意念与任性、道德自律与上帝他律等问题,致使康德重建道德宗教的努力陷入极大的困境之中,而这在另一个方面又直接启发了后来的思想家。

---

⑭ Lawrence Pasternack, *Kant on Religion within the Boundaries of Mere Reason* (London: Taylor & Francis Group, 2014), pp. 144 – 145.

⑮ Ibid.

⑯ 理查德·伯恩斯坦:《根本恶》,第 21 页。

⑰ 康德:《论教育学》,赵鹏、何兆武译,上海:上海人民出版社,2005 年,第 56 页。

二、马克思与根本恶[18]

其实,从本源上来说,康德的"根本恶"思想之所以会陷入上述困境,与其批判哲学的根本特征密不可分,即与他对无限本体(noumena)与有限现象(phenomena)的划分相关。众所周知,囿于感性与知性的先天条件,我们作为有限的存在者对本体的、无限世界的对象只能思维,不能认知。一旦越出有限的、经验的界限,试图对无限的、超验的东西加以认识,就必然会坠入二律背反,进而由此引发种种谬误推理与思辨幻相。对此论题,黑格尔曾给予了有力的批判,费尔巴哈则又在黑格尔的基础上进一步深化了其无神论的面向,从而为马克思由物质世界以及人的生产关系的角度理解"根本恶"提供了理论资源。

1. 由康德到马克思的过渡

在黑格尔看来,一旦康德厘清了"有限"与"无限"、尤其是厘清了"假的无限"与"真的无限"的关系,就可以摆脱上述困境。诚然,有限与无限是不同的,但是这一差别并不像康德所认定的那样是绝对的、本体论的严格二分。将无限当作是超出并外在于有限之物的设想,就等于是把无限设想为了"假的无限"。其实,有限只是无限总体过程中的一个环节,而无限不过是扬弃了的有限之物的总体。因此,"真的无限"不是离弃有限之物的总和,也不是超越有限之物或与有限之物完全不同的东西,它就内在于有限之物,是有限之物不断运动的过程。黑格尔指出,就有限的人与无限的上帝之间的关系而言,恶的出现并非偶然,它是"真的无限"运动的必要阶段。作为与无限断裂或隔绝的"恶",它本身又是对它的对立面"善"的期待,善恶之和解总是已经内在地包含在断裂与隔绝之中了。对黑格尔而言,没有恶就没有善,没有善也无所谓恶,善与恶之间是种动态

---

⑱ 此处,笔者接受洛维特的观点,在马克思哲学中,"原罪"与"根本恶"的意义没有分别,是一样的。参见卡尔·洛维特:《世界历史与救赎历史》,李秋零、田薇译,上海:上海人民出版社,2005 年,第 69 页。

和辩证的关系。无论人们的关注点是有限的人类的精神演进,还是作为无限精神的上帝之实在化的进程,恶都将会必然呈现,同时亦将在这一实在化的过程中被扬弃。当然,对恶的扬弃并不意味着对恶的完全消除,被扬弃之物总是以改变了的方式保存下来,就此而言,恶是永远不可能被清除的。

对基督徒来说,上帝的无限性以及对于人类有限性的超越与救赎是信仰的根本,而黑格尔的论调恰恰是对这一原则的背离。因此,当黑格尔断言无限与有限、超越与内在不存在绝对的鸿沟,且恶又是不可根除的同时,他也就不可避免地将自己推向了基督教的对立面。黑格尔宗教哲学的最终走向,用科耶夫的话来说:“……就是无神论或黑格尔的人神论⑲……人成了无神论者,他知道世界的本质就是他,而不是上帝。只是在最初,大革命后的人还没有意识到他的无神论。他还在继续(和康德、费希特等一起)谈论上帝。”⑳如果科耶夫的解读是可靠的,那么它必然导向世界的本质不是上帝而是人这一结论,从而将康德建构的本来就不大成功的理性神学彻底摧毁,并为费尔巴哈由人本思想的立场解读基督教思想开辟了道路。

与此相应,费尔巴哈在《基督教的本质》一书中指出:“神学之秘密是人本学……那自在地曾经是神学的本质的东西,历史已经把它现实化,并且使它成为意识的对象。在这一方面,黑格尔的方法是完全正确的,是具有历史论据的。”㉑换句话说,费尔巴哈承认,黑格尔对宗教的诠释有着反宗教的倾向,而他本人对宗教的人本主义解读即是黑格尔这一思想的接续与承递。神学的秘密之所以在于人本,而非以上帝为本,原因就在于宗教的本质是无神的。“黑格尔的真正秘密在于,他本质上是

---

⑲ 对于黑格尔到底是一神论者、泛神论者,还是彻底的无神论者,学界有不同的看法,笔者较为认同后一观点。具体请参见 Walter Jaeschke, *Reason in Religion: The Foundations of Hegel's Philosophy of Religion* (Berkeley: University of California Press, 1990)。

⑳ 科耶夫:《黑格尔导读》,姜志辉译,南京:译林出版社,2005 年,第 244 - 245 页。

㉑ 费尔巴哈:《基督教的本质》,荣震化译,北京:商务印书馆,1984 年,第 5 页。

位无神论者”。[22] 此外,相较于上帝而言,人更是居于优先地位,是人根据自己的样式创造了上帝而非相反,上帝是人的意识的产物。对费尔巴哈来说,宗教本身,无论其外在表现还是内在肌理,除了奠基于人的存在者的本质与认知之外,再也不是别的什么东西了。用后来恩格斯的话说:“神不过是通过人在自己的不发达意识这个混沌物质(Hyle)中对人的反映而创造出来的。”[23]因此,要想对上帝与恶有一真切的理解与认知,我们就不应当到彼岸世界、到时空之外的宇宙中去寻找其根源,而是应当到最近处、到人的心灵中去找寻它的根据。人所固有的本质比臆造出来的那些上帝的本质要切近得多、真实得多,因为上帝只是人本身模糊和歪曲的反映。

简言之,从康德、黑格尔到费尔巴哈对基督教及其“根本恶”的诠释中,我们可以得出这一结论:启蒙运动以来,人的地位日益高扬,上帝的地位渐趋衰弱。人们在认识自然、解释社会以及人生困惑时,更倾向于从人的、世俗的立场,而非上帝的、天国的角度来解读它们。而这一转变之所以意义重大,不仅在于它彰显了人的尊严、人的价值,扭转了数百年来贬低人以抬高神的思想传统,更在于它使得唯物史观相较于以往大为突出了其解释现象的力度与韧性,这却是康德在建构理性神学时所不曾想到的。诚然,提到唯物史观对宗教的诠释,人们首先想到的还是马克思。

2. 异化与根本恶

在某种层面上,马克思无疑是认可费尔巴哈由人的本质来说明宗教与上帝这一理路的。用他自己的话来说:“人创造了宗教,而不是宗教创造了人……宗教是人的本质在幻想中的实现。”[24]天国里的福乐是人们对眼下所向往而又没有追求到的快乐的具体描绘与完整呈现。反之,宗

㉒ Stephen Crites, *Dialectic and Gospel in the Development oh Hegel's Thinking* (Pennsylvania: Pennsylvania State University Press, 1998), p. 14.

㉓ 唐晓峰编:《马克思恩格斯列宁论宗教》,北京:人民出版社,2010 年,第 139 页。

㉔ 同上,第 123 页。

教中的苦难既是现实的苦难的表现,又是对这种现实苦难的反抗。然而,与费尔巴哈那种仅把人的本质视为"单个人所固有的抽象物"不同,马克思认为,人在其实质上是"一切社会关系的总和"。正是由于忽略这一点,费尔巴哈才在考察宗教时将其本质归因于孤立的个人或族类上,而促成个人或族类得以可能的基础亦即社会形式与经济基础,则丝毫没有纳入其视野之中。一旦我们理解了这一点,那么就可以说,与其将宗教产生的前提归结为人及其本质,不如将其归结为人之产生的物质基础,毕竟后者尤为根本,也更为重要。在马克思看来,人们若想真的寻找宗教的本质,那么他就应该"既不在'人的本质'中,也不在上帝的宾词中去寻找这个本质,而只有到宗教的每个发展阶段的现成物质世界中去寻找这个本质"。㉕ 既然宗教只能在产生它的物质世界中才能得到说明,那么源于基督教中的"原罪说"或"根本恶"思想自然也只有诉诸现实世界方能得到真正的理解了。

与康德那种从伦理学的视角来理解"原罪"的方式不同,马克思是由政治经济学的角度切入人的"根本恶"的。他曾一再指出,资本的"原始积累在政治经济学中所起的作用,同原罪在神学中所起的作用几乎是一样的"。㉖ 此处,马克思将政治经济学中的"原始积累"和神学中"原罪"对举,其意义相当重大。在卡尔·洛维特看来,其之所以如此,在于资本原始积累的过程中体现了剩余价值学说中的剥削的事实。"在马克思的世界历史叙述中,它不折不扣是史前时期的根本恶,或者用圣经的话说,是这个时代的原罪。"㉗诚然,将"原罪"或"根本恶"归结于"剥削"自有其道理,但是这还不是它的全部本质。我们知道,亚当之所以犯有"原罪",就在于他食用了知识之果后与上帝的疏离,在宗教的解读中,这一与神的分离本身就是"罪"。在马克思看来,这一疏离或分离恰恰与他所极力称许的"异化"相符合。所谓异化(entfremdung),即是从某种东西中被疏远或被分离出来的意思。它在基督教中表现为,亚当由于

㉕ 同上,第16页。

㉖ 同上,第536页。

㉗ 卡尔·洛维特:《世界历史与救赎历史》,第69页。

原罪被从上帝那里分离出来。在一定意义上,可以说是异化成就了亚当之为基督教的“原罪”,也是它成就了人的原始积累的“根本恶”。原始积累之所以被视为“根本恶”,就在于它使人与自然、人与自身、人与其作为类的存在,以及人与他人之间出现了异化或疏离。

首先,就人与自然的关系而言,没有自然界,没有外部的感性世界,劳动者就什么也不能创造。自然界、外部世界是劳动者用来实现其劳动,在其中展开其劳动活动,并借助它来进行生产的材料。人们从物质世界获取材料,然后对其进行加工制作,使它们成为自己的物品、供自己使用,这本来是非常自然的事情。但是,资本主义社会打破了这一自然关系,它迫使劳动者为了生存和金钱丧失本该属于他们的劳动成果。人的劳动变成了与其他物品一样的东西,是可以买卖的。不止如此,由于资本制度的不公平与剥削性,劳动者生产的产品愈多反而得到的愈少,以致愈加受到自己所创造产品的统治。从实质上来看,劳动者的本质本应该体现在他的劳动之中,然而在现实社会中,他却与他工作于其中的世界异化了。也就是说,“劳动者的活动属于别人,它是劳动者自身的丧失。”[28]人与自然的和谐关系,因其劳动成果被其他人所窃取这一事实而被无情地打破了。

其次,就人与自身的异化而言,劳动不是属于我们的本质东西,而是外在且强加于我们的力量。在劳动过程中的劳动者感到的不是幸福而是痛苦,他们的肉体受到损伤、精神遭到摧残。劳动者只有在劳动之外才感到生活的欢愉,而在劳动时则如坐针毡,毫无快乐可言。劳动本身不是需要的满足,而只是满足劳动之外的其他需求的手段而已。“劳动的异化的一个明显的表现是,只要对劳动肉体强制或其他强制一消失,人们就会像逃避鼠疫一样逃避劳动。”[29]因此,人只有在执行自己的动物本能或低级需求时,才感觉到自己是在自由地活动,而在执行人类机能或高级需求时,却觉得自己只不过是个动物而已。“动物的东西成为人的东西,而人的东西成为动物的东西”。[30]

㉘ 马克思:《1844年经济学—哲学手稿》,刘丕坤译,北京:人民出版社,1979年,第48页。

㉙ 同上,第47页。

㉚ 同上,第48页。

最后，是人与其作为类的存在的异化，以及人与他人的异化问题。后一问题可以视为前一问题的延伸，如果人作为类的本质从人之中疏离了，这也就意味着我与他者异化了。马克思认为，作为类的存在，人与动物的筑巢建窝的本能不同，人在本质上是"自由的存在物"[31]，其生产跳出了物种的限制而将我们类的活动以自由、创造的形式加于自然之上。我们不仅创造着自然本身所没有、也不可能自发产生的东西，同时也在创造的过程中能动地改造着我们自身的观念与精神面貌。可以说，是人的类的自由活动将人与动物直接区别开来。而当我们的劳动被异化以后，人的类的创造和能动的特征就被剥夺了，其自由的、超越动物的本质变成了仅仅可以维持其生存的单纯手段。

前述分析告诉我们，作为一切社会关系之总和的人之所以具有"根本恶"，不仅在于他与自身、类的存在以及他人的异化，更在于他与自然、物质世界的异化。在无产阶级与资产阶级根本对立的资本主义社会，这一异化为资本的原始积累奠定了坚实的基础。无产者在缩短劳动时间、提高工作效率的同时，得到的却是更为突出的饥饿与贫困。人类虽然日益成为自然的主人，但却逐渐变为了人的奴隶。物质力量都被配备了精神的生命，而人的生命却被愚化为物质的力量。因此，为了拯救整个人类、根除人的"根本恶"，无产阶级需要推翻资产阶级的统治。当然，无产阶级推翻资产阶级的目的，不是要取代后者让自己成为一个未来的统治者，而是要消灭一切统治阶级，建立一个"自由人的联合体"。在那个自由的王国里，每个人的自由都会得到保障，每个人的发展也都将得以充分的体现。没有人与人、人与自然之间的疏离，正像亚当当初没有和上帝分开而一直生活在伊甸园里一样。

需要补充说明一点的是，西方学者总倾向于从"历史弥赛亚主义"的角度来理解马克思，[32]他们认为，马克思以先知的身份所预言的"自由

---

[31] 同上。

[32] 具体参见 R. Tucker, *Philosophy and Myth in Karl Marx* (Cambridge University Press, 1961); 卡尔·洛维特:《世界历史与救赎历史》; 以及保罗·蒂利希:《蒂利希选集》, 何光沪选编, 上海: 上海三联书店, 1999 年。

王国”,不过是基督教的“天堂”思想在世俗世界中的翻版,而无产阶级则不过是历史唯物主义拣选的子民而已。从隐喻的角度来看,我们不能说这一解读是完全无根和荒谬的,而身为犹太人的马克思也未必就没有受到西方宗教传统文化的影响。然而,即便如此,我们也不能因为马克思的进步历史观与基督教的末世论的某种相似性,就断然将其历史意识与救赎历史加以等同。基督教中的末世论诚然是莅临的未来事件,但它与现世进步历史理论不是互译的,唯物的历史观不是救赎神学论的变体,而是对后者的取代。

总之,康德和马克思对“原罪”的解读过程,既是一个由唯心论到唯物论的演化过程,也是一个从有神论到无神论的发展过程。其实,自康德把宗教中“原罪说”解读为道德上的“根本恶”以来,很少有学者相信实践理性真的能为基督教的合法性给出有力的辩护,而他对意念与任性、道德自律与上帝之间的模糊论证更加深了人们的怀疑。比如,黑格尔就曾不屑地说:“康德也曾论证有上帝,他认为上帝是解释世界所必须的一种假设——这就是实践理性的公设。但是关于这一点,一个法国的天文学家曾这样答复法皇拿破仑的问题‘我没有对于这种假设的需要’(je n'ai eu besoin de cette hypothese)。”[33]黑格尔之所以对康德的上帝公设不屑一顾,是因为他认为后者的论证陷入了“假的无限”而非“真的无限”。在科耶夫看来,黑格尔的这一断然否定无限与有限、超越与内在有所谓鸿沟的“真的无限”,径直将其推向了基督教的对立面。如果说康德是在实践理性的层面为道德神学辩护,黑格尔对其神学的立场还含糊其辞的话,那么费尔巴哈则公然不讳地宣告了自己的主张,即是人创造了上帝,而非上帝创造了人,他径直走向了人本主义。在批判了费尔巴哈由“单个人所固有的抽象物”来理解神学的错误观点以后,马克思提出了“人是一切生产关系之总和”的主张,进而由物质世界和人与自然之异化的角度来解读宗教与“根本恶”,从根本上展示了无神论对有神论的彻底批判。

---

[33] 黑格尔:《哲学史讲演录》(第4卷),贺麟、王太庆译,北京:商务印书馆,1983年,第255-256页。

天使形象在犹太教、天主教和新教中的变迁

王　栋

【内容提要】　神的信使沟通神与人类，信使成为神学研究的重要领域。“天使”信仰存在于犹太教、天主教和新教中。希伯来圣经中的“信使”颇为重要，有助于理解一神信仰和天启文学。天主教真正系统化了天使信仰，并在中世纪达到顶峰。新教则从更世俗化的角度理解天使，一定程度上改变了流行的天使信仰。对天使的不同理解，反映出不同的宗教图景。天使信仰的变迁既反映了各宗教本身的发展，亦揭示出宗教之间的联系与张力。

【关键词】　信使　希伯来圣经　天启文学　天使　圣经

神的光辉照耀世人，却并不总在世俗中显现，神的信使因而承担了重要角色。犹太教中不存在一个统一的“天使”阶层，却依然看重“信使”的作用。[①] 希伯来圣经作为独立的经典文本，描述了信使的形象和

---

① 为保证行文的统一，作者将希伯来圣经中的最高神译为“神”，基督教传统中的最高神译为“上帝”。现代宗教在不同意义上使用“基督教”“天主教”和“新教”，本文中的“基督教”泛指天主教、东正教和新教等统一信仰上帝的教派，天主教在东西教会分裂(1054年)之前指所有信仰上帝的教派，在分裂之后指中世纪西欧的正统教会。新教在中国大陆又称“基督教”，本文不在这一意义上使用“基督教”。

功能。[②] 希伯来传统中的信使在天主教传统演变为“天使”,天使成为天主教传统的重要组成部分。天主教对天使进行了系统研究,中世纪时期形成了较为系统的天使学(angelology)。马丁·路德和加尔文对天使的批评使神学界不再关注天使现象,相关的神学讨论基本停止。1879年教宗列奥十三在《永恒的父》(Aeterni Patris)一文中重新确立了阿奎那神学理论的核心地位,促使神学家对天使展开进一步的研究。基尔松(Etienne Gilson)在《托马斯主义的天使哲学》中对阿奎那天使学进行了最为详尽的研究。达尼埃卢(Danielou)的《天使及其使命》与彼得森的《天使与圣礼》则讨论了教父时期的天使学。但神学讨论主要在各宗教内部展开,神学家更关注理论的自洽,其他宗教的影响和联系被刻意忽略了。

学术界长久以来甚少关注天使。20世纪60年代戴维森发现自己很难发现天使的相关著作,他不加区分地使用启示文学、犹太法典、诺斯替派、教父著作等材料对天使进行系统总结,但过于混乱芜杂。[③] 真正学术化讨论的是图姆,他在《圣经神魔词典》一书中简略论述了天使的词源、文化渊源、圣经解释和相关学术著作。[④] 大卫·凯克第一次系统讨论了中世纪天使学,内容涉及从希伯来圣经直到14世纪的天使学,并对世俗天使学进行了开创性研究。[⑤] 近些年来学术界从知识接受的角度考察

② 圣经分为旧约和新约,在希伯来传统中旧约被称为“塔那赫”,研究者称之为希伯来圣经。不同于基督教传统和伊斯兰教传统,希伯来圣经在犹太教中是自立的,包括律法书、先知书和圣卷三部分。本文中的希伯来圣经使用 *The Holy Scriptures: According to the Masoretic Text* (Philadelphia: The Jewish Publication Society, Chicago: the Lakeside Press, 1917)。圣经英文版使用 NIV 版,中文版使用和合本。

③ Gustav Davidson, *A Dictionary of Angels: Including the Fallen Angels* (New York: Free Press, 1967).

④ Karel van der Toom, Bob Becking, Pieter W. van der Horst, *Dictionary of Deities and Demons in the Bible* (Cambridge: Cambridge University Press, 1995).

⑤ David Keck, *Angels and Angelology in the Middle Ages* (New York and Oxford: Oxford University Press, 1998). 拉塞尔赞扬凯克拓宽了天使研究的领域,对天使学进行了迄今为止最详尽的研究。不过凯克认为圣伯纳文图拉(St. Bonaventure)在有关天使问题上比阿奎那更为关键的观点饱受质疑。参见 Jeffrey Burton Russell, “Angels and Angelology in the Middle Ages by David Keck,” *Speculum*, vol. 77, no. 1 (Jan., 2002), p. 202。

了天使学的发展。费沙尔·默罕默德认为天使的真实性和权威性没有在安立甘宗中消失殆尽,并对16、17世纪的英国哲学和诗学产生了巨大的影响。[⑥] 相较于国外天使学研究的逐渐复兴,国内对天使的讨论比较罕见。[⑦] 笔者试图梳理犹太教、天主教和新教对"天使"的不同神学理解,探究天使在宗教中的不同形象和神学意义,揭示宗教之间的差异与联系。

一、上帝的信使——传播与践行上帝意志的职位

在希伯来圣经中,信使扮演着重要角色。希伯来文"malakh"具有"信使"的意思,其词根为"lk",意为"传递、输送"。希伯来圣经中既用此词指人类信使,例如雅比派去见扫罗的信使(撒上11:4),耶洗别派去见以利亚的信使(王上19:2);也用此词指超自然生物担任信使,即"听从他命令,成全他旨意,有大能的天使"(诗103:20)。"malakh"在希伯来圣经中出现过215处,其中91处指世俗权力之间的信使,他们没有超能力,替俗人服务,承担送信的使命。[⑧] 古代近东文化中神既非无所不知,亦不能瞬间移动,他们派遣信使以沟通信息,践行意志。在古代近东文化中天界生物担任的信使和人担任的信使往往使用同一名词。后期神的信使日趋专门化——神有一个特定的低于他的信使神。信使既沟通了神与世俗,又保证了两者不可分的界限。[⑨] 有的篇章中无法区分信

---

⑥ Feisal G. Mohamed, *In the Anteroom of Divinity: The Reformation of the Angels from Colet to Milton* (Toronto: University of Toronto Press, 2008).

⑦ 笃行:《救恩中的天使职务》,载《中国天主教》1996年第5期。付志勇:《托马斯·阿奎那论"灵智体"》,载《科教导刊》2012年第1期。前者是对天使的神学讨论,后者则简要探讨了天使的本质。游斌对希伯来圣经中的信使进行了深入讨论,揭示了信使的神学理解和社会功能。参见游斌:《希伯来圣经的文本、历史与思想世界》,北京:宗教文化出版社,2007年。

⑧ Wojciech Kosior, "The Angel In the Hebrew Bible from the Statistic and Hermeneutic Perspectives. Some Remarks on the Interpolation Theory," *The Polish Journal of Biblical Research*, June 2013, vol. 12, no. 1(23), p. 58.

⑨ Karel van der Toom, Bob Becking, Pieter W. van der Horst, *Dictionary of Deities and Demons in the Bible*, pp. 45-46.

使是由天界生物还是由人担任的(士 2：1－4;玛 3：1)。

由天界生物担任的信使职责众多。它们需要赞美神(诗 184：2),听从神的命令,成全神的意旨(诗 103：20)。他们居于天上,借助梯子从天堂来到俗世(出 28：12)。信使保护旅人(诗 91：11－12),帮他们完成任务(创 24：7－40),甚至提供食物(王上 19：5－6)。信使对旅人的帮助是西亚文化圈的传统,犹太教中信使帮助别人是这一传统的承继。[⑩] 信使承担其他职责,如毁灭耶路撒冷(代上 21：15－16)。使者代表上帝具有极大的权威,但并不具有相同的道德水平。上帝并不信靠他的臣仆,认为信使是愚昧的。上帝甚至会派神使做“坏事”,如迷惑他人(王上 22：19－23)。

许多天界生物并不担任信使,甚至做些违背道德的行为。例如洪水来临前,“神的儿子们(sons of God)看见人的女子美貌,就随意挑选,娶来为妻”(创 6：2)。现代研究者将之看作多神传统的残留。同样的遗留见于《诗篇》中的“神的众子”(mighty ones)、“荣耀的神打雷”等描述,这首诗歌几乎照搬了迦南乌加列地区的创造神话(诗 29：1－3)。这些多神遗留统一于犹太教的一神信仰。从以色列人的宗教实践和西亚文化圈的历史来看,其他神的存在是被承认的。以色列人只是在崇拜上承认耶和华的一神地位,即“本主一神教”(henotheism),而非一神教(monotheism)。十诫规定“除了我以外,你不可有别的神”(出 20：3),确立了耶和华与以色列人之间的排他性关系。这条律法类似赫梯与亚述文明中“宗主-附庸”关系,要求一方绝对归属于另一方。[⑪]

如果上帝派神使来传达和践行意志,那么他们和先知的区别在哪里?这里我们要从出埃及事件谈起。在希伯来圣经中,出埃及事件最为重要。上帝不仅向以色列人启示了自己的专名,更显示了解放者和立法者两个形象。在这个关系中,神人形象是二分的,人在历史中与上帝相遇,上帝并非

---

⑩ Karel van der Toom, *Dictionary of Deities and Demons in the Bible*, p. 47.

⑪ 西奈之约与西亚政治文化的关系仍在讨论中,许多德国学者认为,以色列人并未受到赫梯条约的影响,或者只是发展了赫梯条约中的历史序言方面,只是后来受到亚述影响后,才在《申命记》中发展出较为完整的“宗主-附庸”条约格式。

是神秘不可知的力量，而是“能听的、能见的、有感受的、能知道的”人格化的实在。上帝是言说和对话的上帝，先知替他传递信息。先知希伯来文为“Nabi”，词根为“呼召，呼唤”，意为“被呼召的人”。而先知的英文译名“Prophet”，源自希腊文“prophetes”，意为“宣告者”，代表神灵宣讲，是神人间的中介。这里先知不是“预先知道的人”，而是“传神言的人”。⑫

先知传统兴盛于公元前8至6世纪，撒母耳膏立扫罗表明宗教意义上的先知先于政治意义上的君王。上帝呼召先知，先知将上帝的话宣告给全体以色列人甚至列国列邦。先知与王权国家紧密相连。公元前5世纪五经被正典化，先知传言亦同时开始正典化。先知预言结束于以斯拉，之后的作品不能纳入先知书。到公元前3世纪末正典化完成，先知被认为是先知书的作者。在这些作品中，先知被认为是人和上帝之间的中介，在仪式和节日中宣告圣约，引导人们借助伯特利和耶路撒冷的圣所敬拜上帝。

这里先知与上帝的“信使”十分相似。南国先知传统强调上帝对人的呼召和神人相遇。在希伯来圣经中常见的众神之会中，先知和其他超自然生物得以相见。先知米该雅看见耶和华和天上的万军，这些超自然生物践行了上帝的意志（王上22：19－23）。第一和第二以赛亚都曾列席天上诸神决定人类命运的“天庭会议”（赛6：1－2；41－11）。在希伯来圣经中，先知也被理解为“从天而来的天使”。游斌认为这可能受到了西亚民间信仰的影响，将先知理解为灵界的天使。古典先知只是将先知理解为“传言的人”，而非天使。只是到了先知运动后期，为了表示对先知的推崇，“天使”一词才被使用。⑬

---

⑫ 先知是希伯来传统的重要塑造者，现代研究者赋予了“先知”英雄主义的色彩。雅思贝尔斯认为先知是希伯来宗教进入“轴心时期”的关键，韦伯把先知看作“充满卡里斯玛的人”，但这并不符合先知的原意。

⑬ 游斌：《希伯来圣经的文本、历史与思想世界》，第216页。我们大致可以认为先知是低于超自然生物的。《诗篇》中问道“人算什么，你叫他比众神微小一点”。在和上帝的交流中，上帝的形象很多时候并不向人显现。摩西看到的是“雷轰、闪电和密云”（出19：16），以赛亚看到的是“门槛的根基震动，殿充满了烟云”（赛6：4），以西结看到“狂风，闪烁火的大云”（结1：4－28）。先知俯伏在地不敢看上帝，先知并不能看到上帝的形象。先知听从神使的召唤并和天使交流频繁，撒迦利亚和天使交流，并看到居于天使旁的约书亚（亚3：1－2）。

先知是伴随王权出现的制度化存在,在合法化王权的同时代表耶和华批评王权。随着巴比伦征服以色列,先知传统衰落了。公元前597年,巴比伦征服犹大国,将其精英阶层流放巴比伦。公元前539年波斯帝国允许以色列人回归耶路撒冷,这一时期被称为后流放时期。后流放时期的先知与之前的先知区别开来,被称为"耶和华的信使"(messenger of YHWH),之前的先知对王传神言,现在的先知则多对百姓传神言。后流放时期的社群不再与王权相伴,希伯来宗教建立起完整的祭礼制度、祭司群体和崇拜方式。祭司与文士对成文经典的解释取代了当下的、生动的先知宣告。

同时流亡的希伯来人从波斯和巴比伦学到了"天使"观念。希伯来圣经中的米迦勒和加百列来自巴比伦神话体系。[14] "天使"强调的不仅是信使的身份,亦关注天界生物本身的能力。兴盛于希罗时期(Graeco-Roman)的天启文学反映了"天使"变化的趋势。[15] 天启文学被认为是"通常采用叙事(narrative)文体,而非先知传言的诗体;其内容是由天使向某位奇人揭示属天的超越实在;这一超越实在既是时间性的,即将在人间历史的末世实现出来,又是空间性的,即它存在于另一个超自然的世界中"。不同于先知传统中的"耶和华如此说"和"耶和华说"等内容,现在揭示真相的是天使。

《但以理书》是天启文学的代表,在安条克四世迫害犹太人的背景下于公元前2世纪形成。此时传统的律法和祭祀遭到破坏,处于社会边缘的犹太人需要解释自己的命运。天使告诉但以理安条克对犹太人的残酷统治,告诉他重建圣坛(但7-8,10),天使长米迦勒拯救民众(但12:1-3)。这里天使第一次真正显现了自己的名字(但9:21,10:13)。米迦勒甚至被称为人子(Son of man),是犹太人在天上的代表(但10)。

---

⑭ Gustav Davidson, *A Dictionary of Angels: Including the Fallen Angels*, p. 20.

⑮ 天启文学是人们根据《启示录》的风格规定的文体。天启文学依据波斯、希腊文化并预言世界历史走向不可更改的新世界。天启文学继承了先知传统的某些核心因素,安德森甚至认为它是"先知传言的新形式"。《以赛亚书》24-27章、第三以赛亚、《以西结书》40-48章、《约珥书》3:9-21和《撒迦利亚书》9-14等先知书被认为是天启文学的表达,而《但以理书》是希伯来圣经中最典型的天启文学。

不过天启神学仍强调上帝是敬拜的最终目标，是严格意义上的一神论。

在希伯来圣经中，天界生物担任信使并不见于摩西五经中的D传统和P传统，亦不多见于流亡后期的圣经文学。⑯ 在君主制的背景下，先知将以色列的国家史放到希伯来宗教的神人关系中，宣称耶和华必定复兴以色列。这些文本中上帝习惯性地和人直接交流，上帝不需要信使协调神人关系。⑰ 流放归来的犹太人失去了国家，异族统治的事实破坏了先知传统，犹太人需要重建和上帝的联系。此时西亚文化圈中的多神传统在希伯来圣经中日趋统一，形成丰富的天界生物形象，并逐渐与先知区分开来。天使在政治环境变迁和先知传承日趋衰落的背景下承担越来越多的作用。希腊化时期兴盛的天启文学兴起，天使被视为上帝的传言人，传递异族统治下耶和华允诺的救赎。这样耶和华隐在幕后，天使和异象成为信息的传递者，人和神超越了时空的联系，犹太人注定要被救赎。

二、天使的产生极其系统化

希伯来圣经在公元前2世纪被翻译为希腊文。七十士译本中"malakh"被译为"angelos"，多指协调神人关系的天界生物。⑱ 研究者推测"angelos"来自波斯语的"angaros"（骑马的信使）或梵语的"angiros"（神人之间的协调者）。"angelos"在希腊文化中被理解为沟通神人的超自然生物（supernatural being）。这一时期，我们发现神的信使是被职能

---

⑯ 19世纪末威尔豪森提出底本说，认为五经的成典包含JEDP四个传统。其中J(Jehovah)传统形成于约公元前950年，E(Elohist)形成于约公元前750年，D(Deuteronomic)形成于约公元前700年，P(Priest)形成于流放时期，约公元前550年至约公元前450年。J传统强调耶和华与以色列人的关系，涉及西奈立约、先祖故事和民族史前史。E传统与北国先知传统相关，强调先知的角色、敬畏上帝和西奈立约以及对历史的特殊理解。（西奈传统）D传统强调纯洁耶和华信仰和在独一的圣地（耶路撒冷）敬拜耶和华。（锡安传统）P传统以第二圣殿的崇拜为基础，涉及祭祀、祭司、节日、圣所与圣殿法典。P传统深化了创造论、一神论和崇拜神学。

⑰ Karel van der Toom, *Dictionary of Deities and Demons in the Bible*, p. 47.

⑱ Wojciech Kosior, "The Angel In the Hebrew Bible from the Statistic and Hermeneutic Perspectives. Some Remarks on the Interpolation Theory," pp. 56 – 57.

定义的,并不指向特定的超自然群体。

公元前后,天启文学兴盛于巴勒斯坦地区,并深刻地影响了基督教运动。某种程度上新约神学就是围绕历史人物耶稣(historical Jesus)形成的天启文学。新约提到"angelos"175 次,大部分在启示录中(67 次),有时指人类信使(路 7: 24)。[19] 在基督教内,希伯来圣经不再具有独立性,它的意义必须通过旧约才能被恰当理解。这一时期"天使"的"信使"角色日趋下降,而神圣生物本身的意义被看重。此时基督徒必须回答耶稣与天使的关系。新约中,天使的身份被确认,地位被整合。天使借耶稣而造,又为耶稣而造(西 1: 15 - 17;约 1: 1 - 3)。天使远低于耶稣并为其服务(来 1: 1 - 14)。耶稣甚至允诺:"人从死里复活,也不娶也不嫁,乃像天上的使者一样"(可 12: 25)。

耶稣死后,天使崇拜仍是教会争论的重点,保罗在给歌罗西教会的书信中指出:"不可让人因着故意谦虚和敬拜天使,就夺去你们的奖赏"(西 2: 18)。保罗指出犹太人的割礼、饮食和圣例都是"不可拿、不可尝、不可摸"的外在规条(西 2: 11,13,14,16,20)。这些规条与对天使或者灵界力量的迷信混在一起(西 1: 16;2: 8,15,18,20),这些教导与基督作为一个完全的人在世上的生活和救赎(西 1: 19,22;2: 9)相冲突。[20] 天使在天启文学中的中心地位消失了,耶稣才是救赎的允诺者。

公元 2 世纪成书的使徒书信和《希伯来书》,对天使和其他天界生物产生了更多想象,耶稣与天使被更详细地整合在一起。《启示录》源自耶稣基督的直接启示,天使受耶稣指派为他传言(启 22: 16)。在《启示录》的天界图景中,羔羊(耶稣)受到天界生物的跪拜与祈祷(启 5 - 7)。在末世论神学中,天使参与最终审判并执行判决(启 15 - 17)。在整个文本中,天使崇拜与耶稣崇拜、上帝崇拜相协调。

4 世纪时,天使已为神学家广泛接受,奥古斯丁说:"世间所有有形物都处于天使管理之下。"哲罗姆则称天使被赐予并守护信众,信众应当

---

[19] Karel van der Toom, *Dictionary of Deities and Demons in the Bible*, p. 50.

[20] 戈登·菲,道格拉斯·斯图尔特:《圣经导读》(下),李瑞萍译,北京:北京大学出版社,2005 年,第 335 - 336 页。

向它们祈祷。[21] 天使阶层的出现与哲罗姆密切相关。在武加大译本中，当"angelos"是人时，哲罗姆将其翻译成 nuntius(信使)和 legatus(使者)，当为超自然存在时，哲罗姆将其翻译为"angelus"(天使)。哲罗姆显然认为所有的天界生物都是天使。哲罗姆重新定义了"angelos"(malakh)，"angelus"不是信使这个职位，而是天使这个生物。

在此基础上，真正使天使系统化的是伪狄奥尼索斯。狄奥尼索斯虽然生于5世纪，却被认为是保罗在雅典所收的门徒(使17：34)。他在5、6世纪之交完成了《天阶体系》，认为上帝建立万物，万物依次序分有上帝的形式。万物形成阶层体系(hierarchy)，阶层体系由希腊语"神圣"(hieros)和"源头"(arche)组成，"表明其为神圣之起源与层级的秩序"。[22] 阶层体系因而成为上帝之道的显现和探索路径。

伪狄奥尼索斯认为圣经中的各式各样的天界生物形象并非真实存在，而是讨论上帝之道时为了适应人的心智使用的诗性想象。上帝在本质上是不可见的、无限的和无法把握的。这些扭曲、荒谬的形象是为了提醒我们，上帝超越了一切物质性。人的探索是"一种对于超出一切理智和一切理性的非物质实在的圣洁渴慕"。[23]

在这样的认识论的指导下，虔敬的伪狄奥尼索斯从圣经出发，建立了系统化的天阶体系。伪狄奥尼索斯认为天使在两种意义上使用，既指所有天界存在者，又指一种特定的低级天界存在者。伪狄奥尼索斯在第一种意义上使用天使，即所有的天界生物都是天使，他们"非物质地接受那未经稀释的、原初的启明光照"，"最先和最多样地分有神圣者"，过着"完全理性的生活"。[24]

天使细分为三元的天阶体系，第一组是炽天使(saraphim)、智天使(cherubim)和座天使(thrones)，他们紧邻上帝，直接受教于上帝，与上帝本质最为相似。他们是"彻底的洁净、无限的光和全然的完美"。"永不

---

[21] Gustav Davidson, *A Dictionary of Angels: Including the Fallen Angels*, pp. xii, xxiii.

[22] (伪)狄奥尼修斯：《神秘神学》，包利民译，北京：商务印书馆，2012年，第 xxi 页。

[23] 同上，第109页。

[24] 同上，第114－117页。

动摇、永不变动和全无侵染的基础”。第二组是主天使(dominions)、力天使(powers)和能天使(authorities)。他们从第一天使等级那里接受洁净、光明和完满,表示对上帝的回归、模仿和服从。第三组是权天使(principalities)、大天使(archangels)和天使(angels)。权天使、大天使和天使构成统治秩序,其中每个国家都由一个天使掌控。祭祀被认为是最低级的天使,是传信使者。上帝将神圣奥秘最先交予天使,天使将律法交给人类。人类不能“直接”见到上帝,必须经由天使的中介获得。见到上帝的人在此之前已被提升为神圣人物。这一阶层体系是秩序、状态和行动三者的合一,以使“存在物能够尽可能地与上帝相像,并与他合一”。[25] 伪狄奥尼索斯的天阶关系中,天使的数目和形体是基本问题,而身份与空间决定了天使们的能力、责任和权力。

公元787年第二次尼西亚会议确认了天使崇拜的合法性。公元852年爱留根纳对狄奥尼索斯的译介使其在天主教世界迅速推广开来,并在大阿尔伯特和阿奎那的推崇下成为中世纪的主流。大阿尔伯特也曾推测:“6666个区域各有一个唱诗班,每个唱诗班都有6666名天使。”[26]阿奎那借鉴亚里士多德理论的概念和方法,在狄奥尼索斯的基础上更为系统精致地论述了此题。万物都出自上帝,分享不同的存在而形成自己。天使没有质料,是纯粹的形式,纯粹的精神体。上帝借着理智与意志产生天使,纯精神体超越此时此地,完成宇宙的完善。天使没有质料,故认识更为纯粹,认识能力超过人类。“他们是完美的理智实体,不需要由可感觉物中取得知识。”[27]天使数目众多,有不同的种类,他们都是不朽的。

天使没有身体,因而不占据空间,而是将能力施展到各个地方。天使的能力不能同时施展到许多地方,天使不能同时占据一个地方。天使基于自己的本质认识一切。天使能认识彼此,能借助自然认识上帝。天使有自由意志,却没有愤怒和情欲。天使犯罪不是源自本性,而是因为

---

[25] (伪)狄奥尼修斯:《神秘神学》,第112,118－135页。

[26] Gustav Davidson, *A Dictionary of Angels: Including the Fallen Angels*, pp. xix, xxiii.

[27] 多玛斯·阿奎那:《神学大全》(第二册),陈家华、周克勤译,刘俊余、周克勤校,台湾:中华道明会、碧岳学社联合出版,2008年,第91页。

他希望同上帝一样。天使分为三个等级，高级天使能启发低级天使，反之则不能。天使分善恶，善天使统辖恶天使，并教导与保护人。天使是阿奎那神学世界的重要组成部分。在整个经院主义中，天使是宇宙中的重要组成部分，而神学家负有发现和描绘天使的职责。[28] 13 世纪天使学已蔚为大观，成为巴黎大学的必修课程。

新兴的基督教重新定义了天使的功能，它们低于上帝，在救赎中处于辅助地位。伪狄奥尼索斯构建了完整的天使体系，这种构建不仅丰富了神学理解，更为世俗世界的秩序提供了依据。上帝的知识、权力和责任借助天使层层传递给人类，人类则通过教皇、大主教和神父获得救赎。阿奎那吸收了亚里士多德的哲学思想，在更为广阔的宇宙论的视角中理解天使，中世纪的天使观终于蔚为大观。天使学不仅是大学课程的必修课和神学理论的组成部分，更是宗教组织的合法性基础。

三、新教反思与天主教改革

14 世纪，人文主义圣经学派兴起，试图对教会典籍进行新的翻译、考证与探讨。瓦拉对中世纪的天使观进行了猛烈攻击，质疑其真实性。但是新教改革家才真正改变了天主教的天使观。新教试图回答天主教的问题，即“人如何得救”“宗教的权威性何在”“何为教会”和“基督徒生活的真谛”。马丁·路德认为唯独信仰、唯独圣经，人人皆祭司，一切职业都敬奉神。[29] 在圣经权威的指引下，马丁·路德认为狄奥尼索斯没有扎实的学问，质疑“他凭什么权威和论据来证明他有关天使的那些大杂烩……里面的每桩事难道不都是他自己的幻想、实在如同梦呓一般吗？……与其说其作者是基督教的，还不如说他是柏拉图派”。阿奎那也未能幸免，路德认为“他简直连自己的哲学或逻辑都搞不清楚”。[30]

㉘ David Keck, *Angels and Angelology in the Middle Ages*, p. 4.

㉙ 布鲁斯·L. 雪莱：《基督教会史》，刘平译，上海：上海人民出版社，2012 年，第 239－248 页。

㉚ 路德：《路德文集》，雷雨田、伍渭文主编，雷雨田、刘行仕译，丘恩处等校，上海：上海三联书店，2005 年，第 299，372－373 页。

马丁·路德不仅不承认天主教的天使体系,亦反对天使学支持的宗教礼仪。马丁·路德支持平信徒在圣餐中酒饼同领,认为任何天使都无权反对这个主张。天使下达的命令只是意见,不能成为信条。天使很有可能歪曲圣经,人必须对此保持警惕。人需要从文法和字面意义解读圣经。[31] 马丁·路德慷慨陈词:“不论是人还是天使都不能解愿”,“不论是人还是天使的法规,未经同意,都无权强加给基督徒”。[32]

与马丁·路德的全盘否认不同,加尔文承认神的主权和神无所不能的权威。加尔文认为天使有存在的价值,因而他承认狄奥尼索斯巧妙地讨论了许多问题,但也指出这多半是空谈,伪狄奥尼索斯讲述的是愚拙的智慧。加尔文要“在圣经的单纯教导上考察主所要我们知道的关于天使的事”。天使是属天的灵,上帝借助他们执行其预定的事物,这也是天使名称的来源。天使还有其他许多称号,如“执政的、掌权的和有能的”,这些称号称赞天使尊贵的职能,彰显上帝的神性(I: 14,5)。[33]

加尔文认为讨论天使的性质、地位和数目毫无意义。关于天使数目和等级的说法都没有根据。天使的数目多不胜数,没人能根据经文判定天使的身份和等级。天使的数目和等级仍是奥秘,除非上帝向我们揭示真相。虽然困难重重,天使仍是认识上帝的重要途径。天使真实存在,上帝使用天使是为了安慰人的软弱,使人不至缺乏对神的盼望和确信。“神借他们的服事保护他的选民,也借他们将他的恩惠赐给人并继续他未完成的事工”(I: 14,9)。上帝并非为每一位信徒特派一位天使,而是所有的天使都一同看顾人,人因而保有信心。但这并不意味着天使能分享上帝的荣耀。唯有借着上帝,天使才能服事我们(I: 10,12,14)。天使是上帝存在的确证,他直接引领我们到上帝那里去。天使是尊贵的,其本性卓越超乎人的想象,基督也曾因至高中保的职分被称为天使。

面对新教的挑战,天主教不得不给出回应。虽然天使问题不是争论

㉛ 路德:《路德文集》,第297,299页。

㉜ 同上,第345,338页。

㉝ 约翰·加尔文:《基督教要义》,钱曜诚等译,孙毅、游冠辉修订,北京:生活·读书·新知三联书店,2010年。

的核心,但天使的地位也日趋下降。16 世纪颁布的《特兰特圣公会议教规教令集》虽然没有直接讨论天使问题,但却从更为世俗的角度上理解天使。教令强调教长职能艰巨而重要,"即便是天使也会对之望而生畏"。教皇保罗三世甚至称赞特兰特会议参会人员是"和平天使"。死后的人将会吃到天使吃的圣饼。无论俗界还是天界,天使都不再高高在上,而是与人地位相近。[34]

马丁·路德否定天使的权威,这与他坚持因信称义和"凡信徒皆祭司"是一致的。上帝是最高权威和得救的根源,信徒能借助圣经与上帝直接交流。天使是次一等的权威,在救赎中不担任作用,神学家则毫无权威。加尔文承认天使存在的意义和价值,但在认识论上发生了重大变化。他不再关注天使的本体、数目和等级,转而研究天使的功能和意义。天使按上帝的意志而生,与人的认识能力相符合,看护并帮助人走向救赎。马丁·路德和加尔文继承了奥古斯丁的救赎理论,都对原有的天使体系表达了质疑,确立了上帝的核心地位和神人之间的沟通和救赎。天主教虽然坚持天使的原有教义,但在具体理解中更加世俗化。[35]

四、余 论

天使经历了复杂的变化。天使产生于西亚多神的背景下,在本主一神论的范畴中置于希伯来圣经中。他们不再是异教的神祇,而是上帝的造物。上帝选派他们担任信使,完成上帝的旨意,在天启文学中他们讲述上帝的救赎。耶稣和新约的诞生使天使在新的背景中被理解,天使被置于耶稣之下,帮助他工作。随着翻译和教父神学的发展,天使形象日渐丰满起来并照亮尘世。在伪狄奥尼索斯那里,天使都是上帝形式的某种流溢,本身具有荣耀和权能。上帝不再主要是历史中显现的上帝,而是宇宙中存在的上帝,是秩序的显现与维护。新教从更世俗化的角度理

---

[34] 《特兰特圣公会议教规教令集》,J. 沃特沃思英译,陈文海译注,北京:商务印书馆,2012 年,第 61,78,102 页。

[35] David Keck, *Angels and Angelology in the Middle Ages*, p. 3.

解天使并日趋多样化,加尔文认为天使在认识上帝和人类救赎中承担了重要职责,马丁·路德则完全否定这一传统。各宗教建构了不同的天使形象,也讲述了不同的神人关系和救赎之道。

天使的变化有助于我们理解一神观的发展和人神关系的变化。上帝永远具有超越时空的权能,但却以不同的途径救赎人类,天使是观察这条路径的反光镜。在近东传统中形成的神的信使要传播神的命令,践行神的意志。随着以色列国家的消亡,先知传统衰落,神的信使成为人类救赎的中保。神的信使讲述了神在未来时空中的救赎。耶稣是犹太教的一个信使,但却在基督教传统中被重新理解。耶稣被认为是上帝的儿子和上帝本身,天使的救赎地位下降了。但在伪狄奥尼索斯和阿奎那的努力下,天使学被层层构建起来,成为现实合法性的依据。人们只能依靠天主教教会-天使-上帝的模式获得救赎。新教试图重新发现上帝,他们更为世俗化地理解天使,天使只是适应人认识的一种手段,甚至可能毫无意义。人因而直接沟通上帝并被其救赎。天使从犹太教中产生,在天主教中完善,于新教中没落。天使和宗教救赎密切相关,也反映了宗教之间的联系和张力。天使给人类带来了意义,天使在人间。

罪人可淹灭，罪性难断绝

——“挪亚诅咒迦南”的再分析

潘家云

【内容提要】 圣经中的重要故事“挪亚诅咒迦南”行文简洁，空白极大，让后世阐释纷呈，争执不休。即使从性学角度阐释，也有六种，个个振振有词，耸人听闻。本文认为性学阐释违背常情常理，损害宗教精神。本文运用神学家尼布尔对罪性的研究成果，将其重新阐释为：大洪水后，人类生活富足，连义人挪亚都禁不住饮酒、放纵，他的不慎独被儿子含撞见，激发出心中罪性的连锁反应，终受诅咒。这段经文的宗教寓意是人类罪性深沉，易于加速恶化，需加自我约束。

【关键词】 挪亚裸睡 裸体 诅咒 罪性 恶化

一、一段经文，11个疑问

《创世记》9:18-27经文如下：

出方舟挪亚的儿子，就是闪、含、雅弗，含是迦南的父亲。这是挪亚的三个儿子，他们的后裔分散在全地。挪亚作起农夫来，栽了一个葡萄园。他喝了园中的酒便醉了，在帐棚里赤着身子。迦南的父亲含看见他父亲赤身，就到外边告诉他两个兄弟。于是闪和雅弗拿件衣服搭在肩上,倒退着进去,给他父亲盖上;他们背着脸就看不见父亲的赤身。挪亚醒了酒,知道小儿子向他所做的事,就说:“迦南当受诅咒,必给他弟兄作奴仆的奴仆。”又说:“耶和华闪的上帝是应当称颂的,愿迦南作闪的奴仆。愿上帝使雅弗扩张,使他住在闪的帐棚里,又愿迦南作他的奴仆。”

这段经文过于简要,至少留下了五大疑团:(1)挪亚醉酒之后,在帐棚里赤身裸体,是因酒后发热赤身裸体?还是有性含义?(2)含有何过错?(3)含的过错究竟有多严重,要遭受如此刻薄的诅咒,以至于子孙世代为奴?(4)为何挪亚不诅咒含而诅咒含的儿子迦南?(5)为何惜字如金的圣经无缘无故地两次提到“含是迦南的父亲”?

这个谜团的关键是“看见父亲的裸体”,也即“露其下体”的含义,贝格斯曼归纳并剖析了国外的四种阐释:第一说,含是窥阴癖,但此说难以阐释含罪孽的严重性和挪亚诅咒的严厉。第二说,含从生理上阉割了挪亚,使其不能再育第四个子女,并藉此来推翻挪亚的权威,此说没有文本证据。第三说,含非礼、侵犯了挪亚,并出来声张,以此夺取家庭和政治上的等级权力,含的罪是渴望权力,而非同性恋倾向爆发。这三说皆不能解释为何挪亚诅咒含的儿子迦南。于是,贝格斯曼提出自己的第四说:《利未记》18:78,《申命记》23:1,27:20都指出,父亲的裸体就是母亲的裸体,所以,含非礼的是挪亚的妻子,即自己的母亲,其后所生之子乃是迦南,经文上多次无缘无故提及“含是迦南的父亲”乃是要正本清源。他将这段经文重读为:挪亚醉后,在她(妻子)的帐棚里脱衣,欲行房事,但醉不能行,含闯进来,“看见其父下体”,亦即与其母同房,出去后,向两个兄弟宣称他已攫取了家庭权力,闪和雅弗连忙倒退进入帐棚,一则避免看见父亲的裸体,二则避免看见被侵犯的母亲。此事之后,挪亚诅咒了含这次僭越的恶果——迦南,这就是为什么经文中数次提到“含是迦南的父亲”这样貌似多余的话,因为迦南是含与挪亚妻子所生,而非挪亚所生。他认为,只有将这段经文阐释为含越礼乱伦,才可以合情合理地说清上述五个疑问。[①] 然而,萨纳和梁工教授都认为"这种分析无端增入了含与其母亲发生性关系的情节,显得过于牵强附会"。[②] 古人为尊者讳,尊重父母,省略了其母在场的细节,虽然也讲得通,但这种阐释反而增加了我们的三个疑问(疑问编号承接上段):(6)挪亚醒后立刻诅咒了迦南,如果迦南为越礼之谬种,至少也得十月怀胎、出生取名之后方能诅咒。(7)挪亚虽然到了中老年,但有两个随时待命的儿子闪和雅弗,只要一声令下,就可制服并惩罚含,为何还要忍受含非礼其妻?(8)此说把女性视作毫无反抗能力、任人宰割的弱小者,如果她拼命反抗,含很难得逞。含既然轻易得逞,就等同于指责他母亲早已芳心暗许、当场顺水推舟,如此合谋论会使事态变得更加复杂。这种阐释使得女性的力量、意志和意愿没有得到合理的体现,从本质上依然是男权主义的产物。

梁工教授从心理分析角度继续提出迥异前述的第五种阐释:挪亚对含产生了同性乱伦关系,但为了捍卫自尊心,恼羞成怒、倒打一耙,诅咒了含的儿子迦南。这样就有了上述五种性学分析,却留下了更多疑问:(9)圣经惜字如金,为何要记录这一段不光彩的性乱史而不指示任何宗教意义?(10)如此病态还出现在上帝认定的义人身上,难道是上帝看走了眼,看错了挪亚,还是我们阐释过度,冤枉了挪亚?义人、完全人尚且如此龌龊不堪,还诿过于人,恶毒诅咒,谁还能来传承上帝旨意和基督精神?(11)本段记录和基督教精神有何相关性?

二、不可能是性变态故事

总之,经文本身留下5个问题,性学阐释反而多带来6个问题,越说越乱,其主要原因是性学推理违情背理,值得商榷。顺着梁工教授的性学推理,从"含出来声张"这点事实看,可以推导出五种可能性:(1)如果是含非礼了父亲或者母亲,他出来后自然不敢声张,毕竟父亲还处于

---

① John Sietze Bergsma, "Noah's Nakedness and the Curse on Canaan," *Journal of Biblical Literature*, Spring(2005), 25-40.

② 梁工:《精神分析视阈中的"挪亚诅咒迦南"》,载《外国文学评论》2010年第3期。

强势地位,还有两个毕恭毕敬的儿子随时待命。(2)如果是含被父亲非礼,他含羞蒙垢,负屈声必高,可能出来后“告诉两个兄弟”,但从两个兄弟敬畏的行动——背着脸进去,背对着挪亚出来,我们可以推知:挪亚积威极深,或者儿子对他敬畏甚深、爱戴极高,即使含千嘴千舌,他们都不会声援含而违逆父亲。所以,含即使蒙羞,也只能打掉牙往肚里吞,另谋机会,连后世读者都从他们的敬畏态度中看出含的任何诉求、冤屈皆不可能得到伸张,难道当事人含会看不出这点?如果知道自己叫屈无用,含还会出来大肆声张吗?既然含出来声张,很可能不是关于乱伦的内容,而是让含感到得意的内容。(3)第三种可能是,含出于自愿,出来后洋洋自得向两个兄弟提及自己承恩蒙宠的得意,但考虑到乱伦、同性恋仍为禁忌,他不至于如此无知,出来宣扬,不仅玷污了父亲、父权、族长、义人、完全人的声名,自己也立刻处于被迫害的危险境地,所以,无论何等性变态的故事,无论是含非礼或被非礼,他都根本不敢拿出来张扬。因此,既然含出来四处张扬,很可能就不是性变态的故事。(4)含没有受到立刻的暴力体罚,而是精神上的诅咒,更表明他的僭越是精神之罪而非肉体侵犯,所以,含的僭越应该暗示着有关于伦理、礼法、宗教信仰等其他方面的深意。(5)含一出来就张扬乱伦故事,闪和雅弗居然不以为怪,这表明他们是知情者,他们的第一反应不是安顿含或者掩住含的嘴,而是马上拿衣服进去将挪亚盖上,安置、安慰、取悦父亲。这就有点类似皇帝强奸民女,而太监的第一反应是保护皇帝不要龙体受凉,如果这是性变态故事,闪和雅弗不仅一直是心照不宣的知情者,而且是父亲长期的同谋、助纣为虐者。这岂不变成了父亲压迫、性剥削儿子,其他儿子不仅毫无反叛,反而奴颜卑膝,立刻讨好,如此阐释后,基督教的公义何在?基督精神何在?性学阐释不仅颠覆了挪亚的义人身份,也颠覆了闪和雅弗的风范,颠覆了基督教的精神,挪亚尚且如此,基督教无一义人了!这是对基督教一个极大的指责,对基督教精神破坏很大。如此事关重大,笔者也想争鸣一番。

挪亚若要做出苟且龌龊之事,需要克服多重身心障碍:(1)生理障碍。挪亚要在醉酒的状态下,非礼含,除非含愿意,否则在生理上他就力不从心。挪亚寿命是950岁,按圣经中古人的寿命计算,挪亚的祖先几乎都在160至175岁时生子，此时挪亚为600岁，走完了生命三分之二的历程，已经是中老年人。中老年人非礼正当壮年的儿子，无论从体力和心理上都无法做到。(2)挪亚要克服双重的道德禁忌。非礼同性，首先要突破男女界限，进入同性恋范畴。(3)毕竟挪亚是家长，非礼儿子，要突破父子界限，进入乱伦范畴。(4)宗族概念。挪亚是人类的祖先，作为一个种族的领头人，有“浓密的头发和大胡子”“男子汉气概”[③]，率领一族之众逃离大洪水。他若如此变态，如何瞒过朝夕相处的族人？如果生理上早有性倾向异常，圣经上应该早有前兆，可是圣经并无一处文字暗示挪亚有喜好男色的文字。(5)宗教信仰。这是最难克服的障碍。在帐棚里的事，也许他人无从知晓，却瞒不过全知全能的神。在神的注视下，挪亚何能如此苟且？

所以，这不可能是性变态的故事。细读这些性学阐释，发现他们共同的误区是，在未进行分析之前，已经提前预设了几个极有问题的假定：(1)裸即性。只要露出下体，必定与性有关，裸即等于性。其实，在《创世记》中，裸不是问题，不裸才是问题。亚当夏娃在伊甸园里整天赤身裸体，尽显天真无邪纯朴之态，而夏娃用无花果树叶遮住私处，反而被上帝看出了问题，惹得天父震怒。(2)性暗示必定等于性行为。其实性暗示和性行为之间相差，性暗示和性事之间的身心过程都艰难而且漫长，更何况挪亚与含，各有妻室。(3)性行为要发展为同性恋、同性乱伦，其身心历程更加遥遥无期，沦为人类异态。正是这种裸 = 性 = 性行为 = 同性恋 = 同性乱伦之间的连续等同、肆意假定，导致了他们执意从性学角度去想象和阐释。(4)偷换了重点。性学阐释都把重心放在“看见父亲的裸体”的隐含意义上，而忽略了含的罪过在于“宣扬”而非“看见”。看见可以是主动去看，也可以是事实摆在面前而不得不“看见”，而“看见”之后的“阐释”和“行动”才是区分君子和小人、罪孽和美德的重点。由于他们偷换了重点，使得所有阐释都转向并纠缠于性丑闻的种种奇思怪想，并且引经据典来进行有罪推定。事实上，“看见下体”并不总有性含义，从罪性角度看，它是指看见你的丑陋、情欲，看见你的有限性、幽暗之

---

③ 前引梁工：《精神分析视阈中的“挪亚诅咒迦南”》。

处。《以赛亚书》中说:“揭去帕子,脱去长衣,露腿趟河。你的下体必被露出,你的丑陋必被看见。我要报仇,谁也不宽容。”(赛47:2-3)这里下体被看见的真意是辛苦劳作,是上帝对罪人的惩罚,人不得不辛苦劳作,衣不蔽体,以至于露出了下体。(5)关于性变态,最好的阐释工具莫过于弗洛伊德的俄狄浦斯情结、乱伦等概念了。在未进行分析之前,梁文写道,“考虑到乱伦母题……似有必要运用心理学概念颠覆……猜测可憎行为的主题不是含而是挪亚”,这说明他不仅设定好了内容“乱伦”,罪人是挪亚,还设定好了理论和视角,剩下的工作就是条分缕析、自圆其说了。这即是法律学上典型的“有罪推定”。(6)紧接着,他的逻辑推理是二元对立方式,“要么他与含已经发生了同性乱伦”,“要么他必须承认对发生那种关系有着被压抑的欲望”。两个“要么”非此即彼,挪亚定然插翅难飞、罪责难逃了。归类法是否能囊括万象,本身就是问题。(7)再看阐释过程。梁文根据拉什科的推测的三种可能性继续推定挪亚的两个行为:挪亚“并未喝得烂醉,以至于完全丧失意识”(如果他真的烂醉如泥,丧失意识了呢?从原文看,挪亚醉得不轻),后面梁文又说挪亚“酒醒”后产生了负罪感和羞耻感,就等于承认挪亚当时至少是酒醉得意识不清,此处就出现了梁文无法解释的自相矛盾。(8)挪亚产生了负罪感、羞耻感,不去主动忏悔、改正,反而恶人先告状。这种否认抵赖(denial)是典型的病态防御机制,做伪君子不难,一辈子900岁都做伪君子就很有难度了!义人尚且如此,基督教的美德何在?忏悔何用?这种阐释是在暗示上帝并不全知全能,错指义人,那么上帝的全能何在?可见性学阐释,逻辑上有漏洞,对基督教摧毁甚大!

三、罪性角度的阐释

圣经是宗教经典,一字一句都浸透着宗教意识,更应从宗教信仰的传承角度去探究和阐释。因此,我们更应该问一个问题:挪亚的诅咒、含的行为在宗教信仰方面究竟有何警示作用。美国神学巨匠尼布尔的罪性研究可为我们提供一个较新的视角。尼布尔认为,人是自然与自由,肉体与精神的统一体,人的灵动的精神比滞重的肉体更容易犯罪。

人的自由意志具有滥用其自由、高估其能力与重要性、并欲支配一切的倾向,这就是原罪。原罪引发人类两种最基本形式的罪:骄傲和情欲。二罪之中,骄傲比情欲更根本。骄傲有四种:知识上的骄傲,道德上的骄傲,权力上的骄傲,宗教上的骄傲。基督教作为一种启示宗教,其目的是要将上帝的神圣慈爱启示给人,藉此粉碎人的自私意志和降低他的骄傲。人不再认识上帝的最后证据,是他不知道自己有罪(路德)。④ 据此可知,骄傲不是一个小罪,而是关乎是否认识上帝的大罪。

因此,含的不知罪正是罪的最高形式,也是他远离上帝的征兆。因为挪亚已和上帝立约,便是上帝的代言人和化身,是应该被尊重、赞美的。含忘记了这一点,一点没有体现出上帝子孙的宗教精神。挪亚一醒来,立刻发现了含内心的骄傲、虚荣、轻薄、不孝等多重的罪孽,严重违背了他与上帝的立约,所以他用了严重的诅咒来惩罚含。

其次,除开不知罪之罪,含在此处犯下七宗罪的第一大罪:骄傲。含自觉比别人对父亲的丑事多知道一点,便产生了一种信息上的优越感——知识上的骄傲,洋洋自得。他对完全人、义人的缺点,乐于宣扬,津津乐道,以显示自己道德上的优越,反倒露出了自己的骄傲,又犯下道德上的骄傲。凯斯认为,含是在以性为武器隐喻性地弑父,他不再把父亲看作父亲、权威、律法教师、习俗代表、生命之路。他轻佻地谈论父亲的裸体,从事实上阉割父亲的权威,开始了第一轮以性为武器的反叛,他的后代——迦南人和一些埃及人,后来也做出了许多希伯来律法不容的性乱行为。⑤ 此处,以谈性来挑战父权也是在变相地反叛上帝。大洪水刚过不久,从闪和雅弗的行为可以看出,人类对罪孽的代价和大洪水的残酷记忆犹新,所以大洪水过后,人类谨言慎行,举止谦卑,长幼有序,把父亲当神一样敬畏着。而含的轻佻地宣扬父亲的缺点,乃是对上帝大不敬,其精神上已经对上帝的选择不以为意,对自己却自鸣得意,有自我神化的嫌疑,犯下宗教上的骄傲。

第三,不孝。即使从儒家角度看,含也是很有瑕疵的。儒家有云:

---

④ 尼布尔:《人的本性与命运》,成穷译,贵阳:贵州人民出版社,2005 年,第 178-240 页。

⑤ Leon R. Kass, "Seeing the nakedness of his father," *Commentary*, June (1992),43.

“父为子隐,子为父隐。”(《论语》13:18)其他两个儿子,不仅做到了遮掩,而且背对着父亲进去,扭开头为父亲盖上,然后退出。在挪亚并不知情的情况下,他们表现出对父亲极大的尊重和孝敬,也表现出对上帝代言人的无比敬畏。而含的做法正好相反,将父亲的丑态昭告他人,这就从罪(sin)具体化为恶(evilness)了。

第四,从宗教意义上看,托马圣诺认为,“挪亚诅咒含”是一个历史在轮回、人类再次堕落的故事。挪亚的葡萄园象征着伊甸园,含扮演着诱惑者——蛇的角色,引诱闪和雅弗去获得禁果式的知识:观看父亲的裸体。[⑥] 蛇只是转弯抹角地挑拨离间,上帝就惩罚蛇的后裔“世世代代……被女人的了几句后裔打伤头”,含直言不讳攻击父亲,其后裔被惩罚为世代为奴,比蛇所承受的敌意实际还少些。有趣的是,上帝对罪人的惩罚是让罪人谦卑、辛苦地劳作。上帝对亚当的惩罚是驱逐出伊甸园和终生劳作。挪亚对含的诅咒也是他世代谦卑地劳作,惩罚模式一脉相承。上帝并没有用流血、身体伤害惩罚人类始祖的身体,而只是让其身体流汗、劳累,这表明上帝对人类的身体还是爱惜的,而对敌意的蛇的惩罚则是身体受击打。所以,含犯下的应是精神之罪,而非肉体侵犯。窃以为,挪亚诅咒含的后代只配谦卑地劳动的真意是基督教对劳动价值的肯定。

第五,挪亚在以其人之道还治其人之身。心犯罪就惩罚心,最严厉的诛心之术就是击破他的希望,毁坏他的所爱。他污损上帝的儿子挪亚,上帝作为人类的父亲会很痛心,就像挪亚诅咒含的儿子迦南,含作为迦南的父亲会感受到父亲的伤痛,这样含才会理解上帝的心痛。再者,惩罚骄傲的最好方法就是使其卑下。卑下莫过于世代为奴,而且为自己兄弟的奴隶。诅咒迦南,本质是惩罚骄傲,让含体验上帝和自己的失子之痛。

第六,挪亚诅咒迦南,不是父债子还,而是因为迦南自己的罪,在佛经上叫“共业所致”。(1)《申命记》24:16 的经文原则,就是各人的罪各

---

⑥ Anthony J. Tomasino, “History repeats itself: the ‘fall’ and Noah’s drunkenness,” *Vetus Testamentum*, 42(1992), 128 – 130.

人当，神不会因为父无罪而因子杀父，也不会因为子无罪而因父杀子。(2)《民数记》14:16 的经文，反映出的一个事实，就是罪有家族传承性，一个人的罪可以延及子孙，对后代的影响是非常深远的，使得子孙后代因模仿(mirroring)而沾染了前辈的罪，甚至“发扬”了前辈的罪而被神追讨。根据圣经，我们每一个人，至今都脱离不了始祖犯罪的恶果，而生活在一个充满强暴和罪恶的世界中，“罪由一人入了世界”(罗 5:12)即是这种罪的传承性。(3)迦南受诅咒，是因为他自己的罪。含的罪是在于他看到挪亚的赤身露体后，不但没有为父遮羞，反而出来宣扬。迦南则更加败坏，素有乱伦的恶俗，直接成为迦南人被神从迦南美地铲除的原因。

第七，一点旁证是，酒既是丰饶又是诱惑的象征。葡萄不是主食，所以，挪亚种植葡萄酿酒的深意乃是表明，洪水之后，人类渐脱饥馑，颇有余力生产怡情悦性的奢侈品——葡萄酒。但是，奢侈品更易勾起罪性。挪亚虽为圣人，亦不免酒后乱性。所以，圣经中记录这段不光彩历史的本意，乃是暗示：大洪水不久之后，人类罪性已经再次抬头，连义人挪亚也不例外。大洪水毁灭的恶人，是已经表现出来的罪行(crime)，而未表现出来的罪性(sin)，已经深藏于挪亚一家人心中。这个罪性，经过数代之后，到了《创世记》第 11 章，人类便嚣张到要建立巴别塔的地步。人类造巴别塔的目的之一就是扬名立万，为了获得永恒的名声。

第八，人类的孩提时代，挪亚之前的时代是人神通婚、半人半神的时代(创 6：1)，而挪亚之后的时代是人的时代，其后他们结婚、生育的时间变成了 35 岁左右，最长寿命只有 200 岁左右(创 11：32)。所以，人类从孩提时代起，就已经罪性深重、寿命自减了。紧接着，马上就发生了挪亚诅咒迦南、巴别塔事件，象征着人类的罪性在加速恶化，但上帝再也不会用洪水毁灭人类了。上帝闻到燔祭的馨香之气，说，“我不再因人的缘故咒诅地，也不再按着我才行的灭各种活物了。”从此可知，上帝对人类的罪性复萌是有心理准备的，而且出于仁慈之心，拒绝再用洪水毁灭人类了。

四、结 语

本文在辨驳性学推理和有罪推定之后,从罪性角度重新阐释了“挪亚诅咒含”的真意是:大洪水虽然消灭了恶人与罪行,但并未消灭罪性。大洪水后不久,人类生活富足,罪性复萌,连挪亚这种义人都开始在自己帐棚里醉酒,他的不“慎独”被儿子含撞见,刺激了含心中罪性的连锁反应:骄傲、虚荣、不孝、僭越,使他远离上帝。挪亚诅咒迦南是变相地惩罚含的骄傲,圣经要通过含受诅咒一事昭示众生,罪必受罚,而美德必获嘉许。

朗费罗诗学中的普遍主义传统与现代诠释*

柳士军

【内容提要】 普遍主义是19世纪美国诗人朗费罗诗歌创作的重要主题;普遍主义传统是美国文学诞生、发展的土壤,也是朗费罗继承并延续欧洲文学血脉的一个衣钵。本文以圣经中圣歌传播的"生之欢喜""生之奋进""生之安慰"等普遍主义思想探究朗费罗在其长诗《伊凡吉琳》中带给我们的启迪。朗费罗诗歌中信仰的教诲对当代中国作家的创作非常有借鉴意义。

【关键词】 朗费罗　普遍主义　伊凡吉琳　生之欢喜　生之安慰　生之奋进

欧美卓越的诗人往往离不开宗教的浸淫,而"一个伟大的宗教家必定带有大诗人的天分,就是有丰富的感情,旺盛的想象力,不凡的言辞,和感人的力量。释迦和耶稣就是两位亘古未有、超凡入圣的大诗人"。①无神论者雪莱赞许耶稣是超凡入圣的诗人,布莱克说基督就是诗人的化

---

* 本文系2015年度教育部人文社会科学研究一般项目"世界文学视域下的朗费罗诗歌研究"(15YJA752008)、信阳师范学院博士启动基金资助研究成果,以及2017年河南省科技厅软科学项目(172400410424)。

① 朱维之:《基督教与文学》,长春:吉林出版社,2010年,第1页。

身。融入诗人耶稣普遍主义思想的圣经是西方诗歌之源,弥尔顿、莎士比亚、朗费罗等都是在这个源头滋养下取得了辉煌的文学成就。

普遍主义(universalism)在《不列颠百科全书》中解释为基督教内部的一种观点和运动,它相信每个人的灵魂最终都能得救,是一种信仰,也是西方文化传统的一个显性基因。因为普遍主义从一般意义上讲,既是一种世界观,也是一种价值观,还是一种方法论。亨廷顿曾经指出,西方文明的特征是普遍主义。[②] 18世纪中叶美国的普遍主义运动相信上帝会拯救所有的人,绝不会让部分人接受惩罚;来世的惩罚发生在一个有限的时期。在遭受磨难的过程中,人类的灵魂受到净化,同时接受惩罚的人类时刻做好准备,目的是为得到在上帝面前的永生。普遍主义也经常是用作表达逻辑学、认识论、伦理学、道德哲学和政治哲学中的哲学立场的一个术语。本文涉及的普遍主义主要是从宗教学角度考察:意指基督教思想在世界具有的普遍适用性,不受历史、地域、文化和社会阶层差异的影响,各地各民族以及全人类的每一个人都能得到上帝的拯救。

朗费罗是美国19世纪诗人中"染指于圣歌",[③]以"基督教精神作诗的不多的人物",[④]他在诗歌创作中对普遍主义提出自己的观点:"美国的文学不会缺乏普遍性,各民族的血液最终会和我们的身体融合在一起,他们的感情和思想也最终融合在我们的文学里。我们将从德国文学获得温柔,从西班牙文学获得激情,从法国文学获得愉悦——它们都将逐步融合在我们英国式的稳健的头脑中,所有这些都会给我们民族文学带来普遍性,这些也正是我们所渴望的。"[⑤]显然,在朗费罗看来,欧洲各国文学蕴涵的普遍性思想是美国文学独立的支柱。笔者以圣经中圣歌(赞美诗)传播的"生之欢喜""生之奋进""生之安慰"等普遍主义思想,探究朗费罗长诗《伊凡吉琳》蕴含的宗教诗学,反思长诗带给当代读者的思考,提出现代新诠释。

---

② 亨廷顿:《文明的冲突与世界秩序的重建》,周琪译,北京:新华出版社,1998年,第55页。

③ 朱维之:《基督教与文学》,第117页。

④ 同上,第216页。

⑤ J. D. Macclatchy ed., *Poems and Other Writings* (New York: the Library of America, 2000), pp. 754－757.

一、"生之欢喜"：伊凡吉琳的美满婚姻

在美利坚建国初期，呼吁文学独立的呼声不绝于耳。其实，文学是不可能没有土壤而枝繁叶茂的，美国文学无论如何发展都是在欧洲文化传统的土壤中生存发展，而基督教普遍主义传统就是美国文学发展的养分。惠特曼、爱伦·坡、爱默生等呼吁美国文学的建构，事实上是身份焦虑的表达，朗费罗选择普遍主义的创作与那些呼吁美国文学独立的作家们相比较，而今看来，更适合美国19世纪文学的需要，符合美国文学独立之前必须仰仗他国文学的支持。从欧洲带来的清教主义是朗费罗诗歌创作的一个思想渊源，尤其是其中的普遍主义成就了朗费罗诗歌享誉欧美的名声。

《伊凡吉琳》是朗费罗在普遍主义影响下描写历史上发生的一场真实战役的作品，宣扬了基督教普遍主义的信仰。在新英格兰有一个阿卡迪亚村，有一对互相恩爱的青年伊凡吉琳与加布里尔，他们在流放中相互走散。于是，伊凡吉琳开始千里征途，寻找丈夫的历程。目前关于这首诗歌存在很多的误解，比如，"《伊凡吉琳》是朗费罗最优秀的长篇诗歌体小说之一。它以起兴开篇，浪漫结尾，刻画了普通人善良、忠贞的性格，歌颂了坚贞的爱情，从侧面表达了诗人反对战争、热爱和平的愿望。"⑥事实上，《伊凡吉琳》是一首完美的赞美诗，一曲高贵的圣歌，宣扬基督教的普遍主义，而这种思想对当代的文学创作依然有恒久的指导价值。伟大的作家是不容易理解的，确如歌德所说，只有同样伟大的人才能了解他(莱辛)。

在中国，首先读出《伊凡吉琳》存在普遍主义的是吴宓："……世之有妙文，初无分于中西也。予读 Evangeline，而惊其用意之深远，结构之整齐，词句之藻丽。且其尤足异者，则特具优点数四，而皆有似于我国文学焉。窃尝思之，文之所以妙者，为其能传示一种特别精神而已。此种精神，由文明社会胎育而成，而为其间人人心中所共有之观念也。其有

---

⑥ 柳士军：《〈伊凡吉琳〉的主题及结构艺术》，载《鸡西大学学报》2009年第2期。

东西古今万千之类别者，亦如行路者各行其所自之道，其终之归宿，则无有不同者。故自善言文者究之，则可一以贯通之焉。”“无分于中西”的是“东西有圣人，此心此理同”，“为其能传示一种特别精神”，这正是基督教的普遍主义，“西性气活泼，知乐而不知愁。”⑦

《伊凡吉琳》可以看成由三个完美的部分构成。“生之欢喜”是第一部曲，主要体现在三个方面：首先，按照圣经《创世记》的记录，上帝为人类创造美丽的自然环境，即人类生存环境的美好：诗歌因此在伊凡吉琳生活的故乡做了大量环境描写：在阿卡迪亚的土地上，在海岸边，那可爱的村庄远离尘嚣，安静地躺在肥沃的山谷里，广大的草原伸展在东方。西边和南边是一片片的麻田、果园、稻田，北边是古老的森林，高高的群山，海雾缭绕。在如此美丽的风景里，朗费罗认为“朴实的阿卡迪亚人就这样相亲相爱地居住在一起，居住在上帝和人类的爱里”。他们的屋舍开朗，好似白昼，也好似屋主人的心田。这儿最富有的人也贫穷，而最贫穷的人也生活富裕。和平好像主宰着大地，那动荡不息的海洋也得到一时的安慰。所有的声音都十分和谐。孩手们的嬉戏，院子里雄鸡的啼声，鸟儿在天空中飞翔……在如此优雅美丽的地方，读者会感到生活是如此美好。

其次，朗费罗从伊凡吉琳家族的人际关系写起，因为和谐相处也是人类生活欢喜的因素之一：美丽的伊凡吉琳“眼儿黑幽幽，如同路边荆棘上长的浆果一样，黑幽幽的，在她棕黄色的头发下闪着多么柔和的光芒！她的呼吸和草场上吃草的奶牛的气息一样芬芳。在忙碌的收获时节，她正午时给收割庄稼的人送去一瓶瓶家酿的麦酒，啊，多美丽，这位姑娘！”伊凡吉琳与父亲经营一个农场，与世人和睦相处。她吸引了铁匠的儿子加布里尔，他和伊凡吉琳是青梅竹马。随后他们开始订婚，水到渠成，顺理成章。古今中外，幸福婚姻的憧憬是无数诗人歌颂的对象，朗费罗在美丽的乡村铺垫下对伊凡吉琳的新婚给予了特别描写：

> 村里早已充满蓬勃的生气，喧嚷的劳动用它成百的手在敲击黎

⑦ 吴宓：《吴宓诗话》，北京：商务印书馆，2005年，第4-5页。

明的金色大门。一会儿,从周围的田野,从农园和附近的村庄,走来了快乐的阿卡迪亚农人,穿着节日的服装。许许多多的人聚集在街上,沐浴着明朗的阳光,在一起欢乐,闲谈家常。每一个家屋都是客店,它欢迎大家,因为这些朴实的人在一起生活,便如同弟兄,所有一切,大家公有,一人的东西,他人也享受。伊凡吉琳带着微笑,容光焕发。在露天里,金黄色的果子把枝儿压得弯弯的,在游廊的阴凉处,坐着那公证人和神父,米杰尔那提琴师。

行文到这里,我们可以看出虽然外敌即将来领,阿卡迪亚人依然因为伊凡吉琳的幸福婚姻而内心充满欢喜。

朗费罗无穷尽地赞美生活是因为他知道这一切都是上帝创造的,诗人感叹于上帝的奇妙与伟大,发自内心地赞叹“生之欢喜”。在朗费罗其他诗歌中也有类似的内容,如《孩子的时辰》:

白昼与黑夜之间,
当天色开始昏沉。
有一次工间休息,
那是孩子的时辰。
我听见楼上卧室里,
脚步声又碎又轻。
门儿打开的响动,
柔和甜蜜的嗓音。

朗费罗非常喜爱自己的儿女,他在写作之余,总是陪伴孩子嬉闹,他认为这是上帝赐予他的幸福,他珍惜上帝的恩赐。

二、“生之奋进”:伊凡吉琳苦难中的态度

基督教是积极的宗教,不断给予人类前进的动力。而圣歌可以强壮灵魂,锻炼刚强的精神,并可使社会团结起来,发挥出更大的力量。

在《伊凡吉琳》中,朗费罗书写了她遭受三重苦难的考验：每次考验的结局都证明了伊凡吉琳给予读者带来的鼓舞与激励。首先是来自家庭的考验：由于英军强制驱赶,伊凡吉琳与丈夫在轮渡口走散了,他的父亲也在流放中越发体弱。当父亲突然离世时,伊凡吉琳肝胆欲裂,哭晕在父亲的尸体旁。面临突然的家庭变故,是神父的话语鼓舞她一定要坚强:“让我们在海边把他埋葬,等到幸运的时节把我们从陌生的流放地带回我们的故乡。”

伊凡吉琳与乡亲们继续流放,他们没有朋友、家庭和希望,从这个城流浪到那个城,从北方寒冷的湖泊流浪到南方炎热的原野,从荒凉的海岸来到这片陆地。然而,面临灾难,伊凡吉琳没有湮灭寻找丈夫的意志。各种诱惑纷纷送上,一起流浪的人们劝阻道：亲爱的孩子！为什么还要等待他,梦想他？难道没有别的青年与加布里尔一样英俊？那公证人的儿子,他爱你多年,答应他的求婚,你将幸福无尽。尽管别人好心劝慰,但是,伊凡吉琳安详地回答：我不能！我不能违背自己的心意。那位神父微笑着说:“女儿啊,这是上帝在你心里发出的声音！爱情决不会徒然,必有收成。忍耐着;历尽万苦千辛;完成你所致力的爱情！悲哀和沉默是坚强的,耐心的忍受如同神圣,因此,尽完你对爱情的苦心,直到心灵成为神圣、纯洁、坚强、完美无缺,使它愈配享受天国的福音!”

如果说外在的考验尚能够忍受,而伊凡吉琳内心的考验也是激烈的,折磨她孤独的灵魂,她多次哭喊道：啊,加布里尔！我亲爱的人啊！您离我是这样近吗？然而我不能够看到你！尽管内心充满无穷的创伤,伊凡吉琳总是能够听到一个声音:“忍耐着。”“明天。”朗费罗在这里的心理描写暗示读者生活是值得忍耐、值得期待的,芸芸众生在困苦中需要奋进。

“生之奋进”的母题在朗费罗短诗中也一直体现得非常充分,如《更高目标》中的描写：

阿尔卑斯山,夜色已降临,
村子里走过一个青年人;
冰雪中,他举起一面旗帜,

旗上有一句古怪的题词：
"更高的目标！"

朗费罗在诗歌中对年轻人设置了五次考验：安乐的家庭、老人、少女、农夫、僧人。这些人或劝阻，或诱惑，或恫吓，考验年轻过客的意志，折磨他的情感，然而，这位过客最终选择奋然前行，即使丢失了生命。

三、"生之安慰"：圣爱光辉下的希望

朗费罗的诗歌是"数年来最被广读的诗，深含着真正的基督思想和情感，他为了爱的需要，不是为了信仰的教规而讲话，他也许比19世纪中的任何诗人更表现了大多数虔诚的基督教徒的理想。他的同情是深厚广大的，他对于上帝的信仰是不灭的"。[⑧]《伊凡吉琳》主题"生之安慰"是基督教普遍主义中的一个思想，《诗篇》126篇告诉读者，无论人类遭遇如何大的困难，无限的光明总在乌云后面："耶和华啊，求你使我们被掳的人归回，好像南地的河水复流。流泪撒种的，必欢呼收割。那带种流泪出去的，必要欢欢乐乐地带禾捆回来。"诗人告诉我们，生活不是人们所想象的，人的苦难无论如何也超越不了约伯，约伯本是无辜者，却遭遇家破人亡，遍体伤痕，生不如死。在绝望中的约伯发现：狂风吹起，浓云压城，上帝降临了。他悲喜交集地说：我从前只是风闻有你；现在亲眼看见你了。约伯的苦难得到解脱，天朗日清，一生的悲剧完结了。每当民众苦难临头，圣经总是安慰他们，给予他们希望。

宗教是一门艺术，感情与想象都是其重要的构成部分。艺术的灵感与宗教的热诚是相同的，西方艺术绘画几乎都是在宗教的基础上表现得更加完美感人。纵观欧美文学伟大的文艺作品，几乎都是基督教养育出来的，如朗费罗的《伊凡吉琳》就是在基督教这块土地上结出的果实。

《伊凡吉琳》的英语拼写是 Evangeline，与单词 Evangelist 是一个同根词汇，含义是"传道者，福音的信差"，既可以理解成一个人的名字，也

---

⑧ 华靳斯：《世界伟人的宗教情怀》，青年协会书局，1936年，第120－123页。

可以理解成天使。事实上,朗费罗的《伊凡吉琳》就是在歌颂爱情坚贞的同时,也在宣扬宗教信仰,创造一个圣女般的女性。朗费罗利用圣经的形象和语言、旧约的风格完成了圣母般形象的塑造,但是这个过程中充满了灾难与波折,朗费罗并没有置伊凡吉琳于绝望的境地,而是不时地给予生之安慰。如当英军占领家园,铁匠非常愤怒,朗费罗通过公证人讲述的一个故事给予引导、安慰:"从前,在一个古老的城里,城的名字我已忘记,在一根园柱上,高高地立起了一个正义的铜像,站立在公共广场的中央,它把天平高举在左手上,它的右手握着一把宝剑,作为这样的征象:曾有一位姑娘去接受死亡的命运。当她的灵魂上升到她在天上的圣父那里时,看哪!城市的上空刮起了暴风雨,惩罚了施虐者。"通过这个故事,朗费罗得出的一个结论是:"人不公平,但上帝却主持正义;正义终究要胜利"。诗人通过因果报应安慰铁匠的狂躁心理。

英军占领了伊凡吉琳的故乡,这里的居民离开故土,四处流浪,痛不欲生,朗费罗通过神父之口安慰他们:"我的孩子,你们在做什么?那受难的基督在他的十字架上注视着你们!看哪!那忧伤的眼睛里充满何等谦卑和圣洁的怜悯!听哪!那嘴唇依然在这样地祈祷:'父啊,饶恕他们!'"在现代人看来,这是一个不可思议的举动,然而,在19世纪基督教普遍主义流行的时期,这种行为也许是对抗敌人的最佳方式,手无寸铁的阿卡迪亚人选择未来的机遇,等待上帝的垂爱,因为他们相信出埃及的犹太人最终在摩西的带领下来到迦南地。阿卡迪亚人民在祈祷中获得的安慰与希望绝非当代人所能够领悟的。事实上,在阿卡迪亚人的心中,灾难是上帝对他们的考验。

灾难、挫折、思念、绝望,漫长而悲伤的岁月过去了,朗费罗在诗歌结尾给予伊凡吉琳一个美好的慰藉。伊凡吉琳在修道会工作,帮助苦难中的民众,上帝也为她的奉献带来了巨大的安慰,她终于找到了自己失踪多年的爱人:一切苦难都结束了,希望、恐惧和忧虑,所有心里的痛楚,骚动不已的未满足的渴望,所有深剧的沉痛和持久不变的忍耐的苦闷。她再一次把那没有生命的头紧抱在怀里,谦恭地俯下自己的头低声说道:"天父啊,我感谢你!"最后,伊凡吉琳与爱人合葬在一片原始森林里。阿卡迪亚人的祖先们最终从流放中回到故乡。伊凡吉琳的故事在阿卡迪亚人中代代传颂。

生之慰藉，是基督教的一个重要思想，它是积极的安慰。亚里士多德说悲剧可以净化一个人的灵魂。伊凡吉琳的悲剧净化了当初刚到新大陆的清教徒们，当他们在开垦一片新土地的时候，忍耐、坚韧、希望、欢喜、慰藉、奋进都是必须的思想修养。圣经中耶稣的殉道本身看似一个悲剧，但是这个悲剧是要民众奋进，有作为，最终，他的道成肉身给清教徒们一个积极的安慰。

如果一部作品能够使各民族、各时代心灵生活提高，我们便可以断定它是世界的伟大文学，不朽的文学。由于时代的限制，国内对朗费罗的《伊凡吉琳》存在很多误解，如中国文学史家评论说：

> 一辈子坐在书斋里过着富裕、安逸生活的朗费罗，远离人民，不理解当时席卷美国社会的阶级斗争与民族矛盾。他的作品有时仅仅是抒发资产阶级悠闲的心情，或对人生发出感叹，往往缺乏思想深度。朗费罗像老一代保守派的作家一样，也有怀归的倾向。长诗《伊凡吉琳》表现了朗费罗的另一个特点，即感伤主义。在这首诗里，朗费罗并不是着力揭露殖民者的暴行，而是在一对被拆散的恋人的个人痛苦和所谓基督教美德上着墨渲染。这一切都暴露了朗费罗作为一个资产阶级作家的弱点和局限。⑨

《伊凡吉琳》译者也写道："在这首长诗里，诗人不仅歌唱了一对情人忠实于爱情的美德，更重要的是通过伊凡吉琳的不幸遭遇，揭露了殖民主义者给人民造成了多大的苦难。"⑩通过以上评价，可以看出我们对《伊凡吉琳》的误解确实很多。"怀旧""伤感""遭难"的评论是误读朗费罗吸取基督教中苦难考验所体现的重要精神：他们知道自己在患难之中，并且很清楚上帝的同在。因为上帝的同在，人生处境无论多么艰难、失望、黑暗，他们也觉得自己的前途充满了希望，是光明的。当代很

---

⑨ 董衡巽：《美国文学简史》，北京：人民文学出版社，1978 年，第 76－80 页。

⑩ 朗费罗：《伊凡吉琳》，李平沤译，上海：新文艺出版社，1957 年，前言。

多书写苦难的文学恰恰忽视了生之慰藉的文学精神,带给读者的是虚无,是绝望。当现代文学没有一种真正的信仰作为支撑,其生命是短暂的,其影响也是有限的。

四、普遍主义的现代诠释与启迪

朗费罗的普遍主义思想依然延续爱德华兹、富兰克林时代的上帝形象:绝对权威、无所不能、无所不知;上帝是精神的统治者,是一切善与美的体现。朗费罗无愧于自己伟大的时代,创作的文学作品影响了一代代读者,塑造了美国人的灵魂与信仰。

朗费罗书写神学的普遍主义是一个特定历史语境中正确的选择,因为任何国家初期的民族文学都是与神学联系在一起的。事实上,如果没有神学的存在,难以想象荷马如何写《荷马史诗》、赫西俄德和弗瑞库德斯如何编写了各自的《神谱》。贺拉斯在他的《诗艺》里也同样把诗人置于神的庇护之下。基督教哲学家维柯指出各种制度文化都是一种宗教或宗教文化。夏多勃里昂也把基督教神学与诗(文学)绝对地联系在了一起。笔者认为,无论是朗费罗还是19世纪以前的作家,他们都需要为建构一个伟大的信仰而创作文学,如莎士比亚在最后的传奇剧里把希望交给飘然而去的精灵,海涅在垂暮之年又"回到活的上帝那里",果戈理辞世前的旅行竟是朝拜耶路撒冷,托尔斯泰人过半百,却加倍热情地献身于宗教,力求博爱、修身匡世济时,马克·吐温在最后一部小说《神秘的陌生人》中苦苦追问的"人到底是什么,人类的归宿何在"等分明是基督教意识中的典型问题。对于这一类文学家,英国玄学派诗人多恩有一句耐人寻味的归纳:"我青年时代的情妇是诗歌,老年时代的妻室是神学。"千古悲歌,成了诗与神迟暮爱情的婚曲。

自从朗费罗之后,由于美国工业的发展,美国文学似乎与神学有了很大的裂痕,基督教普遍主义思想与美国民众阅读的距离非常遥远。达尔文的进化论、弗洛伊德的精神分析重创了清教徒的信仰,同时德国哲学家尼采惊呼"上帝死了",陀思妥耶夫斯基说,"上帝死了,什么都成为可能的了",德莱塞、诺里斯、克莱恩作品中展现的,就是这么一个"什么都成为可能的了”的世界。20世纪美国文学在迷惘、歇斯底里的天问中追寻美国文明生存的根源，挽救美国文化于危险之地；福克纳、海明威、艾略特等等都感到了上帝的失落，也就是信仰的失落。华莱士·史蒂文斯、尤金·奥尼尔开始以艺术重新形塑上帝；斯坦贝克在《愤怒的葡萄》中依然在现代社会中寻找基督。寻找上帝的旅程很艰难，但是作家相信只要人们去找，希望总会有的。索尔·贝娄在《店员》中指出圣人的道德与忍耐是一切拯救的希望，“人人都是犹太人”的话语表明上帝会眷顾他的每个子民；托尼·莫里森的作品也是如此。

历史是无情的，一部没有信仰的文学作品迟早都会受到历史的淘汰。朗费罗是一个真正有信仰的人，一个真正坚持精神高度的写作者，他的深厚价值在时间的流逝中充分地彰显出来。朗费罗在人类心灵世界中不停地探索与发掘，对感动过自己心灵、滋润过自己心田的基督教普遍主义怀有朝圣的情怀。因此，在他的诗歌创作中始终有人类的终极关怀。朗费罗的诗歌是一座文学的高峰，对生命的终极思考，对众生的神性大爱的高度，彰显了文学的高贵、深沉和温暖，同时也彰显了他人格的伟岸和超拔。朗费罗是最纯粹的写作者，他用一生为我们提供了这样的精神向度，去追寻高贵、尊严、有力量的生命存在。他为这个浮躁、功利、物欲滋生、精神粗鄙的时代，留下安详与慰藉、反思与警示，反衬着时代的缺失和我们的病症。

朗费罗的普遍主义的写作告诫中国作家们，塑造一个民族的信仰对于文学作品来说是多么的重要。当代中国的作家们，我们需要真诚的写作，不也需要建构我们的信仰吗？当代中国，市场经济改革如火如荼，社会财富积累达到空前的程度，然而，部分人信仰缺失、精神匮乏、道德沦丧；文学走入市场，为了生存，部分作家们不分是非地书写物欲的贪婪、情欲的迷狂、个人低级趣味、凶杀猎奇等，部分作家热衷于金钱魔力，陶醉于欲望魔幻，放弃了对信仰、信念、理想、思想的追求，放弃了对人的精神世界的求索和叩问，信仰、精神、理想主义被弃之如敝屣。来自政治、经济、文化的精英领域对自我道德要求的狂踩和群殴的历史悲剧不应该重演了。

从“大道天下”到“文以载道”，直至“先天下之忧而忧，后天下之乐而乐",都一脉相承地彰显了作家的担当与坚守。我们有伟大、悠久、深厚的文学传统,我们的民族产生了李白、杜甫、曹雪芹、鲁迅这些伟大的作家,我们有才华卓越、才俊辈出的作家群体,我们期待无愧于时代和人民的伟大作品的出现。事实上,中国的文学一直有一个非常好的塑造信仰的传统,而今几乎慢慢消失殆尽了。我们对当代文学充满期待。希望中国作家书写具有崇高的社会意义与普世价值的时代作品:建构中国的普遍主义思想,不是解构西方,而是东西方共存。这样的文学世界才会五彩缤纷,这样的人世间应该是上帝真正愿意看到的吧。

从“永恒之你”到“隐匿的上帝”

——论大屠杀之后布伯上帝观之转向

王务梅

【内容提要】 在布伯的对话哲学中,上帝是于个体生存中在场的“永恒之你”,人与上帝之间是一种直接的对话关系。然而,奥斯维辛中上帝的缺席与沉默揭示了上帝对人类的疏离和对人类苦难的漠不关心。这样,对话哲学所主张的神人之间的紧密关联与奥斯维辛中神人之间的疏离就处于一种紧张的关系之中。为了缓和二者之间的矛盾,布伯提出了“上帝之蚀”与“隐匿的上帝”思想。由此,布伯的上帝观也由对话哲学中的“永恒之你”转变为奥斯维辛之后的“隐匿的上帝”。

【关键词】 大屠杀　上帝之蚀　隐匿的上帝

自20世纪后半叶以来,现代神学一直笼罩在大屠杀的历史情境之中。大屠杀不仅粉碎了人们对人性所抱有的任何理性主义和浪漫主义的幻想,同时也动摇了传统神学理论构架下的上帝观。面对大屠杀这一不可抹灭的事实,后奥斯维辛时代的许多宗教思想家都直接或间接地对大屠杀作出了神学上的回应。从犹太思想到基督教神学,大屠杀引发了宗教思想家们有关上帝问题的一系列反思。作为一个犹太思想家,布伯属于后奥斯维辛时代反思上帝问题的重要人物之一,他对大屠杀事件中有关上帝问题的思考在其晚期思想中占据着重要的位置。在后大屠杀时代,布伯所面对的问题是如何看待对话哲学中上帝的在场与大屠杀中上帝的缺席与沉默这二者之间的矛盾。对这一问题的思考与回应形成了布伯后大屠杀时代的上帝观,从而完成了其上帝观的转向。

一、大屠杀与上帝问题的反思

在对话哲学中,布伯着力强调上帝在个体生存中的在场以及人与上帝之间直接的对话关系,这在其成熟时期的著作中十分明确。在1923年出版的著名小书《我与你》中,布伯将上帝称为"永恒之你"(the eternal Thou),他认为作为"永恒之你"的上帝既是具有超越性特征的"全然的他者"(wholly Other),也是具有内在性特征的"全然的在场"(wholly Present)。[①] 也就是说,上帝虽然与人有着不可跨越的鸿沟,但上帝绝非高高在上、与人无关的冷漠存在者,而是与人处于密切的关联之中,是可以与人相遇的"活生生的上帝"(Living God)。[②] 布伯将人与上帝之间的这种关系描述为一种对话关系,并指出此种对话关系具有现时性、直接性和交互性的特征。并且,在布伯看来,上帝不仅与人处于对话关系之中,而且也在人与人之间的对话关系中在场,他说,"上帝的显现越加临近,它临近人际领域,临近潜伏于存在者之间的领域,临近于隐藏于我们之间的王国。"[③]布伯将关系视为人与上帝之间的相会之所,认为上帝在人与上帝以及人与人的对话关系中在场,他于关系中启示其自身,并可以与人直接对话。在对话哲学中,布伯强调上帝在个体生存中的在场以及人与上帝之间的对话关系,即人与上帝之间相关联的内在性维度,而不是人与上帝之间相分离的超越性维度。正是基于上帝与人的亲密无间和直接对话,人与上帝、人与人之间才能相互联通、融洽相处。

然而,当大屠杀这样残酷的事件嵌入犹太人的生存经验时,上帝并

---

① Martin Buber, *I and Thou*, trans. Ronald Gregor Smith (Edinburgh: T. & T. Clark, 1950), p. 79.

② Ibid.

③ Ibid., p. 120.

没有挺身而出、施以拯救，而是在面对人类苦难时选择沉默。面对这种强烈的疏离感，一部分信众选择放弃原有的宗教信仰，而那些没有选择放弃的人将不得不经受内心的煎熬，试图对大屠杀中上帝的缺席与沉默寻求合理的解释。作为一个宗教思想家，布伯不仅与许多人一样承受着大屠杀的残酷事实的冲击，他还遭遇到了理论上的困境——对话哲学中的上帝观与大屠杀的残酷事实之间的矛盾。这一矛盾可以具体表述为：如果上帝真如对话哲学中所说的那样，是一个于个体生存中在场的并且与人具有对话关系的存在，那么，上帝何以在大屠杀中选择缺席与沉默？

布伯对这个问题的反思经历了一个漫长而复杂的过程，我们首先来看看布伯最初是如何回应大屠杀的。布伯在纳粹统治时期于 1938 年离开德国至耶路撒冷，之后在希伯来大学人类学与社会学系任教，他与其家人都没有遭到纳粹大屠杀的迫害。20 世纪 40 年代初，波兰犹太人被屠杀的消息传至耶路撒冷，布伯的一个朋友也在集中营中被杀害，此时布伯并不完全相信相关的屠杀报道，他更愿意将犹太人的死亡归之于战争原因，而不愿意相信有政治目的的大屠杀。[4] 所以，在很长一段时间内，布伯都不相信、也不愿接受大屠杀这一残忍事实。直至 1945 - 1946 年间，大屠杀的报道在耶路撒冷被普遍接受，布伯此时才相信这些报道，即便如此，此时“他仍然无法理解这令人不可思议的恐怖”。[5]

学者们对布伯在很长时间内没有接受大屠杀残酷事实的原因给出了不同的解读。一些学者认为这是由于大屠杀的残酷事实与布伯的基本信念相悖而造成的：布伯浸润其中的圣经、哈西德思想和启蒙思想对人性持有相对高的评价，而大屠杀的残酷事实无疑展露了人性最黑暗、最残忍的一面，二者之间存在着不可调和的矛盾；另一些学者则认为布伯不能内含(inclusion)大屠杀残酷事实的他性，正是大屠杀不能为布伯所理解的他性使布伯的余生都被大屠杀所占据。[6] 对于布伯为何难以接

④ Jerry D. Lawritson, “Martin Buber and the Shoah,” in Maurice Friedman, ed., *Martin Buber and Human Science* (Albany: State University of New York Press, 1996), p. 297.

⑤ Ibid., p. 298.

⑥ Ibid.

受大屠杀事实,除了以上两个原因之外,其实还与我们提到的大屠杀与布伯对话哲学中的上帝观之间的矛盾有关。布伯与同时代的奥托以及巴特不同,后两位学者强调上帝的超越性特征,而布伯则更关注个体生存如何与上帝相关,因而他更强调上帝的内在性与此世性的特征。然而,那些身陷纳粹集中营的人并没有看到上帝的踪影,很多人在绝望与无助中死去。大屠杀所揭示的上帝对人的疏离与抛弃在某种程度上否定了布伯对话哲学中的上帝观,这也是布伯迟迟不愿接受大屠杀事实的原因所在。

当大屠杀成为不可否认的事实为布伯所接受时,其对话哲学思想中的上帝观与大屠杀残酷事实之间的矛盾就更加尖锐地凸显出来。David Forman-Barzilai 说:"布伯不得不调和大屠杀中上帝的不作为与沉默和其著名的假设之间的关系,此假设即上帝与人之间被永恒的对话紧紧联接起来,人与人之间的'我-你'关系根源于人与上帝的对话,并且在人与上帝的对话中得到完满。"⑦布伯对其对话哲学中的上帝观存在的问题不仅有着清晰的认识,而且也一直在思考和回应这个问题,这从其晚期名为《天国与人间的对话》的演讲论文中可以看出。文中布伯说出了他晚年一直思考并试图回应的问题,他说,"在一个具有奥斯维辛的时代,与上帝同在的一种生命如何可能?""人们仍然能够信仰允许此事发生的上帝,但是人们仍然能够与他说话吗?人们仍然能够听到他的话语吗?作为一个个体和人,人们能够进入与上帝的对话关系吗?"⑧从布伯的问题可以看出,布伯深切地认识到这样的事实:奥斯维辛之后,对于那些信仰之人而言,不丧失对上帝的信仰是极为不易的。更为艰难的是,在不丧失信仰的状况下仍然去相信一个可以与人对话的活生生的上帝。即便如此,人们在目睹大屠杀中上帝的缺席与沉默之后,也很难再相信人与上帝之间还可以无障碍地继续对话。对于仍然坚守上帝信仰的布伯而言,首先需要着力解决的就是大屠杀中上帝的缺席与沉默和对

---

⑦ David Forman-Barzilai, "Agonism in Faith: Buber's Eternal Thou After the Holocaust," in *Modern Judaism*, vol. 23, no. 2 (2003), p. 157.

⑧ Martin Buber, *On Judaism*, trans. Eva Jospe (New York: Schochen Books Inc., 1967), p. 224.

话哲学中的上帝观之间的矛盾。

二、"上帝之蚀"与"隐匿的上帝"

面对大屠杀与其对话哲学中上帝观之间存在的矛盾,布伯并没有否定其对话哲学思想,而是对大屠杀进行了严肃的神学反思,他用"上帝之蚀"与"隐匿的上帝"对大屠杀作出回应。20 世纪 50 年代初,布伯在欧美发表了一系列的演讲,这些演讲论文可以看作是其回应大屠杀的最重要的文献。在这些文献中,布伯提到了一些大屠杀之前的作品中所没有的词汇,如"上帝之蚀"(eclipse of God)、"隐匿的上帝"(the hidden God)、"隐藏面容的上帝"(God's hiding His face)以及"天国对我们沉默了"(Heaven is silence to us)等。其中,"上帝之蚀"概念是布伯自己提出的,"隐藏面容的上帝"与"隐匿的上帝"等概念是布伯从希伯来圣经中发掘出来的。在这些概念中,"上帝之蚀"这一观念极为重要,可以说是把握布伯晚期思想的一个核心概念。著名的布伯研究专家莫里斯·弗里德曼说,"布伯的信仰根植于他的信仰经验……'上帝之蚀'一直萦绕于他的后大屠杀岁月。"[9]在《先知的信仰》一书中,布伯在分析约伯的苦难问题时较早地提到了类似的概念,他说,"此种隐匿,神圣光辉之蚀(eclipse of the divine light),是其深渊般绝望的根源。"[10]在回应第二次世界大战的著作《为了天国》一书中,布伯第一次使用了"上帝之蚀"这一术语。1951 年 11 至 12 月份,布伯在美国高校所作的名为"宗教与实在"的演讲也提到了"上帝之蚀"这一概念。布伯在此演讲中说,"天国光辉之蚀,上帝之蚀(eclipse of the light of heaven, eclipse of God)——这事实上正是世界正在经历的历史时刻的特征。"[11]不仅如此,布伯在此次访美期

---

⑨ Maurice Friedman, *Martin Buber and the Eternal*(New York: Human Science Press, 1986), p. 149.

⑩ Martin Buber, *The Prophetic Faith*, trans. Car-Lyle Witton-Davides(New York: Harper & Row, Publishers,1960), p. 193.

⑪ Martin Buber, *Eclipse of God: Studies in the Relation Between Religion and Philosophy*, trans. Maurice Friedman ect. (NJ: Humanities Press International, 1996),p. 23.

间所作的演讲论文以“上帝之蚀”为书名编辑出版,“上帝之蚀”这一概念的含义也在此书中得到了明晰的阐释。

“上帝之蚀”思想是布伯对大屠杀事件最为深刻的回应,[12]也是布伯用来描绘其所处的后大屠杀时代特征的词汇,这一思想对于理解布伯后大屠杀时代的上帝观极为重要。布伯用“上帝之蚀”来描绘奥斯维辛以及后奥斯维辛时代的神人关系,他用日蚀现象形象地解释了其含义:日蚀现象是发生在太阳与人眼之间的事,太阳本身并没有变化。[13] 与之相似,上帝之蚀是发生在上帝与人之间的事,上帝本身并没有消亡,“上帝之蚀”现象中变化的是人与上帝之间的关系。对于布伯,大屠杀的苦难让人们深切地意识到“上帝之蚀”这样残酷的事实:神人关系已经发生了变化,上帝已经由一个在生存中与人对话的“永恒之你”转变为从个体生存和历史中抽身离去的“隐匿的上帝”。由此,我们可以得出布伯对大屠杀事件的回应:上帝之所以在大屠杀中选择缺席和沉默,就在于人们正处在一个神人对话关系破裂的时代,在这个时代中,上帝从个体的生命和历史中抽离,不再干预历史与人间之事,上帝变成了一个“隐匿的上帝”。

“隐匿的上帝”这一概念出自希伯来圣经,它可以视作对“上帝之蚀”思想的补充。希伯来圣经中的先知们在经历犹太人的流散之苦时曾经说过,“上帝对雅各家隐藏他的面容”(赛 8: 17),“救主,以色列的上帝,你实在是自隐的上帝”(赛 45: 15)。布伯受到这一思想的启发,他认为圣经中的上帝是一个自我启示同时又自我隐匿的上帝。布伯说,“现在先知们知道并且承认:上帝是自我隐匿的上帝,更确切地说,上帝启示自身同时也隐匿自身。”[14]布伯吸收了希伯来圣经中“隐匿的上帝”这一观点,作为对“上帝之蚀”思想的补充,以对大屠杀作出回应。奥斯维辛之后,布伯通过对希伯来圣经的解读,一方面继续坚持人与上帝之间是一种对话关系,另一方面又一再强调我们所处的是一个上帝从历史中隐

---

⑫ Jerry D. Lawritson, “Martin Buber and the Shoah,” in Maurice Friedman, eds., *Martin Buber and Human Science* (Albany: State University of New York Press, 1996), p. 301.

⑬ Ibid., p. 23.

⑭ Martin Buber, *On Judaism*, p. 223.

匿以及神人联系中断的时代。此时的布伯不再相信人与上帝的对话是一个连续的过程，而是认为上帝在历史中的启示是一个非连续的间断的过程。[15] 对于这种状况，布伯在圣经中找到了相应的依据，他指出圣经中记载过两种神人对话关系中断的时代，他分别称之为“上帝之道隐匿”(God's way is being hidden)的时代和“上帝隐匿面容”的时代(times of the hidden face)。[16] 并且，这两个时代神人关系中断的原因都在于人的罪性(sin)与罪行(crimes)。[17] 不同的是，在前一个时代中，人可以通过自身的努力来修复神人关系；而在后一个时代中，人无法通过自身的力量来恢复神人之间的联系，从而使历史由于缺乏上帝主导而充满混乱。[18] 布伯认为，奥斯维辛与后奥斯维辛时代中的人的处境类似于第二种时代，因此，他将现代人所处的时代称为“上帝之蚀”的时代。

三、对话危机与上帝实在性的消解

布伯不仅用“上帝之蚀”与“隐匿的上帝”来回应大屠杀，同时他也从人与人以及人与上帝的关系这两个维度来考察“上帝之蚀”与“上帝隐匿”现象产生的根源，从而间接地对大屠杀作出回应。对于布伯，“人与上帝之间的关系和人与人的关系之间存在密不可分的联系”，[19]人与人之间的关系直接影响人与上帝之间的关系，反之亦然。在分析“上帝之蚀”与“上帝的隐匿”现象产生的根源时，布伯首先从人与人的关系层面考察了这个问题，他将“上帝之蚀”与“上帝隐匿”归因于人与人之间的对话危机。

早在1923年出版的《我与你》中，布伯就对人与人之间的对话危机有所警觉。书中布伯提出了两个世界的划分：“它”之世界与“你”之世

---

⑮ Ibid., p. 221.

⑯ David Forman-Barzilai, “Agonism in Faith: Buber's Eternal Thou After the Holocaust,” in *Modern Judaism*, vol. 23, no. 2 (2003), p. 174.

⑰ Ibid.

⑱ Ibid.

⑲ 马丁·布伯：《我与你》，陈维纲译，上海：三联书店，1986年，第107页。

界。布伯指出,“它”之世界是一个缺乏关系并将人与其他存在者物化的封闭的世界,“你”之世界是一个进入关系并且聆听与回应他者的对话的世界。而我们目前正在经历着“它”之世界的延伸扩展以及“你”之世界的消退减弱。[20] 对于时代的这种弊病,布伯有其清醒的认识:人们沉溺于由世俗利益、权力与国家所支配下的“它”之世界而不能自拔,将自我扩张视为人生的最高准则,这就中断了人与人之间以及人与上帝之间相遇与对话关系的可能性,从而致使人们与其本真的生存越来越远。在这种情况下,布伯认识到,“本真的对话”(genuine dialogue)在当时的世界已经变得非常艰难。[21] 除了《我与你》这本书,在1929年所写的名为《对话》的文章中,布伯也对对话危机这一主题进行过深入的阐述。文章中,布伯区分了两种生命状态:“对话的人生”与“独白的人生”,[22]并且用“独白的人生”这一概念来描绘对话危机时代人的生存状况。布伯认为,与“对话的人生”将个体存在转向他人并且承认他人的他性不同,“独白的人生”不接受自身之外的他人的特殊性,而只是将他者视为可以为自我的生存所利用的工具。这样一来,人与人之间真实的相遇与对话就无从谈起。[23]

在1952年名为《此刻的希望》一文中,布伯用“生存的信任缺失”(existential mistrust)来描述对话危机在现代社会的体现。他指出,现代的“信任缺失”(mistrust)与以往的时代有着根本的差异。在以往的时代,信任缺失只是人际之间存在的一种可能现象,而在现代,信任缺失已经“内在于人的存在”,成为一种基本的生存状况,它极大地破坏了人与人之间的生存基础,[24]致使人与人之间很难再建立相互理解与尊重的对话关系。对话危机所造成的人与人之间的疏离与异化,使人与人之间的相互肯定与本真交流沦为虚妄,人们不仅丧失了与他人建立本真对话关系的能

---

[20] Martin Buber, *I and Thou*, p. 37.

[21] Martin Buber, *Pointing the Way*, trans. Maurice Friedman ect. (New York: Harper & Brother, 1957), p. 222.

[22] 马丁·布伯:《人与人》,张健等译,北京:作家出版社,2002年,第186页。

[23] 同上,第37页。

[24] Martin Buber, *Pointing the Way*, p. 223.

力，而且与上帝的关系也发生了变化，很难再对上帝称述“永恒之你”。对话危机在历史上产生了一个没有对话的空场，此空场被第二次世界大战以及希特勒恶魔般的行为所填充。在承受战争与大屠杀的苦果时，人们也在上帝的缺席与沉默中经历到“上帝之蚀”与“上帝隐匿”这样残酷的事实。

在人与上帝关系的维度上，布伯将“上帝之蚀”与“上帝隐匿”现象的产生归因于现代思想对上帝实在性的消解。布伯指出，在宗教关系中，上帝是独立于人的实在，并且“与人处于活生生的关系之中”。[25] 然而，现代思想将上帝视为主体的构造物，从而致使上帝的实在性以及人与上帝关系的实在性被消解，这是“上帝之蚀”与“上帝隐匿”现象产生的最为重要的原因。布伯在《上帝之蚀》一书中具体考察了现代宗教与哲学在“上帝之蚀”与“上帝隐匿”产生过程中所起到的作用。他认为，自启蒙运动以来，现代宗教与哲学颠倒了人与上帝之间的关系，它将上帝与人之间由原来的造物者与被造物之间的关系转变成主体及其构造物（上帝）之间的关系，上帝不再作为造物主而存在，而是变成了主体的产物，人开始按照自己的形象造神。伴随着现代思想将具有独立性和实在性的上帝内化为主体的产物，现代人已无法再与活生生的上帝相遇和对话，人与上帝之间原先的对话关系也变成了主体的自我独白。

布伯认为尼采的“上帝死了”那一声呐喊是对其所处时代思想状况最准确的概述。布伯同意海德格尔对尼采的这句话的解读：“上帝死了”意味着人消除了自我持存的超感官世界。[26] 但“上帝死了”这个命题在布伯那里并不意味着对话哲学中的上帝之死，他认为海德格尔所指的超感官世界并不包含这样的上帝。布伯说，“在实在生活的情境中，临近与呼唤一个个体的活的上帝不是此超感官世界的组成部分。”[27]也就是说，人为建构出来的上帝以及形而上学意义上的绝对者都死了，但布伯所倡导的在实存中与人对话的上帝并没有死。此外，布伯认为，“上帝死了”

㉕ Martin Buber, *Eclipse of God: Studies in the Relation Between Religion and Philosophy*, trans. Maurice Friedman ect. (NJ: Humanities Press International, 1996), p. 13.

㉖ Ibid., p. 22.

㉗ Ibid.

还包含着人对上帝的僭越,“人将上帝从客观存在的领域转向‘主体性的内在’……现代思想不能容忍不是局限于人的主体的上帝。”[28]现代思想从人的主体性角度来理解上帝,把原本独立实在的上帝化约为主体的构造物,以至于现代人“已经不能理解独立于其自身的一个实在,也不能与这样的实在有联系”。[29] 布伯将这种神人之间关系的转变看作是“上帝之蚀”现象产生的思想根源,将“上帝的隐匿”看作是上帝对人的背信弃义以及人拒斥和消解其实在性的惩罚性回应。现代人对上帝实在性的消解导致人与上帝之间活生生的对话关系的中断,人们由此进入了“天堂之光消失”的时代。这里,布伯虽然在一定程度上赞同海德格尔将这个时代描述为没有神圣之光的黑夜,但他并不认同海德格尔所主张的经由一种精神的转向就能使“上帝与诸神”重现的观点,而是认为人的整个存在都要转向上帝,以期待上帝的重现。

四、大屠杀之后人的未来

面对神人对话关系破裂,布伯没有像尼采一样用超人来替代上帝,以应对上帝死后可能陷入的虚无主义的绝望。他也没有像萨特一样,通过否定上帝的存在来张扬人的自由。在布伯看来,神人对话关系的破裂并不必然导向人的绝望,也不会给与人以绝对自由,而是指向了人与上帝的对话关系得以修复的一种可能性。他说,“此时如它之所是地忍受它,实存地朝向一个新的开端,朝向天堂和人间的对话被重新听到的事件,这更有价值。”[30]这意味着,现代人虽然活在阴霾与黑暗之中,经受着大屠杀的阴影以及上帝隐匿所带来的意义缺失感,但如果人们此时仍能坚守对上帝的信仰,并且使整个存在向上帝敞开,那么,此种坚守与敞开便蕴含着意义重现的可能。

布伯反对尼采和萨特经由创造新的价值来填补意义缺失的做法,他

---

[28] Ibid., p. 21.

[29] Ibid., p. 14.

[30] Ibid., p. 68.

说，"如同尼采和萨特所做的那样，试图通过一种幻想出来的自由的'价值创造'来克服意义虚空的做法是行不通的。人们必须忍受这种无意义感，直至它的终结，人们必须勇敢地与这种无意义斗争，直至越出这种在冲突与痛苦中所经验到的矛盾，直至意义的重现。"[31]与尼采和萨特否弃上帝、寄希望于人自身创造出新的意义和价值不同，布伯认为意义和价值不是人主动创造的结果，而是在人与存在相遇的过程中被启示给人的。[32] 因此，布伯反对尼采和萨特用人自身这个偶像来替代上帝，以便逃避神人关系破裂后意义缺失的窘境，而是希望现代人能够勇敢地承受起此种无意义感，在对无意义的经受中期待意义的重现。

不仅如此，布伯还要求现代人认清自身的处境，如实地接纳上帝之所是。在一封回复有关奥斯维辛问题的信中，布伯用爱者与被爱者之间的关系来解说奥斯维辛之后人与上帝之间的关系。在这封信中，布伯把上帝比作我们的爱人，然而，奥斯维辛之后人们发现自己所爱的人一直都在欺骗自己，这个爱人不是我们所设想的来自天堂的天使，而更像是一个恶魔，人们对此不知所措。布伯的回应是，设若我们接受自己所爱之人就是真理，那么我们会接受这个人的一切，"我的全部愿望就是你是你之所是，你成为你想成为的那样。"[33]人对上帝的信仰也是如此，人之所以信仰上帝，并非由于上帝做了人所认为的正义之事，而是基于人相信上帝所做的事都是公义的这样一个事实。奥斯维辛之后，信仰之人不能期待上帝像一个满足人的愿望的偶像一样来澄清苦难的原因，而是要认识到"上帝的创造是令人害怕的，并且他的行为是粗暴的"。[34] 布伯虽然没有给奥斯维辛之后的生命如何可能提供一个确切的图景，但他相信人的未来仍在于坚守对上帝的信仰，犹太人的生命与犹太教的未来也是如此。他说，"犹太教只有当它复活了犹太人与上帝、世界和人类最初的

---

[31] Maurice Friedman, *Martin Buber and the Eternal* (New York: Human Science Press, 1986), p. 150.

[32] Martin Buber, *Eclipse of God: Studies in the Relation Between Religion and Philosophy*, p. 70.

[33] David Forman-Barzilai, "Agonism in Faith: Buber's Eternal Thou After the Holocaust," in *Modern Judaism*, vol. 23, no. 2(2003), p. 172.

[34] Ibid., p. 173.

关系时,才会生存下来。”[35]

五、总 结

面对大屠杀与对话哲学中的上帝观之间的冲突,布伯用“上帝之蚀”与“隐匿的上帝”的思想来调和二者之间的矛盾。由此,布伯的上帝观也由对话哲学中的“永恒之你”转变为后大屠杀时代的“隐匿的上帝”。对于“上帝之蚀”与“上帝隐匿”的原因,布伯主要将之归因于人自身和上帝这两个方面。就人这方面而言,布伯将“上帝之蚀”与“上帝隐匿”归因于人与人之间的对话危机以及现代思想对上帝实在性的消解,主张通过重建对话关系以及将人的整个存在转向上帝来修复神人之间的关系;就上帝这方面而言,布伯受到希伯来圣经“隐匿的上帝”观念的启发,认为这是上帝因为不满于人类的罪恶而对人类施以的惩罚。因此,布伯认为人自身应该对人的苦难和上帝的隐匿担负起责任。在后奥斯维辛时代,布伯坚信人的未来仍在于对上帝的信仰,并主张通过恢复人与人、人与上帝之间本真的对话关系来践行这一信仰。我们且不管布伯所坚信的上帝是否真的隐匿,未来能否真的重现,布伯的这种胸怀信仰、敢于担当及其现世关怀精神,还是十分值得我们学习和借鉴的。

㉟ 马丁·布伯:《论犹太教》,刘杰等译,济南:山东大学出版社,1992年,第34-35页。

主观性是真理

——齐克果对传统真理观的反思和超越

王双彪

【内容提要】 丹麦思想家齐克果(又译"基尔克果""克尔凯戈尔"或"克尔凯郭尔"——编者注)认为真理应该与人的生存密切相关。据此,齐克果解构了传统的符合论真理观,划定了客观真理观的适用范围。进一步,齐克果将生存个体能够据以塑形自己生存的主观真理称为本质的真理。主观性是真理,其进一步的表达是"主观性是非真理",而这正是基督教的启示真理观。

【关键词】 生存　本质真理　主观性是真理　主观性是非真理

"关键是要找到对我而言是真理的真理,找到我愿意为之生、愿意为之死的观念……即便真理站在我面前,冷冰冰、赤裸裸地,也不管我是否认识它,有什么用呢?让我心神不安而不是信赖地接受它,有什么用呢?……什么是只为一种观念而活着的真理?当什么都说了和做了时,一切都是以一种假设为基础的。但是,直到真理再也不是外在于人,直到人生活于其中之时,真理对人来说才不再是一种假设。"[①]这一段关于真理的说

---

① 齐克果:《克尔凯戈尔日记选》,晏可佳、姚倍琴译,上海:上海社会科学院出版社,2002年,第57-58页;齐克果:《或此或彼》下部,阎嘉译,北京:华夏出版社,2007年,第1018-1020页;S. Kierkegaard, *The Essential Kierkegaard*, edited and translated by Howard. V. (转下页)

法,出自齐克果22岁时所写的一封“浮士德”式的信件。其核心要点就在于真理必须是与我相关的真理,必须是对我而言的真理,必须是内在于我的真理,必须是我能够生存于其中的真理。11年后,在《对〈哲学片段〉的非科学的最后附言》(以下简称《附言》)中,借助于生存概念,齐克果进一步阐发了这一关于真理的观点。

一、齐克果对传统真理观的反思

依照传统真理观,齐克果上述关于真理的看法是离经叛道的,反之,依照齐克果对真理的看法,则传统的真理观存在着缺陷,其缺陷主要表现在两个方面。首先,传统的真理观与人的生存无关;其次,传统的真理观在不断地消解着人们对基督教的信仰。正是从生存出发,齐克果解构了传统的符合论真理观并划定了客观真理观的适用范围。

1. 齐克果对符合论真理观的解构

符合论真理观肇始于巴门尼德提出的“思维与存在是同一的”观点。西方思想史上,不同的思想家在讨论“究竟什么是符合”以及“是什么与什么的符合”上虽然存在着差异,但就真理是一种符合来讲,他们的看法却是大体一致的。齐克果对符合论真理观的解构正是开始于分析“思维与存在”之中的“存在”。齐克果指出,无论是经验主义将真理定义为思维与存在的符合,还是观念主义将真理定义为存在与思维的符合,符合论真理观之所以大行其道,就在于他们都没有慎重考虑定义中的“存在”一词到底意味着什么。

在齐克果看来,符合论真理观的上述定义之所以能够完成,其原

(接上页)Hong and Edna H. Hong (N.J.: Princeton University Press, 2000), pp. 8-9。引文参合上述两类中文和英文给出。本文主要围绕《附言》的相关内容展开分析,同时也涉及到齐克果的其他相关著作。对于引文出处,有中文翻译且直接引用中文翻译的,则只给出中文出处,参照了中文翻译但有一定改动的引文,则同时给出中文和英文出处,对中文翻译改动较大或无中文翻译的,则只给出英文出处。

因在于人们将定义中的“存在”进行了抽象而非经验的理解。一旦将存在进行抽象的理解,再来看思维与存在的符合,这种符合就可以发生,真理也就可以完成。问题是这种抽象的真理能为我们带来怎样的内容?齐克果指出,如果以抽象的方式来看待存在,上述两个定义就变成了一种同义反复。因为伴随着对存在的抽象理解,存在被抽象化为思维,变成了思维的一种属性,因此被抽象化理解的存在和思维其实是同一个东西,两者的符合也仅仅只是一种与自身的抽象同一。② 对真理而言,上述定义因此仅仅只是说出了真理是/存在(is),或者说真理是一种重复。系词“是”前面作为要被定义的真理与系词“是”后面对真理的定义是同一个东西,系词“是”后面“存在与思维的(抽象)同一”并没有对系词“是”前面要被定义的真理给出更多具体的内容,因此定义仅仅只是给出了关于真理的一种抽象形式。这就是说,抽象思维通过探讨存在与思维的符合来定义真理,除了告诉我们真理是/存在或者真理是一种重复之外,并没有为我们认识真理带来更多的内容。

如果从经验的角度来理解上述定义中的“存在”,那么符合论真理观又能为我们带来关于真理的怎样的内容?齐克果指出,一旦经验地来理解存在,那么一切都进入了一种生成的进程之中。首先经验对象是未完成的,其次认知精神(认识主体)自身也处于生成的进程之中。真理因此就变成了一种思慕之物,变成了一种其开端没有办法绝对确定的无限趋近,因为并没有一个对真理的有回溯力的结论。因此,无论将存在作抽象的理解还是作经验的理解,符合论真理观都不可能为生存个体③

② 在早于《附言》三年前所发表的《未来哲学原理》中,费尔巴哈对齐克果在这里所讨论的存在与思维的抽象同一,几乎提出了一模一样的看法。参见北京大学哲学系外国哲学史教研室编译:《西方哲学原著选读》下卷,北京:商务印书馆,2004 年,第 495 页。

③ 生存个体(existing individual)是齐克果提出的对人的称呼,这个称呼被用来强调每一个人都是一个具体的、独一无二的生存之人,不仅如此,只有当每一个人意识到他是一个独一无二的个体时,他才是在真实的生存之中。这就是说,生存只是个体的生存,而非群或类的生存,或者说,我们没有办法来谈论关于群或类的生存。另外,生存个体或生存精神对自身的生存提出发问,这一提出发问的生存个体可以被理解为是认识论哲学(转下页)

带来他们所据以“生存于其中”的具体的真理。换句话说,对一个处于生成进程中的生存个体来讲,存在与思维的符合永远也不可能完成。④

2. 齐克果划定客观真理观的适用范围

为了找到能够生存于其中的真理,生存个体重新提起真理问题。反思为生存个体指出了面向真理的两条不同的关系或道路,即客观反思的道路和主观反思的道路。客观反思真理的道路也就是传统的客观真理观。客观真理观源于认识过程中人们对“真”的看法,如果认识如实地反映了认识对象,这个认识则是真的,反之则不真。在此过程中,人们很容易察觉到,认识之所以会出错,往往是由于认识主体自身的因素所致,如人的感觉本身就会出错。这使人们意识到,要想达到真的认识,就必须要剥离开认识主体的主观因素。这就是说,真意味着不依赖于认识主体的内容。相应地,在对真的认识的基础上建立起来的真理概念中,真理必须是客观的,真理的客观性就是指真理独立于认识主体的实在性。从客观真理观的形成来看,强调真理的客观性正是为了规避认识主体的主观性。因此,客观地追求真理其实是认识论领域中人们唯一能遵循的发现、认识真理的道路。

齐克果完全认可客观真理观,同样也肯定客观真理观能够认识到真理。换句话说,齐克果并不否认、也没有可能否认客观真理观在认

(接上页)中的认识主体,生存个体的提法是为了强调作为认识主体的人只是生存个体整体的生存行为中的一个方面,而生存个体整体的生存行为更多的与每一个个体都有要实现他自身的任务相关,这就更多地涉及到选择、行动、伦理等方面的问题。

④ 这与齐克果所讲的关于生存体系看法是一致的。齐克果指出,对上帝来讲,生存是一个体系,但对任何生存着的个体来讲,生存永远都不可能是一个体系。参见S. Kierkegaard, *Concluding Unscientific Postscript to Philosophical Fragments*, eds. and trans. with introduction and notes by Howard V. Hong and Edna H. Hong (Princeton University Press, 1992), p. 118。另外,美国哲学家普特南关于上帝之眼、罗蒂关于天钩的说法,都与齐克果这里所阐述的想法也是一致的。参见普特南:《理性真理与历史》,童世骏、李光程译,上海:上海译文出版社,1997年,第55－56页;罗蒂:《后哲学文化》,黄勇编译,上海:上海译文出版社,1992年,第4页。

识论领域中对于认识真理的唯一有效性。在这一点上,齐克果与其他思想家们并无不同。齐克果的不同之处在于,他看到了客观真理观隐含的危险:首先,为了追求客观真理,生存个体被转化成了一个纯粹的观察机器,其生存问题根本不允许被提出来;其次,当将客观真理观看作是人们走向真理的唯一途径时,当对客观真理的追求越出了认识论的领域而进入人的生存领域时,生存就被进一步地破坏了。因此,必须要指出并限定客观真理观的适用范围。齐克果从两方面来着手这一工作。

首先,齐克果指出,客观真理仅仅是一种漠然的真理。齐克果并不否认客观真理的价值,但通过强调与生存的本质关系,使得认识和真理的含义或“域值”自身扩展了。正是在这种扩展之中,认识自身以及经由客观认识所获得的客观真理的局限,就很清楚地被显示了出来。

根据认识与生存的关系,齐克果给出了本质的认识的说法:“一切本质的认识都与生存相关,或者说,只有与生存发生着本质关系的认识才是本质的认识。任何认识,如果不是在内在性的反思中内在地与生存相关联,从本质上看就是偶然的认识;它的程度和范围都根本不值一提……唯有伦理的和伦理-宗教的认识才与认识者的生存有着本质的关系。”⑤同样,根据真理与生存的关系齐克果给出了本质的真理的说法:“这里的问题关乎本质的真理,或者说关乎本质上与生存相关的真理。”⑥我们看到,通过强调与生存的本质关系,认识有了本质的认识与非本质的认识的区分,真理有了本质的真理与非本质的真理的区分。照这种区分来看,纯粹的认识论问题以及经由客观认识所获得的客观真理相应地就变成了非本质的认识和非本质的真理。这实际上是对自笛卡尔以来认识论哲学的价值提出了怀疑,而经由客观反思所获得的客观真理,如数学知识的真理、自然科学知识的真理,这些固然是真理,但由于这种真理本质上并不与生存相关,因此也仅仅只是一种非本质的真理。齐克果称这种非本质的真理为漠然的

⑤ S. Kierkegaard, *Concluding Unscientific Postscript to Philosophical Fragments*, p. 197.
⑥ Ibid., p. 199.

真理。

其次,齐克果指出,客观反思的道路不能适用于基督教的真理。如果说人们通过客观反思的道路毕竟能够获得一些客观的真理,如数学知识的真理、自然科学知识的真理的话,那么试图从客观上来对基督教的真理(真实性)进行论证则被齐克果证明为死路一条。不仅如此,在齐克果看来,对基督教真理的客观考察不但不能增进生存个体对基督教上帝的信仰,而且还会不断地损害信仰。因此,客观反思的道路不能适用于基督教的真理。

在相关论证中,齐克果引入了一个贯穿《附言》的指引线:生存个体对永恒幸福的无限兴趣。在齐克果看来,一个对永恒幸福有着无限兴趣的生存个体或许终有一天会获得永恒幸福,但一个对永恒幸福根本没有任何兴趣的生存个体则绝对不可能获得永恒幸福。基督教许诺对世人提供一种永恒幸福,而要获得这种永恒幸福,其条件是生存个体必须首先进入与基督的关系之中,即生存个体必须要信仰基督教的上帝。生存个体对永恒幸福的无限兴趣也就意味着生存个体急切地想要信仰基督教的上帝,迫切地想要获得由基督教上帝所提供的永恒幸福。在齐克果看来,生存个体对永恒幸福的无限兴趣是信仰得以产生的条件。一旦生存个体丧失了这种无限兴趣,那么信仰也就无所凭依了。因此,在这个指引线的背后隐含着一个鉴别标准:是否会增进生存个体对基督教上帝的信仰。

除此之外,齐克果还引入了另外一个假设:基督教是主观性的。在相关论述中,这一假设被不时地用来协助说明对基督教的客观理解是如何产生和得以存在的问题,而如果以此假设出发来看的话,相关问题将不再成为问题。在《附言》中,伴随着讨论的深入,这个假设被齐克果越来越多地当作必要甚至是必然的设定来理解。之所以如此,是因为这一设定符合齐克果对主观性的讨论,也可以说齐克果对主观性的讨论与基督教是主观性的这一设定之间产生了最佳效应的契合。从某个意义上来讲,长达600多页的《附言》就是对生存个体的主观性与基督教是主观性的这两者之间所具有的最佳效应的契合的阐释。[7] 在文本最后,齐克果进一步将基督教是主观性的理解为基督教是生存沟通,即基督教热切地关注着生存个体,想要为他提供永恒幸福。

对基督教进行客观反思,关键就是对基督教真理进行考察。对基督教信仰来讲,这种考察建立于这样一个假设之上:一旦人们能够从客观上确定基督教是真理,那么人们就可以将对基督教上帝的信仰建立在这种确定性之上,并进一步获享由基督教上帝所提供的永恒幸福。对基督教真理的客观考察可以分为两类,即历史的考察和思辨哲学的考察。

齐克果指出,对圣经和教会历史的考察最多只能是一种趋近而不可能获得完全的确定性。之所以如此,是因为历史内在地具有生成的不确定性。在《哲学片段》插入章,通过分析生成(coming into existence)概念,齐克果得出了历史内在地具有生成的不确定性的结论。齐克果指出,不同于其他的变化,生成的变化并非是本质的而是存在方面的变化,是从不存在到存在的变化,也是从可能性到现实性的变化。生成的变化并不是根据必然性发生的,因为必然性属于本质的方面,必然性是(is),而生成的变化是存在方面的变化。因此所有的生成都不是经由必然的方式而是在自由中发生的。每一个生成的东西都是历史的,从时间的角度来讲,生成指向过去。由于过去发生的已经不能被改变,人们想当然地以为过去就是必然的。但齐克果指出,只要意识到过去是经由生成而来的,那过去就不是必然的。不仅如此,在过去之中永远包含着生成的不确定性,虽然作为已经发生了的事情过去也是确定的。一般来讲,人

⑦ 之所以要以假定的形式出现,是由齐克果的论述对象基督教自身的特征所致。在齐克果看来,生存个体所面对的基督教是由基督教自身启示给生存个体的,这种启示性决定了任何对基督教的理解都不可能是一种完满的理解。换句话说,无论是对基督教的客观理解,还是主观理解,两种理解都不可能提供对基督教真理的完满理解。对齐克果来讲,他所要抵制的是对基督教的客观理解的趋势,而他想要给出的是对基督教的主观理解。他的整体的论述只能是一方面最大限度地揭露对基督教进行客观理解将会造成的各种各样的问题,另一方面最大限度地给出生存个体对主观的基督教进行主观理解的融洽性、优越性甚至是生存有用性的结论。

们很难意识到,也很难理解在过去之中包含着不确定性。齐克果指出,"过去的确定性之基础在于其不确定性,它和未来的不确定性,是同一种意义上的不确定性,即可能性。"⑧这提示我们,为了看待并正确理解过去之中包含的不确定性,我们只需要考察未来的不确定性即可,或者说,我们只需要将已经发生的过去置换为正摆在我们面前的未来并对之进行考察即可。关于未来的不确定性我们都很熟悉,未来是充满无限可能的,谁也无法预料未来将会怎样,而这正是未来的不确定性。同样,过去的不确定性也是这样,在无数可能性之中,谁也不知道究竟哪一种可能性会变成现实,尽管作为已经发生了的过去,其可能性已经变成了一种唯一的现实并且被这唯一的现实所取代。"历史内在地具有生成的幻性。"⑨这即是说,历史内在地具有源自于生成的不确定性。因此,无论是考察圣经还是教会,人们永远都不可能获得关于基督教真理的确定性结论。

对圣经和教会的客观考察最多只能是一种趋近,作为一种趋近不足以使生存个体将自己的永恒幸福建立在它之上。⑩ 不仅如此,在这种无穷无尽的历史考察中,由于关于基督教真理的一个确定性的结论迟迟不能给出,生存个体信仰的选择相应地被一再推后,随之而来的是,生存个体对永恒幸福的无限兴趣也越来越多地被消耗掉了。而这种兴趣一旦被消耗掉,对基督教上帝的信仰也就不会存在了。这就是说,对基督教真理的历史性考察不但不能增进生存个体对基督教上帝的信仰,而且还会不断地损害着这种信仰。

---

⑧ 邹晓东,谢文郁:《〈哲学片段〉"插入章"的翻译和注释》,载娄林主编:《基尔克果的苏格拉底》,北京:华夏出版社,2012 年,第 144 页。文中大量注释为笔者理解《片段》:"插入章"给予了很大的启发,在此谨向谢老师和晓东兄致谢。

⑨ 同上,第 146 页。

⑩ 学者们并不完全认可齐克果在这里所得出的结论。比如,罗伯特·亚当斯对此就提出了不同的看法。参见罗伯特·亚当斯:《克尔凯郭尔反对宗教中客观推理的三个证明》,周伟驰译,转引自迈尔威利·斯图沃德编,周伟驰、胡自信、吴增定译,赵敦华审订:《当代西方宗教哲学》,北京:北京大学出版社,2003 年,第 40 - 55 页。笔者的导师张庆熊先生对此也提出了不同的看法,参见张庆熊:《道、生命与责任》,上海:上海三联书店,2009 年,第 109 - 112 页。

思辨哲学同样是将基督教作为一个既定的历史现象来考察,并试图将基督教纳入其解释系统之中。但齐克果指出,无形教会并不属于历史现象,它只存在于每个人的主观性之中,因此完全不能被客观地考察。因此,思辨哲学对基督教的考察同样不可能获得一个确定性的结论,即使思辨哲学给出了一个关于基督教的结论,这样的结论也已经并非是关于真正的基督教的结论了。另一方面,思辨的客观性要求放弃自身,将自身消融于客观性之中,因此在思辨哲学中,生存个体永恒幸福的问题根本不允许被提出来。换句话说,试图通过思辨哲学对基督教的考察和解释来增进生存个体对基督教上帝的信仰,根本就是缘木求鱼。

总结来看,首先,无论是历史的考察还是思辨哲学的考察,都不可能获得对基督教真理确定性的结论;其次,对基督教真理的客观考察不但不能增进生存个体对基督教上帝的信仰,而且还在不断地损害着这种信仰。这就是说,试图通过对基督教真理进行客观考察而使生存个体进入与基督教上帝关系的道路根本走不通,或者说是歧路一条。因此,客观反思的道路无法适用于基督教的真理。齐克果在这里所得出的结论,既是对自笛卡尔以来从理性讨论基督教上帝不断陷入困境的历史总结,也是要明确限定客观真理观的适用范围。

二、主观性是真理

在指出客观反思的道路无法适用于基督教的真理之后,齐克果试图指出并证明主观反思的道路是而且是我们唯一能够借以通达基督教真理的道路,主观真理观正是其中最为核心的论证内容。我们把齐克果对主观真理观的比较论证依次分割为下面两个问题:(1)对主观性的正确理解;(2)主观反思真理的道路具有优先性。下面我们依次进行分析。

1. 对主观性的正确理解

齐克果并没有对主观性下过明确的定义,但通过对相关文本的考察,我们可以从否定和肯定两个角度来对齐克果所讲的主观性进行一些界定。

从否定的角度来讲,首先,齐克果所讲的主观性并不是自私、古怪、随意、任性等内容,事实上,正是这一类主观性才使得主观性名声不佳。这一类主观性几乎是与生俱来的,每个人身上或多或少都有着这一类主观性。正因为如此,传统哲学才教导人们要摆脱主观,进入客观。这一类主观性被齐克果称为"所谓的主观性",当然,齐克果也坚决反对这一类主观性。但齐克果并不认为教导人们进入客观就是正确的,相反,齐克果认为在所谓的主观性之外,还存在着需要人们不断培植的、与个体生存密切相关的一类真正的主观性,只有这种真正的主观性才是齐克果所强调的主观性。其次,齐克果所讲的主观性也不是近代认识论哲学中与客观对象相对应的作为思维、意识的抽象的主观性。这种抽象的主观性同样是齐克果所极力反对的主观性。作为一种抽象的结果,作为主观性的自我,变成了一种纯粹的自我意识。在纯粹的自我意识中,人们根本看不到具体的个人,而齐克果想要强调的正是作为每一个具体的个人、作为一个整全人格的自我。在齐克果看来,每一个人都是这样一个最为具体的自我,他行进在时空之中,每时每刻都面临着生存的抉择,有着要实现自我的任务。因此,齐克果所讲的主观性不是一个认识论的概念,而是一个生存论的概念。

从肯定的角度来讲,齐克果所讲的主观性与内在性(真挚性[11])和激

---

⑪ 无论是内在性还是真挚性,其所对应的丹麦原文都是 Inderlighed,其中真挚性是京不特先生所使用的翻译用词(参见齐克果:《概念恐惧/致死的病症》,京不特译,上海:上海三联书店,2004 年),京先生对齐克果作品的翻译就是跳过了英文而直接从丹麦文翻译为中文。Inderlighed 是齐克果所发掘的一个非常重要的概念,在英语学界,劳瑞(Walter Lowrie)、斯文森(David F. Swenson)以及洪夫妇(Howard V. Hong and Edna H. Hong)等都将其翻译为 inwardness,将其同源词 Inderliggjørelse 分别翻译为 intensification of inwardness 和 inward deepening;但汉内(Alastair Hannay)教授长期致力于指出,以英文 inwardness 来翻译 Inderlighed 并非完美,甚至有误导的嫌疑。汉内教授指出,Inderlighed 中的 Inderlig 是丹麦文中一个极为常见的副词,这个副词对应于英文中的 heartily,其引申义对应于英文的 in a heartfelt way, fervently 和 sincerely 等。在 1982 年汉内教授所写的齐克果传记中,他对 Inderlighed 给出的解释是:Inderlighed 指的是一个人对外承诺的内在形式或品质,而承诺意味着行动和个人参与(参见 Alastair Hannay, *Kierkegaard* [Routledge (转下页)

情密切相关。[12]

首先,主观性就是内在性。在文本中,齐克果时常不加区分地使用这两个词。我们看到,内在性这个概念几乎只与人心相关,也就是说,我们只有在谈到人的时候,内在性的概念才有着明确的所指,即我们每个人都有着一个丰富的内心世界,但齐克果对内在性的理解要更为复杂:(1)内在性铸就了人之为人,人之为独特之人。齐克果的托名作者威廉法官指出:每个人都具有双重生存,一方面他是一个历史的伴随物,另一方面他的内在行为独属于他并且永远只属于他,任何世界历史都不可能从他那里将它夺走。不仅如此,在法官看来,只有"内在行为才是自由的真正生命"。[13] 而内在行为首先就是意志的选择。一个人只有动用意志的力量进行绝对的选择,他的自我才会出现。这个自我是绝对的,因为他已经与外部世界分离开来了。(2)内在性与

(接上页)Taylor & Francis Group, 1999], p. 126)。而在 2009 年他所翻译的《附言》中,他对 Inderlighed 的解释是:Inderlighed 指的是一个人对所关注事情的内心的热情、真诚、严肃和全神贯注,是与事情无关而发自内心的真诚。但由于用英文 inwardness 翻译丹麦文 Inderlighed 已经成了标准翻译,且 inwardness 已经随之进入了牛津英语词典,汉内教授在翻译中仍然保留了 inwardness,同时对其同源词 Inderliggjørelse,依据不同的语境分别翻译为 taking to heart 和 inner absorption(参见 S. Kierkegaard, *Concluding Unscientific Postscript to Philosophical Fragments*, edited and translated by Alastair Hannay [Cambridge University Press, 2009], p. xxxviii)。就笔者的阅读体验来看,齐克果在使用丹麦文 Inderlighed 时,所传达的意思确实同时包含着中文内在性和真挚性各自所表达的含义。具体来讲,该词首先包含着内在性的含义,而在涉及与主观性相关问题的时候,则更多地包含着真挚性的含义。因此,单独强调内在性,或单独强调真挚性,都会对我们理解齐克果的相关文本造成障碍。因此,面对 Inderlighed,我们必须同时想着内在性和真挚性。在本文写作中,为了行文方便,除个别需要强调的地方以"内在性(真挚性)"的形式给出,其他地方一律采用"内在性"。但请读者注意,每见到"内在性",都请同时联想到"真挚性"。

[12] 有学者将齐克果的主观性、内在性与激情等理解为古希腊哲学所讲的品质和德性,这为我们理解齐克果的主观性提供了一个比较新颖的视角。参见 Robert C. Roberts, "Existence, emotion, and virtue: Classical themes in Kierkegaard," in Alastair Hannay and Gordon D. Marino eds., *The Cambridge Companion to Kierkegaard* (Cambridge University Press, 1998); David J. Gouwens, *Kierkegaard as Religious Thinker* (New York: Cambridge University Press, 1996)。

[13] 齐克果:《或此或彼》下部,第 835 页。

外在性不可通约。不仅如此,外在性越少,内在性越多,当最富激情的抉择发生在一个人身上的时候,人们从外部可能什么都看不到。"真正的内在性根本无需任何外在的标记。"[14]齐克果著名的生存三阶段(境界)的理论,所讲的正是生存个体精神、内在性不断提升的问题。(3)内在性与行动相关。"内在性只能通过行动而被达成并且只能在行动之中存在。"[15]内在性涉及到选择和对选择的承诺,这都必须经由行动才能表达出来。缺少了相应的行动,内在性就完全无所凭依了。因此,这还涉及到一个人的言行是否一致的问题。(4)内在性是一个人身上的永恒或者说永恒的组成部分。每个人作为一个生存的个体,都是行走在有限与无限、暂时与永恒之中,而对无限和永恒的盼望,正是出自于生存个体的内在性。(5)内在性(真挚性)是严肃的。[16] 严肃意味着人格本身,因为严肃的对象就是每个人自己。一个人只有当他首先对自己严肃的时候,他才会真正严肃地对待生活中的所有事情。这就意味着内在性是生存个体面向永恒的最为严肃的投入和交付,它呼唤着一种出自永恒的心灵改变,以及进一步的生存改变。齐克果讲主观性就是内在性,主观性因此首先就包含着涉及生存个体内在性的方方面面,但同时更多地指向基于严肃的内在性(真挚性),尤其是其中的投入和交付的含义。

其次,主观性是激情。齐克果指出,即使基督教假定主观性是生存个体获取永恒幸福的可能性,这也并不意味着主观性对生存个体来讲就是已经准备就绪了的内容。因此生存个体首先必须要重铸主观性,"基督教明确地想要将激情强化到最高点,激情就是主观性。"[17]如果说以内在性来说明主观性仍然缺乏相对明确的所指,那么主观性是激情则使我们对齐克果所讲的主观性有了进一步明确的认识。我们知道,西方思想史上,柏拉图首次区分了理性、激情、欲望,并指出激情应该受到理性指导。柏拉图之后,不同的思想家对激情的具体看法并不统一,但就激情

---

[14] S. Kierkegaard, *Concluding Unscientific Postscript to Philosophical Fragments*, p. 414.

[15] 齐克果:《概念恐惧/致死的病症》,第 210 页。S. Kierkegaard, *The Concept of Anxiety*, ed. and trans. by Reider Thomte (N. J. : Princeton University Press, 1980), p. 138。

[16] Ibid., p. 146.

[17] S. Kierkegaard, *Concluding Unscientific Postscript to Philosophical Fragments*, p. 131.

应该接受理性指导这一点来讲,思想家们的看法大都一致。但齐克果并不认同这一点,在他看来,激情在个体生存中的作用要比理性远为重要,“将人类一切生活统一起来的是激情”,[18]“没有激情,生存就不可能”。[19]具体来看,生存是运动,而为了运动,就需要一种能够持续的某物将运动结合起来,而激情正是能够产生约束作用的间断的持续性并且也是运动的推动力。对生存之人来讲运动的目标是决定和重复,而永恒正是运动的连续性。“在生存个体之中的具体的永恒是激情的最大化。”[20]因为理想化的激情正是生存之中生存个体为了生存于永恒之中而对永恒的期盼。因此,激情不仅是生存的推动力,同时也为生存的运动提供了持续性。在齐克果的论述中,主观性的激情主要就是指生存个体对永恒幸福的无限激情。

2. 主观反思真理的道路及其优先性

“主观的反思将注意力内转指向主体,并在这种内在性的深化中探寻真理。”[21]这就意味着,在主观性的反思中,反思主体首先将注意力转向了自身,要拷问自身的处境,并通过这种对自身处境的拷问来看待真理。在这种对自身的反思中,主体首先意识到自己是一个生存的个体并处于不断的生成进程之中。正是这种对自身生存处境的自觉,使他看到符合论真理观的虚幻。因为只要他生存着,只要他仍然处在时间之中,那么对他来讲,存在与思维的符合就不可能发生,真理就不可能完成。在对真理的焦虑中,生存个体意识到,除非他处在自身之外,真理对他而言才是某种完成的东西,而这样一个能够使他超出他自身的点就是瞬间的激情。只有在瞬间的激情里,一个生存的个体才能实现超越生存的无限和有限的统一,激情因此就成为一个生存个体生存的顶点。“在激情中,生存主体在想象的永恒中被无限化,同时最具体的就是他自己。”[22]

---

⑱ 齐克果:《恐惧与战栗》,刘继译,陈维正校,贵阳:贵州人民出版社,1994 年,第 43 页。

⑲ S. Kierkegaard, *Concluding Unscientific Postscript to Philosophical Fragments*, p. 311.

⑳ Ibid., pp. 312 - 313.

㉑ Ibid., p. 196.

㉒ Ibid., p. 197.

在一个生存主体中内在性达到极致就是激情;激情相应于作为悖论的真理;真理自身当然并非悖论,只有当真理与生存个体发生关系的时候真理才会变成悖论。这正是由于处在生存进程中的生存个体无法获得真理,真理对生存个体来讲因此必然表现为一种悖论。

> 当真理的问题以一种客观的方式提出来时,反思便客观地指向真理,真理是一个与认识者相关的对象。然而反思所注意的不是关系,而是认识者与之相关的对象是否真理的问题。如果他与之相关的对象是真理,那么主体就被认为是在真理中;当真理的问题被主观地提出来时,反思便主观地指向个人关系。只要这种关系的方式(how)在真理中,那么即使个人偶尔会与非真的东西发生关系,他也在真理中。㉓

以认识上帝为例,齐克果对上述论断展开了进一步的推进。客观上,反思所关注的在于这是一个真实存在的上帝;主观上,反思关注生存主体与某物的如此这般的关系是否达到了一种真正符合上帝心意的关系。选择客观方式的生存个体于是投入了一种要客观地说明上帝的难以企及的研究中;选择主观方式的生存个体意识到客观地寻找上帝的辩证的困难,他无比痛苦地感受着这种辩证的困难,因为在每一瞬间他都要置于与上帝的内在关系中,生怕丢失其中的每时每刻。也许他明天就会死去,但他还是没有遇到客观上的上帝。即使他依然活着,他也会意识到,对他来讲上帝并不是可有可无的东西,而是需要不惜一切代价去寻求的东西。而不惜一切代价去寻求上帝,在激情的理解中正是内在性与上帝的真正的关系。

齐克果进一步追问,在两种反思真理的道路中,"哪一方可能持有更多的真理"?是那些客观地寻找真的上帝并且追求有关上帝观念的近似值真理的人这一方呢?还是那些由他对上帝的需求的无限激情所驱动,

---

㉓ Ibid., p. 199. 参见熊伟主编:《存在主义哲学资料选辑》,北京:商务印书馆,1997年,第23页。译文略有改动。

并且感受到自己与上帝的真实关系的这一方呢？齐克果以一个寓言的形式给出了他的回答："答案对于任何未因科学的助力而丧失功能的人不可能是悬而未决的。如果生活在基督教界中的人，带着他所知的真的上帝概念走向真的上帝的住所但却虚假地祈祷；而如果一个生活在偶像崇拜的土地上的人以所有的无限激情来祈祷，尽管他的眼睛是在看向偶像；那两者之中哪一方有着更多的真理呢？一个人是真正地祈求上帝，尽管他崇拜偶像，另一个人虚假地祈求真的上帝，因而他实际上是崇拜偶像。"㉔

我们来分析齐克果上述两个论断。真理的两种不同的反思方式，说明真理、尤其是信仰的真理涉及到不可兼得㉕的两方面内容：(1)对象自身是否真的问题；(2)生存个体是否真的全身心投入与对象的真的关系之中。㉖ 其中第一个方面是传统上对真理的看法，而齐克果在这里指出并尤其强调为传统所忽略了的第二个方面，即生存个体是否真的全身心投入于与对象的真的关系之中。只有在生存的视角下，真理所涉及的第二个方面的内容才能显现出来，并且成为考察真理的更为本质的一端。从生存的视角来看，真理并非是冷冰冰的，并非是与生存无关的。相反，真理与个体的生存关系是如此密切，以至于生存个体寻找真理正

㉔ 熊伟主编：《存在主义哲学资料选辑》，第25页。

㉕ 齐克果数次强调对生存个体来讲两条不同的反思真理的道路是不可兼得的，生存个体必须进行非此即彼的选择。齐克果给出的理由大致如下：(1)生存个体不可能借助于中介而同时走在两条不同的道路上。因为中介处于永恒的领域，而生存个体被局限于生存之中，生存事实阻止生存个体通过中介而进入主客统一。(2)纵使借助于中介生存个体能够同时进入两条不同的道路，主客统一的结果也只能是得到上述真理是/存在或真理是一种重复的结论，这同样不是生存个体能够据以"生存于其中"的具体的真理。(3)不同反思的道路其方向正反相对：客观反思的道路要求主观性的消隐，而主观反思的道路要求客观性的消隐，因此二者之间是不相容的。

㉖ 从这一角度来探讨的真理，首先涉及到生存个体是否真诚地去活以及活着的问题。因此，这也就是一个关于生命及生命行为的真实性(authenticity)问题，也就是后来海德格尔所讲的本真问题。相关作者对真实性问题的探讨也为我们理解齐克果在这里所讲的真理问题提供了更为清晰的视角，参见 Jacob Golomb, *In Search of Authenticity: From Kierkegaard to Camus* (Taylor & Francis e-Library, 2005); Sylvia Walsh, *Kierkegaard: Thinking Christianly in an Existential Mode* (Oxford University Press, 2009)。

是为了要生存于其中。这样的真理是生存个体所占有并独属于他的真理,也是生存个体可以为之生、为之死的真理。为了要获得这样的真理,生存个体自身就要发动起全身心的力量或无限的激情去投入到真理之中,他愿意为真理付出一切代价,他将真理的要求贯穿到自己的生存之中,改变自己的行为,进而塑造自己的生存。换句话说,通过自己的生存行为,生存个体证明了他所拥抱的真理。当生存个体以如此密切的方式与真理结合在一起的时候,这样的真理也就获得了齐克果所强调的本质的真理的含义。我们看到,齐克果的上述两个论断包含着由弱至强两个层面的含义:首先,比之与生存完全无关的客观真理,与生存有着本质关系的主观真理更真。后者之所以更真,正是由于它与个体的生存有着本质的关系;其次,即使客观真理的对象被证明为是真的,与此同时,主观真理的对象不能被确定为真,但前者与生存无关,而后者与生存有着本质的关系,只要这种本质的关系是真的,即生存个体确实以无限的激情投入于对象之中并依据对象的要求来形塑自己,那么后者依然比前者更真。后者之所以更真,是因为在后者之中,生存个体事实上已经以自己的生存行为证明了他所拥抱的真理,而前者虽然也被证明为真,但这个被证明为真的真理却并没有、也不可能对个体的生存产生多少影响。

在确定面对真理的主观反思的道路"持有更多的真理"的基础上,齐克果对主观反思的道路究竟意味着什么展开了进一步的讨论。"客观的重点是说了'什么'(what),主观的重点是它是'如何'(how)被说的。"[27]从客观上,关注所关注的仅仅是思想内容,从主观上,关注所关注的则是内在性。"这种内在的'如何'达到极端就是对无限的激情,而对无限的激情就是真理。但对无限的激情恰恰就是主观性,因此,主观性就成了真理。"[28]主观性是真理,[29]那真理概念的确定应该包含有一种对

---

[27] 熊伟主编:《存在主义哲学资料选辑》,第26页。

[28] 同上,第27页。

[29] 有学者认为,主观性是真理表达了真理相应于生存的变动而在不断变化的性质,这就同样涉及到关于生命及生命行为的真实性、忠诚、正直等问题,这为我们理解齐克果的主观真理观提供了一个比较好的视角。参见 Clare Carlisle, *Kierkegaard: A Guide for the perplexed* (Continuum International Publishing Group, 2006), pp. 69 – 75。

客观性反题的表达,用来表明在对真理的探寻中所出现的从客观反思到主观反思的转变,这个表达同时还可以用来作为对主观反思中内在性张力的一个指示。按照这些要求,齐克果给出了一个他对于真理的定义:"最富激情的内在性所紧紧占有的客观不确定性就是真理,是一个生存个体所能达到的最高的真理。"[30]这个对真理的定义意味着,在内在性的激情中,客观知识被悬置起来了,这即是说,在追寻真理的道路上,主体通过意志的决断主动放弃了对真理的客观考察,因为他知道他永远也没有办法通过客观的考察获得真理。这就是说,通过意志的决断,在这里发生了一个对客观考察的断裂或突破,主体转而以内在的无限激情投入于与真理的关系之中。因此,从客观上来看,主体只有不确定性,而这种客观的不确定性恰恰强化了构成他内在性的无限激情的张力。在给出关于真理的定义之后,齐克果进一步指出:首先,这个真理的定义对应于信仰,或者说是对信仰的一种改写,因为"没有冒险,就没有信仰";[31]其次,苏格拉底的智慧和无知正是对这个真理定义的古代表达,也可以说,这个定义包含了苏格拉底无知的智慧。而苏格拉底"真理就是回忆"的说法则包含着两个方面的含义:(1)生存之人本质上并不是败坏的;(2)在暂时性中的生存并没有决定性的重要性,因为通过回忆能够将自己带回永恒的可能性永远是存在的,尽管由于生存中内在性的强化填充了时间而使得这种可能性被不断取消。

三、主观性是非真理

主观性即真理是通过对内在性的强调得来的,在此基础上,齐克果进一步给出了比主观性是真理更为内在的一种说法"主观性是非真理"。当然这里所讲的"主观性是非真理"与思辨哲学所讲的"主观性是非真理"完全不同。思辨哲学认为客观性才是真理,因而拒绝主观性,并将主观性看作非真理,而在这里"主观性是非真理"是向着内在性更

---

[30] S. Kierkegaard, *Concluding Unscientific Postscript to Philosophical Fragments*, p. 199.

[31] Ibid. , p. 204.

为强化的方向得来的。在苏格拉底看来,这意味着,首先,如果拒绝认为“主观性是真理”而想要客观性,则主观性就是非真理;其次,在通过变成主观性而想要达到真理的时候,主观性陷入了非真理的困境。“但是生存已经第二次强调了生存之人,在他身上已经发生了一个本质的变化,这使得他再也不可能通过苏格拉底式的回忆返回到永恒之中了。”[32]

齐克果将个体的非真理状态定义为罪,并且认为一个人是通过“生成”成为了罪人。参照苏格拉底“真理就是回忆”所包含的两个方面的含义,生存个体的内在性被强化到了极点:由于通过“生成”生存个体成了罪人,那一扇通过苏格拉底式的回忆重新返回到永恒之中的大门对他而言是永远关闭了。不仅如此,在苏格拉底式的回忆中,也就是上述主观性是真理之中,真理对生存个体来讲表现为悖论。但是在基督教中,永恒真理自身就是一个绝对的悖论,即永恒进入了时间,这就是荒谬。面对荒谬,生存个体或者被冒犯或者去信仰。正是荒谬使得生存个体的内在性再一次被强化到了极点。我们看到,通过强调“主观性是非真理”,齐克果将我们带到了基督教启示真理观的面前。基督教教导我们,由于始祖犯罪,每一个后来人都是罪人。为了替我们赎罪,耶稣基督道成肉身来到我们中间,并替我们死去。因此,只有借着信靠基督,我们才能重新与上帝修好,当然,我们也才能够获得由上帝所提供的永恒幸福,获享永恒。

四、对齐克果真理观的评价

我们分别从齐克果真理观所可能存在的问题,以及齐克果真理观的思想史意义两方面来对齐克果的真理观展开评价。

首先,我们对上述齐克果关于主观真理的两个论断所可能引发的问题进行讨论。主观反思真理的道路强调主体的参与,要求主体处于与对象的一种真正的关系之中,要求主体以一种无限的激情去拥抱对象。只

---

[32] Ibid. ,pp. 207 - 208.

要这是一种真正的关系,只要主体真正地以无限的激情去投入其中,那么主体就被看作是在真理之中。这样一来,真理就存在于这种对真的关系和关系中的激情的单独强调中,而对象则相应地处于边缘位置。不仅如此,在齐克果的论述中,如果关系是真正的关系,甚至允许非真的对象;而只要以无限的激情去祈求,祈求对象甚至可以包括偶像。正是在这里,人们发现了相对主义、狂热主义甚至是恐怖主义的因素。

研究齐克果的学者一般都要对之进行辩护,总体来看,这些辩护大致是从以下几个方面来进行的:首先,齐克果在这里只是为了要强调,比之客观反思漠不关心地面对真理,主观反思中主体以无限激情投入真理更真。也就是说,齐克果这么讲的目的,是为了强调面对真理时主体投入的重要性。其次,齐克果这么讲也是出于对基督教界的揭露和挑衅。基督教界是齐克果在《附言》之后直至逝世所着力批判的对象。在基督教界,每一个人都是天生的基督徒。他们并不为真正的信仰去做什么,他们甚至也不去理解真正的信仰到底意味着什么,但因为他们天生就是基督徒,他们就自然而然地认为,比之异教徒来讲,他们都是被上帝祝福的,他们是上帝的儿女。但齐克果在这里针锋相对地指出,虽然偶像崇拜者信仰的对象并不是真的上帝,但只要他们是在虔诚地信仰,哪怕他们信仰的对象是偶像,他们就是真正信仰上帝的人,是真正为上帝所祝福的人。再次,在寓言式论断中,虽然虔诚地崇拜偶像比之虚假地崇拜真的上帝的人更接近上帝,但偶像崇拜的事实并没有被改变。齐克果其实一贯地反对偶像崇拜,例如在《致死的疾病》中,齐克果就不无惋惜地讲到,“他不认识真正的上帝,而且更糟的是,他把偶像当作上帝来崇拜。”㉝最后,在“主观性是非真理”的论述部分,即对基督教真理和信仰进行论述的部分,信仰的(客观)对象有明确且唯一的所指,即荒谬。这大概就是齐克果被时常引用的一则日记中所提到的问题,“值得注意的是,如何(how)的特征就在于当如何被严谨地实施时,什么(what)也同样被给予了,而这正是信仰得如何。正是在这里,当达到最大化的时

㉝ 齐克果:《致死的疾病》,张祥龙、王建军译,北京:商务印书馆,2012年,第10页。

候,内在性也就表现为客观性。”[34]这一则日记被学者们时常引用来说明齐克果并非完全不关注客观性。另外在对阿德勒的分析中,齐克果也指出,“源自某种更高者的宗教感动并不能使一个人成为基督徒;也并不是每一种宗教情感的流露都是基督教的流露。换言之,基督教的情感是被概念的定义所控制着的。”[35]

尽管学者们对齐克果的论断所可能引发的问题进行了各种辩护,但这种辩护并不能完全消除掉问题,换句话说,作为补充解释性质的辩护只能对一部分人而非对所有人起作用。在笔者看来,就齐克果的论断本身,确实存在着支持恐怖主义的盲点。事实上,齐克果在《恐惧与战栗》中对亚伯拉罕弑子献祭的分析同样也使他背上了鼓吹宗教恐怖主义的恶名。或许,正是由于存在这一盲点,许多西方学者在谈到齐克果的主观真理观时往往不得不使用 notorious 和 infamous 这样的修饰词。

此外,齐克果的主观真理观虽然存在可进一步商榷的问题,但瑕不掩瑜,比起可能存在的问题来,齐克果真理观的思想史意义更值得我们关注。

齐克果真理观的意义,首先在于它为生存个体指出了如何正确地进入基督教信仰的道路,这就是主观反思的道路。在生存的视野之下,齐克果能够准确地指出近代以来试图经由理性的考察而进入基督教信仰所陷入的困境;在此基础上,齐克果进一步指出只有通过主观反思的方式,生存个体才能正确地进入与基督教上帝的关系。在主观反思的方式中,生存个体以内在性的无限激情投入到与真理的关系之中;当面对基督教上帝的时候,生存个体以最高的激情,即信仰,去拥抱基督教的上帝。在此过程中,信仰者将自身交付于基督教真理,并被基督教真理所形塑。与此同时,通过自身的生存行为,信仰者事实上证明了他所信仰的基督教真理。

除此之外,齐克果的真理观,尤其是本质真理、主观真理的提出,是

---

[34] *Kierkegaard's Journals and Papers*, vol. IV, entry 4550. 转引自 C. Stephen Evans, *Kierkegaard: An Introduction* (Cambridge University Press, 2009), p. 63。

[35] S. Kierkegaard, *The Kook on Adler*, ed. and trans. with introduction and notes by Howard V. Hong and Edna H. Hong (Princeton University Press, 1998), p. 113.

对传统的客观真理观的突破、扭转和校正。近代西方哲学的主要旨趣是在认识论方面，对真理问题的讨论也是在认识论框架下进行的，从客观上来探讨真理被认为是唯一正确的道路。齐克果提出必须在生存的视野下来重新审视真理，并将与生存无关的客观真理降格为一种漠然的真理，而把与人的生存有着本质关系的主观真理看作是本质的真理。主观真理要求生存个体必须通过自己的生存意愿去占有真理并为所占有的真理形塑。因此，齐克果的真理观使得真理的含义得到极大的扩展，也可以说，齐克果为我们指出了看待并走向真理的新路径。我们看到，正是沿着这个新路径，雅斯贝尔斯指出真理是多重的，并且尤其强调关于生存的真理，海德格尔提出“真理乃是此在的展开状态”，伽达默尔承认个人视域是真理的基础。[36]

---

[36] 威廉·詹姆斯在其《实用主义》中引用了齐克果的一句话，“我们生活是向前看，但是我们了解是向后看”，这大概也可以部分地解释为什么实用主义的真理观与齐克果所强调的主观性真理、本质真理之间存在着很多的相似性。

约翰·保罗二世身体神学之基督论初探

谢伊霖

【内容提要】 本文以引论形式简介大陆学界和教界对教皇约翰·保罗二世的学术研究现状,对教皇生平及其著作进行一个概览式的呈现。在概述教皇的“身体神学”时,笔者主要从圣经神学角度来梳理教皇“身体神学”中的基督论色彩。最后,笔者透过对《马可福音》14:3-9的经文诠释,同样以圣经神学来例证和呼应教皇“身体神学”中的基督论意义。

【关键词】 约翰·保罗二世 身体神学 基督论

在基督宗教界,教皇约翰·保罗二世的影响可谓极其深远。单就封圣事工而言,他远比在他之前两个世纪内的所有前任教皇所作的还要多,[①]在任职教皇超过26年的时间(1978-2005年)里,约翰·保罗二世

---

① James Ramon Felak, "Pope John Paul II, the Saint, and Communist Poland: The Papal Pilgrimages of 1979 and 1983," *Catholic Historical Review*, 2014, vol. 100(3),555. 这位教皇在位期间总共册封了482位圣徒,宣布1341位个人升入真福品位,这其中就包括了很多在过去数百年间因反对天主教暴力而牺牲的人,例如在西班牙内战中牺牲的上百名殉道者,在二战中死去的108位波兰人,现代历史上来自于英格兰、苏格兰和威尔士的85位殉道者。在被封圣的个人中,国际化风格更为明显,其中有103位韩国殉道士,95位越南人,几十位中国人和12位日本人。另外,他也在泰国、埃塞俄比亚和乌干达进行宣福礼。他在中东欧的很多国家(如波兰、立陶宛、捷克、匈牙利和克罗地亚)给一批新的圣徒封圣,他还宣布在20世纪死于暴力中的27位乌克兰信徒和11位白俄罗斯信徒已升入真福品位。透过他而进行的封圣和宣福事工也临到黎巴嫩、苏丹、利、巴布亚新几内亚和美国等国家。

给后世留下了巨大的精神遗产。在著述方面,教皇通谕、使徒式劝诫、教牧书信、讲道、演讲、书信和别的出版物就有7万多页。他的教导有着广泛的主题,并且涵盖面极大,包括上主的自我启示、教会的成圣生活、天主教与其他基督宗教教派的关系、跟其他宗教的对话、对社会道德和性道德的质疑以及基督徒属灵生命的基本要素为何等等。[②] 随着今天人们对同性恋、家庭、婚姻等社会议题的高度关注和巨大争议的出现,约翰·保罗二世的"身体神学"再一次在西方基督宗教世界受到极大的关注和重视,教皇的传记作家乔治·维格(George Weigel)形容"身体神学""就像一枚神学上的定时炸弹,它必会在教会的第三个千禧年爆炸而产生出巨大的效应"。[③] 另外,天主教会就直接以教皇约翰·保罗二世的名字命名办学,在学术和宗教实践生活中推崇教皇的神学理念。[④]

那么,我们不禁也要询问,在今日的大陆教界和学界,人们对约翰·保罗二世的认识到底有多少?主要侧重在什么方面?面对当代这样一位举足轻重的宗教界人士,其实我们对其了解和认识并不多,不可谓不是疏忽。[⑤]

---

② Michael A. Hayes & Gerald O'Collins, S. J., ed., *The Legacy of John Paul II* (Burns & Oates: A Continuum Imprint, 2008), p. 1.

③ George Weigel, *Witness to Hope: The Biography of Pope John Paul II* (New York: Harper Collins, 1999), p. 343.

④ 有兴趣者可以参考 www. johnpaulii. edu/;另参 http://thetheologyofthebody. com/。

⑤ 复旦大学张庆熊教授有在《复旦学报(社会科学版)》1996年第3期撰文《寻求各文化间的对话——评教皇约翰·保罗二世的新著〈跨越希望的门槛〉》解读教皇约翰·保罗二世的这部新作。张庆熊教授重在根据该书解读教皇对自己是否是基督的代理人、教皇论祈祷以及教皇如何看待宗教之间的对话进行回应。在2011年,暨南大学杨凯的博士学位论文《教宗约翰·保罗二世对世界政治事务的积极介入及其原因》认为,教皇个人的人生与政治理念、教会的核心利益与教皇的岗位职责诠释了约翰·保罗二世要积极介入世界政治事务。在2013年,中央民族大学哲学与宗教学院王婧的硕士学位论文《变与不变中的平衡:1945年后波兰政教关系研究》特别提及教皇约翰·保罗二世分别在1983年和1987年回访波兰时鼓励波兰教会争取人权和采取政治多元化斗争路线,以及教皇任命主教的策略性远见。另外,吉林师范大学马克思主义学院的周兰兰博士有两篇专文分别介绍和研究教皇约翰·保罗二世,一篇是介绍教皇生平即《回顾前教皇若望·保禄二世的一生》(《中国天主教》2010年第6期),这是一篇对约翰·保罗二世进行详尽介绍的作品。但遗憾 (转下页)

一、约翰·保罗二世传记、生平及其著作概览

如若我们要全面地认识教皇约翰·保罗二世,有几本书是我们必须要参考的。撰写教皇传记的作家不少,克雷格(Mary Craig)所著的教皇传记出版年份较早,它主要是描述作为乡村之子的教皇在属灵上的人格魅力以及教皇是如何获得了人们爱戴的,该书最大特点是活现了教皇童年的生活,展现了教皇的成长道路,对青年求学时期多有着墨。[6] 另外,比较著名的要算"御用作家"乔治·韦格尔(George Weigel)所著的*Witness to Hope*:*The Biography of Pope John Paul II*一书了,[7]该书主要讲述了作为哲学家和宗教领袖的教皇在世界政治领域(例如东欧、中东、拉美)所发挥的影响,同时,作为一个普通人的教皇,在展望一个新的千禧年国度时,又情不自禁地流露出对人性的担忧和盼望,这些都在该书里面得到了体现。如果你想倾听一只来自于乡村的"麻雀"是如何振翅冲向蓝天成为"凤凰"而影响世界的话,此书绝对是一本知识和灵性上的励志书。在2011年,韦格尔又推出了一本有关教皇生平事迹的新书,作者绞尽脑汁查找到了苏联时期的一些文献材料,再现了上个世纪80年

(接上页)的是笔者从该文找不到任何的参考文献;另外一篇是《"照顾最小兄弟":教皇若望·保禄二世对弱势群体尊严的关注》(《中国天主教》2015年第4期),该文重在从教皇通谕以及教廷文告角度来看待和审视"人性尊严",笔墨重在呈现教皇对弱势群体的同情和对爱德的弘扬,从社会伦理角度看,周博士的该篇文章可谓把握住了教皇关心社会伦理的精髓。此外,王玉鹏博士于《中国天主教》2014年第6期上刊发了《沃依提瓦的身体神学》一文,该文可谓大陆学界目前最早介绍教皇"身体神学"的文章,它贵在点出了"身体神学"的配偶性意义、生育性意义以及身体的圣事性,但遗憾的是该文的参考文献不多,只是立足于一本中译的参考文献,而"身体神学"在教会实践伦理上的意义则阙如。另外,上个世纪80年代,还有一些文章论及教皇,但是出于老旧意识形态原因,这些文章在公允性、客观性以及学术的诚实性方面还有待商榷,因此略去不予以举隅。

⑥ Mary Craig, *A Portrait of Pope John Paul II*: *Man from A Far Country* (London: Hodder and Stroughton, 1982), p. 1.

⑦ George Weigel, *Witness to Hope*: *The Biography of Pope John Paul II* (New York: Harper Collins, 1999).

代交织在东欧、苏联与教皇之间的时代风云,也讲述了教皇晚年如何与病痛进行斗争、教皇对世界呈现出的新的无序状态不无担忧以及在教廷内部开展反腐的故事。[8] 2015 年,在经历了一场迈向教皇故乡克拉科夫的朝圣之旅后,韦格尔又推出了一本有关记叙教皇孩提和青年时代的书,这本新书以大量图片和文字记叙了教皇的成长,也描述了教皇对世界的影响。[9]

约翰·保罗二世原名嘉禄·华迪卡(Karol Wojtyla),华迪卡 1920 年出生于波兰的瓦多维采(Wadowice),瓦多维采坐落于克拉科夫以西 50 公里处的喀巴阡山脚下,而喀巴阡山脉就是当时波兰跟捷克斯洛伐克的边界。当时的瓦多维采是一个有着 9000 个居民的小镇,是一个名副其实的乡村之地,农民们用车拉着大麦、甜菜和土豆在当地的市场上出售,[10]生活风貌平凡而又宁静,具有典型的东欧乡村色彩。可以说,幼年的教皇就是一个典型的农家孩子,并无任何过人之处。华迪卡在家排行老三,也是最小的孩子。他母亲在 40 岁的时候生下了他,他有一个姐姐,可惜姐姐在婴孩时期就离世了,只有一个哥哥可以陪伴他。当华迪卡 9 岁时,母亲死于肾衰竭和先天性心脏病。其父亲从军队退下来之后,领取了一笔军官退休金,没有再娶,专心抚养两个孩子成人。[11]

华迪卡是在家乡瓦多维采上的中小学,在高中时期,他对表演和戏剧产生了浓厚的兴趣,这样的兴趣一直伴随他到了大学时期。华迪卡 12 岁时,年长他 14 岁的哥哥埃德蒙以医学博士的身份开始行医,但却不幸感染了猩红热而辞世,相继失去两位至亲,这给了华迪卡父子俩以

---

⑧ George Weigel, *The End and the Beginning: Pope John Paul II—The Victory of Freedom, the Last Years, the Legacy* (New York: Image Books, 2005).有兴趣者如果还想多了解教皇在上个世纪 80 年代风云变幻时期所作的事情,可以参考 Johnathan Kwitny, *Man of the Century: The Life and Times of Pope John Paul II* (New York: Henry Holt and Company Inc. 1997)。

⑨ George Weigel, *City of Saints: A Pilgrimage to John Paul II's Krak?* (New York: Crown Publishing Group, 2015).

⑩ Mary Craig, *A Portrait of Pope John Paul II: Man from A Far Country*, (London: Hodder and Stroughton, 1982),p. 11.

⑪ Ibid., 12 - 13.

莫大的打击。[12]

高中毕业之后,华迪卡开始就读于波兰克拉科夫著名的加格罗林大学,父亲也随之搬去那里,此事发生在1938年。众所周知,在1939年9月1日,希特勒派兵入侵波兰,整个国家置于德国的统治之下,而加格罗林大学也随之关闭,许多教授被驱逐到集中营,大多数人都惨死在那里。由于希特勒想殖民化波兰的文化,由此在波兰激发出了一场文化上的抵抗运动,年轻的华迪卡也加入了反抗的行列。于是,一些秘密小组开始聚集在一些小屋里面,诵读和表演波兰经典的文学著作,华迪卡在那时就开始为这些秘密集会撰写剧本,这样的行动通常会引发危险的后果,一旦被密探发现,参与者就可能会被遣送到集中营而被处死。华迪卡幸存了下来,他在当地一个化工厂做体力活,这样的工作场合给了他宝贵的掩饰身份的机会。[13]

华迪卡成长于一个传统的天主教家庭,父亲虔诚的祈祷给了他极深的影响,使得他对信仰的委身极为热忱。二战时期,由于德军将许多神父都遣送到了集中营,很多教区几乎没有神职人员可以关顾到信徒的属灵需要,于是有人呼召平信徒站出来履行这项职责。在华迪卡所在的教区,有一位职业裁缝,他的身份有点类似于神学家的角色,同时他也是一位信仰上的神秘主义者,裁缝为年轻人开设了信仰小组来讨论所有跟神学和护教有关的议题,同时也组织这些年轻人成立了"永活的玫瑰经"(living rosary)小组来祈祷和灵修。所有这些经历给了华迪卡以莫大的影响,于是在1942年,他决定为神职而学习。克拉科夫的大主教,即红衣主教萨佩哈(Sapieha)意识到了培养新一代神父来取代那些被遣送到集中营而受死的神父的重要性,由此他开办了一所地下神学院,从而使得华迪卡在经过数日繁重的体力劳动之后,终于有了机会来研读哲学和神学。在德军占领后期,随着苏军挺进波兰,德军开始围捕和枪杀神学生,大主教于是将所有神学生迁进自己的住处,以使他们免遭厄运,而华迪卡自己也随时得闪躲德军的巡逻。德军被驱逐出境后,苏军开始接管

---

⑫ Peter Simpson, *On Karol Wojtyla* (Wadsworth: Thomson Learning, 2001), p. 1.

⑬ Ibid., 2.

波兰,气氛稍微宽松一些。在1946年,萨佩哈授予华迪卡神职,并立即派他去罗马研读神学博士学位。就读博士期间,华迪卡的学位论文以研究十架约翰的神秘主义为主题,在1948年,他以对十架约翰的研究而获得博士学位。然后,他在法国呆了一段时间,专门研究天主教工人运动,随后他返回克拉科夫开始履行牧养信徒的圣职。⑭

华迪卡在牧养和属灵辅导方面颇有天分,尤其是对年轻人,他十分享受跟他们在一起的时光。1951年,红衣主教萨佩哈辞世,他的继任者大主教巴济亚克(Baziak)认为华迪卡应该在学术方面有所精进,于是他派华迪卡去加格罗林攻读第二个博士学位,这个学位是为大学教师资格而设立的。华迪卡第二篇博士论文是论马克斯·舍勒的道德哲学,1954年他完成了自己的博士论文,并且准备在加格罗林大学的神学系担任自己的教职,可是共产主义者在此时关闭了神学系。但是,天无绝人之路,一位曾经阅读过他博士论文的伯乐,邀请他去卢布林(Lublin)大学教伦理学,在大主教巴济亚克的点头同意之下,他去了卢布林大学。在两年之内,他成功地担任了该校伦理学会的主席。在接下来的20多年,尽管有许多的教会职责要去履行,他仍然在伦理学这个教职上发挥了极大的影响作用。

在1958年,华迪卡担任巴济亚克大主教的助理主教一职。1962年,巴济亚克去世,由总教区的高级神职人员选举,华迪卡署理总教区的管理者,一直到继任者出现为止。正是在这一年,他以这样的身份参加了梵蒂冈第二次国际公会。在1963年岁末,教皇保罗六世提名华迪卡做克拉科夫的大主教,并在1964年3月授予华迪卡以圣职。1967年,教皇擢升他到红衣主教团、也就是教皇枢密院任职。在1978年,华迪卡当选教皇,约翰·保罗二世从而成为新的教皇的名号。⑮

当然,约翰·保罗二世也是一位高产作家,他的著作主要可以分为:

(1) 牧灵类。如果有学人要更好地认识教皇约翰·保罗二世,尤其

⑭ Mary Craig, *A Portrait of Pope John Paul II: Man from A Far Country*, pp.25 – 40. 另参 Peter Simpson, *On Karol Wojtyla*, pp.2 – 3.

⑮ Peter Simpson, *On Karol Wojtyla*, pp.5 – 6.

是想了解他在属灵方面的看法,可以阅读教皇的 *The Way to Christ: Spiritual Exercises*,这是教皇在任职枢机主教时期于退修会上的讲道,他论及人性的尊严,尤其是信徒在团契共融中培育人性的重要性。他也论及教化在培养内在灵性上的重要,他特别呼吁信徒要重视一个信仰上的现实,就是基督对人的现实和未来一直都在进行更新。如果还有学人想了解教皇自己是如何看待和反省自己的圣职和呼召的,*Gift and Mystery: On the Fiftieth Anniversaries of My Priestly Ordination* 则是必看的一本书。[16] 当然,教皇的著述颇丰,*Prayers and Devotions: 365 Daily Meditations*,[17] *Lessons for Living*,[18] *Crossing the Threshold of Hope*[19],*In My Own Words*[20] 都反映了教皇在牧职和人类社会共同体上的宗教负担和在信仰上的赤子情怀。

(2) 学术类。当选教皇之后,约翰·保罗二世一直笔耕不辍,他在学术方面的著作主要有:

Familiaries Consortio(1981)

Mulieris Dignitatem(1988)

Love and Responsibility(revised edition)(1993)

Letter to Families(1994)

Evangelium Vitae(1995)

The Theology of the Body: Human Love in the Divine Plan(1997)

不仅如此,在当选为教皇之前,他的著作就已经很多了,我们有必要梳理一下,以便我们全面、清晰地认识和了解教皇的思想。[21]

Faith according to St. John of the Cross(1948)

Evaluation of the Possibility of Constructing a Christian Ethics on the

---

⑯ Pope John Paul, *Gift and Mystery: On the Fiftieth Anniversaries of My Priestly Ordination* (New York: Image Books, 1999).

⑰ John Paul II: *Prayers and Devotions: 365 Daily Meditations* (New York: Penguin Books, 1984).

⑱ John Paul II, *Lessons for Living*, ed. Joseph Durepos (Chicago: Loyola Press, 2004).

⑲ John Paul II: *Crossing the Threshold of Hope* (New York: Alfred A. Knopf, 1994).

⑳ John Paul II: *In My Own Words* (New York: Random House, 1998).

㉑ John Paul II, *Man and Women He Created Them: A Theology of the Body*, trans. intro. and Index by Michael Waldstein (Boston: Pauline Books & Media, 2006), p. 77.

Assumptions of Max Scheler's System of Philosophy(1953)

Lublin Lectures(1954 - 1957)

Love and Responsibility(1957 - 1959)

The Acting Person(1969)

Sources of Renewal: *The Implementation of the Second Vatican Council*(1972)

Sign of Contradiction(1976)

二、约翰·保罗二世"身体神学"中的基督论色彩

在当选为教皇之前,嘉禄·华迪卡就认为爱是一种美,在 *Man and Women He Created Them*: *A Theology of the Body* 一书中,他对身体做过专门阐述,不过最初他拟定的标题却是 *Male and Female He Created Them*,后来又以另外的题目,即 *Human Love in the Divine*,来取代先前的标题。上帝为人之爱所设计的是神圣的爱,他认为这就是身体神学在耶稣教导的根基上极力要展示的那种真实。[22]

"身体神学"的出台,是约翰·保罗二世在就任教皇的第一个五年、即 1979 到 1984 年间于每周公开接见信众而展开的演讲。[23] 目前研究教皇的"身体神学"的专家主要有克里斯多夫·韦斯特(Christopher West)以及玛利·希妮(Mary Healy),有兴趣的学者可以参考他们二者有关身体神学的导论著作和评论。[24]

---

[22] Christoph Cardinal Schonborn, "forword," in John Paul II, *Man and Women He Created Them*: *A Theology of the Body*, p. xxiii.

[23] John Paul II, *The Theology of the Body*: *Human Love in the Divine Plan* (Boston: Pauline Books & Media, 1997).

[24] Christopher West, *Theology of the Body Eplained*: *A Commentary on John Paul II "Gospel of the Body"* (Boston: Pauline Books and Media, 2003). 见氏著:*Theology of the Body for Beginners* (Wynnwood: Ascension, 2004)。亦参 Mary Healy, *Men and Women are from Eden*: *A Study Guide to John Paul II's Theology of the Body* (Cincinnati: Servant Books, 2005)。中译本为玛利·希妮:《来自伊甸园的男人和女人:教皇若望·保禄二世身体神学导读》,陈满鸿译,香港:公教婚姻辅导会,2011 年。

我们在论述身体神学之前,必须先要问,为什么教皇约翰·保罗二世要如此看重并提出身体神学的理念?教皇的问题意识是什么?韦斯特认为,透过对肉身之人的神秘性阐释以及对夫妇之爱的圣经性类比,约翰·保罗二世的教理式问答是以一种无与伦比的超自然之光,将上帝赐予人的生命计划从起初到终末予以光照出来。由此,身体神学不仅仅是对当前人类社会所掀起的性革命作出回应,也是在对启蒙作出回应,他是以此对唯理论、笛卡尔二元论、超级唯灵论以及所有脱离人肉身而影响当代世界的人类学做出神学上的回应。[25]

教皇约翰·保罗二世上任伊始,各地的主教们按照惯例聚集到罗马来开会,当时会议的主题是"基督徒家庭的角色",教皇呼吁大家要将焦点放在人和基督徒生活的议题之上。在此背景下,教皇约翰·保罗二世对信众的第一次谈话于 1979 年 9 月 5 日开始,他将婚姻和家庭这个议题的根基放在圣经所讲的"起初"上。[26] 因为信仰角色使然,教皇约翰·保罗二世可谓三句话不离圣经,他以《马太福音》19:3－9 中法利赛人对耶稣的试探作为理论的起点,一开始就带有强烈的基督论烙印。圣经谈到法利赛人试探耶稣,人无论什么缘故都可以休妻吗?耶稣的回答是,"那起初造人的是造男造女……夫妻不再是两个人,乃是一体的了……摩西……许你们休妻……但起初并不是这样。"教皇提醒世人,耶稣接连用了两个"在起初"(ἀπ ̓ἀρχῆς, from the beginning),就是要申明婚姻的合一和不可拆散之主题。在起初上帝对人的创造一事上,教皇约翰·保罗二世强调圣经有两次造人的叙述,第一次对人的创造是按照上帝的形象造人,主要是从神学上强调人跟上帝的关系,同时也是在确认绝不可能将人减化为仅仅是尘世的东西(affirms the absolute impossibility of reducing man to the world),更是在强调人的形而上特性而非物质性,[27]这也就是在强调,人因为有上帝的形象,所以赋有从上帝而来的一种与生

---

[25] Christopher West, "preface," in John Paul II, *Man and Women He Created Them: A Theology of the Body*, p. xxvii.

[26] John Paul II, *The Theology of the Body: Human Love in the Divine Plan*, p. 25.

[27] Ibid., pp. 28－29.

俱来的神圣价值、高贵和尊严。紧接着教皇谈到第二次创造,他认为,如果说第一次创造是按照上帝的形象,涉及的是人的客观真实,那么第二次创造则对应的是人的主体性和自我认知,[28]基督以婚姻的神圣性来直接回应法利赛人,目的就是在强调婚姻的合一和不可拆散性。约翰·保罗二世接着阐述说,圣经称呼第一个人为אָדָם,但是,在造第一个女人的时候,却称呼那个人为אִישׁ,而女人是从男人身上取出来的,女人就被称呼为אִשָּׁה,在起初的这次创造中,人有着原初的无罪,人跟分别善恶果的知识树保持距离。若要正确理解人原初的无罪状态,则必须要留意约翰·保罗二世提醒我们需要注意的那三个词汇,即原初的孤单(original solitude)、原初的结合(original unity)和原初的赤裸(original nakedness)。

人在无罪状态中有着原初的孤单,上帝看一切是好的,但"那人独居不好",教皇认为"独居"是从人的实存角度而言的,而非从时间顺序而言。同时,人的主体性也在此得以强调,就是透过人给动物的命名来体现,即人意识到自己相较于其他受造物的超然性和独特性,透过自己与它们的不相似性,人的自我认知也开始发展出来,人的孤单也昭示着人的主体性的阙如,而主体性除了透过自我认知来建立之外,还需要"人要离开父母"来实现。教皇认为,上帝为最初的人所造的这个"帮助者"(עֵזֶר)其实也有"救助者"之义,这个词在旧约中也用在上帝身上,意为以爱来帮助人的生命实现圆满。男女虽然都分享上帝的形象(创 1:27),但是身体有差异,需要互补,圣经从来没有说人是完美的人,而这种互补是在爱中成全的,而爱就是身体的结合,"二人成为一体"(וְדָבַק),וְדָבַק的原型是דָּבַק,是"粘连"的意思,其实就是性的关系的委婉说法。当上帝造出夏娃之后,亚当就与夏娃形成了男与女原初的联合,即是透过性实现了在肉身上的结合,[29]身体的婚姻意义就此显现出来。身体的婚姻意义展示出上帝对人所发出的一个既普遍又特别的呼召,让人在婚姻中为对方交出身体,从而展现出爱的意义来,这就是身体在起初就具

---

[28] Ibid., p. 30.

[29] Ibid., p. 43.

备的由上帝所创造、所赐予、所配合并具有爱之交付和馈赠的神学意义。我们若从创造论的角度看起初,则显然看到上帝对人身体的神性主宰,因为"起初"二字所传递出的超时空意义,对现今处于启蒙之后倡导身体为我主宰的人来说,教皇的提醒温馨地传达出一种神学警示:任何想将个体的主体性建构从理论延伸到伦理实践,从基督信仰的神学角度来说,无异是痴人说梦。

那么,问题是人的主体性建构是怎样形成的呢?教皇认为,人来到这个世界上,在起初他之所以可以认识到自己,就是因为人将自己看作是有位格性的人(person),他是透过自己的身体来认识到自己的个体性的,[30]而正是透过以身体为媒介的爱的交付,人在婚姻中实现了对原初孤单的克服,人之位格性由此而在婚姻中在与上帝所馈赠的伴侣结合和彼此相爱中更显丰盈。在上帝创造的神秘中,二人赤裸而不害羞,是因为有着彼此交付而达致的合一,这种无阻隔的彼此对视诚如上帝对他们的"看",他们身体全然呈现,从而可以让对方看到自己的本质和内在,此时的男女双方没有对立和决裂,彼此也是上帝在创造中所交予对方的礼物,身体神学的礼物性特点也就在此一览无余,这可谓教皇约翰·保罗二世在神学上的创造性发现和贡献。我们从圣经得知,人原初的无罪状态,在人吃了善恶果之后就荡然无存了,人就陷入了堕落的境地。针对这两种情况,系统神学称无罪时的人具有完整的本性,有罪的人则为堕落的本性。希妮将教皇的身体神学思想进行了归纳,教皇将人性堕落之后的结果总结了出来,即罪人的内在撕裂。贪欲进入人的内心之后,人开始视身体为玩物,身体不再是礼物;人与上帝决裂之后,人自发地就会躲避上帝;人的关系决裂,夫妻失去信任;人与受造界决裂,人劳作受苦,万物伏在痛苦之下;接着就是必然的死亡。

教皇不但表明了身体原初的高贵性,揭示了身体被罪拖累的受苦性。但是,教皇并没有停留于此,他还要继续探寻身体在信仰上获得救赎的启示之途。在教皇看来,上帝的恩典却没有离开有罪的人,与受造和堕落相对应,人之身体救赎的希望在起初已经开始显现,那就

---

[30] Ibid., p. 113.

是当人在被逐离开伊甸园的时候,基督的救恩就已经预备好了。由此,强烈的基督论色彩就在教皇约翰·保罗二世的神学思想中体现了出来。[31]

教皇约翰·保罗二世接连以耶稣的登山宝训和保罗书信中论及基督对身体的教导来阐明身体得救的盼望,提醒人不要做色欲的奴隶,要警惕贪欲对婚姻的破坏,要在圣灵内活出基督的样式来。基督的登山宝训直刺人的心灵,而保罗的教导却是对基督登山宝训的忠实执行和回应。保罗透过《加拉太书》和《罗马书》论及身体作为肉体在世界所承受的张力让人苦不堪言,但人若依靠圣灵而来的节制,却可以让我们真正体会到《哥林多前书》所提及的"身体是圣灵的殿"的美善。教皇提醒人说,福音以一种从外而来的向度向人发出呼召,而基督的登山宝训则从人的内在向度对人心灵说话,[32]目的都是要让人从贪欲下解放出来,回应起初上帝赐予人身体的高贵。教皇一直都没有忘记呼吁人要转离罪,即使人在堕落的状态下,也都要回到圣经所讲的起初,而基督就是身体神学中盼望的焦点,教皇身体神学中的基督论特征也就再次得以凸显。此话怎讲?我们不妨还是回到约翰·保罗二世所论及的起初,看看上帝是如何对堕落之后的人的身体进行救赎的。

论及救赎的希望,约翰·保罗二世仍然首先建基于圣经的话语,他用《以弗所书》5:29-30的经文为例证,认为基督的救赎之爱已经蕴含了类似于夫妻之间配偶般的本性(a spousal nature),这就呼应了教皇之前讲到的在婚姻中建构主体性的问题,即起初伊甸园中男女的身体结合。教皇认为,保罗所讲的夫妻之间的联合真理,既呈现出了基督跟教会联合的神秘,又跟《创世记》2:24的经文有着内在脉络上的一致性。[33]对于起初发生在伊甸园的婚约,有罪之人纵然不可以领会和明白,但是保罗现在藉着《以弗所书》加以阐明,是基督以其身体为罪人死并跟教

---

[31] 玛利·希妮:《来自伊甸园的男人和女人:教皇若望·保禄二世身体神学导读》,第106-18页。

[32] John Paul II, *The Theology of the Body: Human Love in the Divine Plan*, p.167.

[33] Ibid., p.321.

会加以联合,视教会为自己的身体并设立了跟教会的婚约,将起初无罪状态下上帝所祝福的婚约活化了出来。身体神学所承载的转化和盼望,以明显的基督论色彩在此显明出来。教皇认为,上帝在创造之工中所设立的婚姻是一项最为古老的约,而保罗从信仰的角度将此约与最后确定性的约(即救恩之约)拉上了联系,基督在救恩之约中与教会成为夫妻性的关系,而基督履行这项圣约的行为就外化为一项圣礼,这项圣礼不但隐藏着极大的奥秘,它还吁请所有的信徒都要来参与这场盛大的婚礼。奥秘隐藏在上帝自身之内,从完全的认知角度而言,对人来讲它虽然是模糊不清的,但它仍坚持以奥秘来传扬,而圣礼以奥秘的启示以及人对信仰的接受为先决条件。[34] 接着,教皇认为,基督跟教会的关系承接了旧约的先知传统,上帝将以色列娶了过来,这是一种全然来自于上帝的恩赐,上帝不仅是创造者,也是救赎者,《以赛亚书》54:5表明了创造主作为以色列的圣者也是她的拯救者,而在《以弗所书》中拯救者就成为了父的“爱子”,在永恒里面所爱的那一位,从而人在上帝的爱子里蒙救赎,过犯得以赦免。教皇认为在《以弗所书》中先知文本的神学视角仍得以保存,并同时进一步得以深化和更新,《以赛亚书》的“万军之创造主”作为救赎主成为新的“以色列的圣者”。由此,在起初赐予人身体的创造主,在新的时空条件下以道成肉身的形式进入人群之中,也就是说创造主带着一种三位一体式的印记并以基督的位分临格,在一个宣告终末全然开始的时间点上,人之身体的救赎意义就此在基督身上显明。

针对约翰·保罗二世一再提及的在起初所发生的身体受罪污染的事件,笔者打算用圣经中跟起初有关联的两处经文来加以回应和例析。其中一处经文是《创世记》3:15的“女人的后裔要伤你的头;你要伤他的脚跟”,按照教会的预表解经传统来看,此处经文就是应许了将来基督对撒但的得胜,这位“后裔”就是耶稣基督,他要对撒但的头部进行致命一击,而代价和前提是基督受死于十字架,因此救赎的进行是先从身体开始的。以此角度看,身体神学当然离不开基督论,显

[34] Ibid., 325.

然教皇也是紧扣身体来演绎他的身体神学的。不仅如此,身体的救赎盼望在起初也是一样地预备着的,我们还可以看另外一处经文是如何在起初的时间点上就已经隐藏着一种婚姻联合的奥秘的,笔者认为它可以跟教皇的身体神学中的基督论形成一种神秘的契合。这段经文在《创世记》3：24 的经文“于是把他赶出去了”(וַיְגָרֶשׁ אֶת־הָאָדָם),此处的“赶”(גָּרַשׁ)其实跟《出埃及记》12：39 中上帝将以色列人从埃及带出来事件中的“他们被赶离(גֹרְשׁוּ)埃及,不能耽延”之 גָּרַשׁ 是同一个字。我们都知道以色列人被赶离埃及是一场蒙福之旅,而人类始祖被赶离伊甸园,并非字面意义上是单纯的惩罚,同样也是一种蒙福之旅,在文字表面看来是惩罚,其实文字背后隐藏着将来更大的拯救与回归。另外,在《民数记》30：9“寡妇或是被休的妇人所许的愿”中“或者被休的妇人”(וּגְרוּשָׁה),该词一样地来自于 גָּרַשׁ 这个词,如果我们对《何西阿书》不陌生的话,就会想起上帝跟以色列所立的婚约,始祖就成为了遥远的将来被休的以色列的表征,但是守约施慈爱的上帝却一直守约,并未最终离弃他的选民。但是,最后在终极意义上代替被休的妇人回归神圣盟约的,却是以基督的身体作为赎价的。笔者斗胆以为,以上所举的两处经文,都可以构成对教皇身体神学的一种拓展和呼应。

三、《马可福音》14：3－9 例析：身体神学中别样的基督论

教皇在引出基督论的中心论点之后,接着陈述教会就是基督的新娘,十字架完成了上帝与他的子民永恒的盟约,基督作为上帝以其身体的永恒献上,在永不反悔之中迎娶了教会——他的新娘。上帝的礼物就是基督的身体,是他所能给予人类最为极致的礼物。而教会只有以爱和感恩作为礼物去回报,就是以忠诚、贞洁和专一将自己献上,像妻子作为配偶去爱丈夫一样。丈夫与妻子的婚姻盟约就像起初一样地成为一体,而基督跟教会结合就是在履行一场救赎和崇拜的圣礼。

以下,笔者打算以《马可福音》14：3－9 的经文作为例证,从圣经神学角度探析基督将自己的身体献上所带给人类的启示意义,以此来回应教皇的身体神学。

> 耶稣在伯大尼长大麻风的西门家里坐席的时候,有一个女人,拿着一玉瓶至贵的真哪哒香膏来,打破玉瓶,把膏浇在耶稣的头上。有几个人心中很不喜悦,说:“何用这样枉费香膏呢?这香膏可以卖三十多两银子周济穷人。”他们就向那女人生气。耶稣说:“由她吧!为什么难为她呢?她在我身上作的是一件美事。因为常有穷人和你们同在,要向他们行善,随时都可以;只是你们不常有我。她所作的,是尽她所能的,她是为我安葬的事,把香膏预先浇在我身上。我实在告诉你们,普天之下,无论在什么地方传这福音,也要述说这女人所作的以为记念。”

伯大尼在橄榄山以东,距离耶路撒冷很近,按照习俗,逾越节前来的朝圣者可以住伯大尼村民家,对犹太人来说,接待客旅就是接待上帝的天使。长大麻风的西门接待耶稣,因为耶稣医治好了他,他的接待一是出于感恩,二是遵循犹太礼俗接待客旅以符合上帝的义。熟悉摩西律法的都知道,以色列人是上帝的选民,“得救”不是他们要忧心的,如何遵循摩西律法以符合上帝的称义标准,这才是他们一贯关心的宗教议题,所以,由当时敬虔犹太人的祷告“感谢主,我是犹太人,不是外邦人;感谢主,我是自由人,不是奴隶;感谢主,我是男人,不是女人”,就可以管窥他们的宗教追求。

逾越节为犹太人行义提供了宗教实践的契机,给圣殿奉献、怜悯孤儿寡妇等都需要钱,爱钱并不一定涉及贪婪和吝啬,而是行义的基础。门徒说“枉费”“周济”意正在此,其实门徒是在为妇人的慷慨之举而惋惜,并非表明他们自己贪钱,所以“很不喜悦”与“生气”是极其正常的宗教心理反应。这个女人不合时宜地闯进了男人们的世界,她跟长大麻风的西门一样,都是被社会排斥的罪人,罪人怎么可以讨上帝的欢心而达到称义的标准呢,那就是尽量去行善。西门以接待耶稣的方式来表达感恩,又在上帝面前行了善,在摩西律法看来他是“义”的。这个女人一样也想感恩,一样也想行善,所以,她打破玉瓶将香膏膏在耶稣头上。在犹太传统中,为贵客头抹膏油是当时的习俗,另外,君王、弥赛亚、祭司等人承接职位的时候也必须受膏。这个女人为耶稣抹膏油,在感恩之外,她还看耶稣是君王、祭司、弥赛亚,㉟但是,她也一样没有想到耶稣就是那位即将受死的弥赛亚。㊱

耶稣对门徒说那个女人做的是一件"美事"。"美事"的含义在当时犹太文化里其实指"施舍",人若怜悯孤儿寡妇并施舍东西给他们,就在无限趋近摩西律法的义。妇人原本身份无论是妓女也好,被污鬼所附也好,在律法看她都是不洁的人,肯定不入社会主流,怎么去行善而称义?但是,耶稣给她一个机会来成全她,耶稣把自己降格成孤儿、寡妇和乞丐一般的人,让她有机会将香膏施舍给他,来怜悯他,妇人就有机会去履行律法的要求,从而在上帝面前称义。

不过,最难理解的是第9节,为什么门徒"传这福音"时,"也要述说这个女人所做的,以为记念"?原来,香膏可用来招待贵客,也可用来亲吻死亡。在犹太文化中,当一个人要下葬时,尸体一定要涂抹香膏,目的是消毒和除臭。耶稣其实是借妇人献香膏这件事告诉门徒,他们到普天下"传这福音"的时候,一定要告诉所有人有关耶稣的死。耶稣受死于十字架,尸体被取下的时候,正是日落黄昏时分,按照犹太日历和摩西律法,犹太人的安息日马上就要到了。摩西律法规定安息日不可做工,膏尸体更是一个大逆不道的不洁和渎神行为,因此门徒只得草草收敛耶稣的尸体,根本就不可能按照习俗去膏尸体。安息日在周六傍晚结束,虽然那时可以做工了,但是转瞬天黑,没有足够的时间来完成那冗长、庄重而又必须履行的安葬仪式,所以那些女人只有在星期日早上跑去耶稣的坟墓,目的就是要重新膏耶稣的尸体。如果门徒事先知道耶稣会死,那他们至少是排队抢着去膏尸体,可是没有人愿意相信耶稣是受死的弥赛亚;妇人其实也不知道耶稣的死,是耶稣将她的行动额外地赋予他了膏

㉟ Santiago Guijarro and Ana Rodríguez, "The 'Messianic' Anointing of Jesus (Mark 14: 3 - 9)," *Biblical Theology Bulletin*, 2011, vol. 41(3), p. 137.

㊱《马可福音》14:1-2说,"过两天是逾越节,又是除酵节。祭司长和文士想法子怎么用诡计捉拿耶稣,杀他。只是说:'当节的日子不可,恐怕百姓生乱。'"已经为耶稣的受死埋下了伏笔。

尸的意义。耶稣要门徒传说那位女人所做的,其实是要大家传扬他的死。[37] 这样的一位弥赛亚并非得胜的以赛亚,而是受苦和受死的弥赛亚,[38]将身体预先降卑并让其亲吻死亡,将之作为礼物献给弱势的受苦之人的弥赛亚,基督的身体由此而具备了特别的神学内涵和意义。

四、小 结

约翰·保罗二世的身体神学,无论是针对时代体现在身体观念上的精神病灶,还是应对教义的新发展,可谓都是紧扣时代和教义的问题意识的,值得学界和教界仔细研读和委身探询。尤其是他的方法论,即如何运用现象学位格论的治学方法来阐述身体神学的要义,更是为神学与哲学的对话和相互促进起到了重要的推动作用。当然,拙文仅仅算是为大陆汉语学界做一次有关约翰·保罗二世身体神学的初步引荐,尤其是着眼于在其卷帙浩繁的思想中如何从圣经神学的角度理析出一点基督论的端倪和影子,因此只能说是尝试和起步,还有待将来向学界同仁和方家切磋和请教,由于笔者所从事的学位论文跟身体神学有极大的关系,因此期待大家一起努力,在身体神学的思想沃土上作进一步的耕耘。

身体就是礼物,是上帝赐予人在婚姻上的圣礼,这样的观念本身就是开拓性和革命性的,尤其是对于汉语神学界来说,我们诚如耶稣时代的希腊罗马社会一样,在今天一样会碰见放纵身体而引致纵欲主义、崇拜身体而引致享乐主义、鄙弃身体而引致苦修主义的问题,正如圣经所言“日光之下无新事”。另外,就历史上的汉语神学而言,由倪柝声的三元论所引致的神学分歧,我们至今都还没有很好地处理和解决,如果我们师法教皇约翰·保罗二世立足于圣经的治学之道,可能会给汉语学术界和神学界带来更多新的亮光和启发,我们理应感谢教皇并怀揣这样的期待。

---

[37] Ryan Patrick McLaughlin, “The Interruption of Patriarchal Calculation by the Unnamed Female Other in Mark 14: 3 – 9,” *Biblical Theology Bulletin*, vol. (45)2, p. 105.

[38] Santiago Guijarro and Ana Rodríguez, “The ‘Messianic’ Anointing of Jesus (Mark 14: 3 – 9),” p. 139.

弱小神学：瓦蒂莫与卡普托

朱彦明

【内容提要】 在后形而上学或后现代语境中，传统神学-形而上学元叙述遭到了挑战，瓦蒂莫和卡普托将弱小神学看成是这个传统的新出路。即是说，后现代神学必然思考一个“弱小的”上帝，上帝不是干涉世界的最高权力，而是引导世界向善的弱小力量。瓦蒂莫认为，基督福音书中的神性放弃和道成肉身，意味着上帝的自我放弃，将爱传递给了世界。卡普托也认为，耶稣被钉死在十字架上，意味着救世主像人一样脆弱。但是，耶稣的死后复活，还是意味着一个新的未来。所以，他们的弱小神学，最终都指向了一种没有形而上学基础的伦理学，伦理学不需要绝对规则和命令，而是需要相互尊重、团结和友爱，关心他者。在后现代视域中，瓦蒂莫和卡普托的弱小神学代表了思考犹太-基督教的一个新视角。但是，他们的弱小神学的选择，也冒着使宗教失掉具体信仰内容的风险。

【关键词】 瓦蒂莫　卡普托　宗教　神学　弱小神学

在当今后现代基督教神学语境中，瓦蒂莫(Gianni Vattimo, 1936－)和卡普托(John Caputo, 1940－)是两个典型的代表。此二人皆有意大利血统。瓦蒂莫一直是意大利土伦大学的哲学教授，而卡普托则是意大利裔的美国人、维兰纽瓦教会大学神学教授。他们都是从阅读尼采、海德格尔、伽达默尔和德里达等人的思想进入哲学和神学领域的。瓦蒂莫作为尼采的信徒,自称是一个虚无主义者。卡普托则把德里达的解构思想发扬光大,并用解构的方法来研究宗教和神学。尤其是,在一种弱小神学(weak theology)观念上,他们有着根本的一致性。2007 年,两人还合作了《上帝死了之后》(*After the Death of God*),专门讨论后形而上学的或后现代的宗教和神学的可能性。瓦蒂莫的弱小神学来源于他的典型的哲学,即弱小思维(weak thought)或弱小本体论(weak ontology)。他的弱小神学,当然是他的弱小思维的自然延伸。卡普托则直接将自己的后现代神学思想表述为弱小神学。这其中就有瓦蒂莫的影响。[①] 不过,不像瓦蒂莫,卡普托只是在神学领域表述上帝的"弱小"。他还在 2006 年写了《上帝之弱:一种事件神学》(*The Weakness of God: A Theology of the Event*)。本文首先阐明瓦蒂莫和卡普托的弱小神学产生的思想背景,然后探讨他们的弱小神学的基本内涵和主要特点,并在最后给出评价。

一、为什么神学要趋向"弱小"?

从概念上看,弱小神学是与强大神学(strong theology)相比较而言的。弱小神学的概念,是在后形而上学或后现代思想背景下提出来的。在这个语境中,传统神学-形而上学(作为形而上学的"第一哲学",也是神学)观念,被理解为"宏大叙事"或"元叙事"。此种形而上学的神学观念,就是强大神学的典型。之所以"强大",是因为它塑造了作为信仰基础的最高主宰的上帝概念。上帝被看成是最高的权力、权威、偶像或"绝对真理"。毫无疑问,权力上帝也是统治者用来强化自身统治的工具,或者权力合法化的工具。这同时也意味着一种思想暴力。

---

① 卡普托曾表示,他的弱小神学除了与瓦蒂莫的弱小思维相似外,他还在罗宾斯(Jeffrey Robbins)以及多明我会神学家恩格尔(Ulrich Engel)那里发现了这个表述。他认为,这不是一种智力上的怯懦,而是那种强大神学教条的弱化。强大神学教条,在现代性视域中与笛卡尔主义追求确定性的范式交织在一起。弱化,就是要放低姿态,因为真正意义上的上帝完全超越了我们的理解。卡普托希望重新发现这种弱小的、含混性的神学,可以抑制那种强大神学的暴力倾向。参见 John Caputo, Gianni Vattimo, *After the Death of God* (New York: Columbia University Press, 2007), pp. 73 – 74。

即是说，一旦某个对世界的理解被看成是神圣的、终极的，那么其他视角的解释，在价值上就是有限的或者没有价值了。可以说，弱小神学就是在批判强大神学的基础上产生的。它的意图，不是无神论，而是表明，在后形而上学或后现代的条件下，上帝仍然是可以思考的，或者神学仍然可以成立，但是这必然是非暴力的姿态，或“弱小”的形式。

随着传统神学-形而上学世界观的瓦解，不管是神学还是哲学，都需要为自身存在的合理性进行辩护。正如哈贝马斯所认为的，那种想要回到传统的做法，已经没有出路了。后形而上学的背景下，我们需要发掘传统神学和形而上学的语义潜能。这方面，当然也意味着神学的新的表述方式。

我们可以先看一下海德格尔的例子。在 1957 年的讲座中，海德格尔论及黑格尔的《逻辑学》。他指出，虽然黑格尔逻辑学是关于思维和存在关系的，但是黑格尔把思维看成是思考自身的绝对思维。思维是“自因”（causa sui）。这个自因，实际上也是西方哲学中的上帝名副其实的名称。上帝概念被思考为存在者整体存在的基础。人无法在这位上帝面前祈祷、唱歌、跳舞、献祭。所以，西方形而上学，既是关于存在的逻辑学即本体论，也是关于神的逻辑学即神学，即本体-神-逻辑学（onto-theo-logie）。它更简单的写法就是本体-神学（onto-theology）。不过，在海德格尔看来，上帝的神性，却在这种本体-神学中丧失了。“因此，那种必须背弃哲学的上帝、作为自因的上帝的失去神性的思想，也许更接近于神性的上帝。”[②]在海德格尔看来，西方形而上学，或者本体-神学，并没有思考神性的上帝。要思考这个神性的上帝，就需要思考传统神学或形而上学的“终结”。或者说，它需要一种不同于传统形而上学的表述方式。

作为后现代的思想代表，瓦蒂莫和卡普托都受到尼采的话“上帝死了”以及海德格尔思考的形而上学或本体-神学的“终结”的影响。他们都认为，传统宗教或神学的活的遗产，只有从一种后形而上学或后现代语境中来思考才是可能的。这当然要拒斥传统的神学-形而上学，拒绝

② 海德格尔：《海德格尔选集》，上海：上海三联书店，1996 年，第 841 页。

权力上帝,拒绝一切权威和偶像,拒绝强大神学,“拯救”信仰。传统神学塑造的是一个最高主宰的神,最高权威的上帝,上帝被思考为“最终价值”“第一原理”“绝对者”,这完全是为了控制和操纵人服务的。并且,上帝的权力位置一旦被人(现代主体)占有,就把理性工具化以服务于自身支配自然和统治全球的目的。由此可见,即使是“上帝死了”,这个权力位置仍然可能存在。正如尼采所说,上帝的“阴影”(shadow)继续存在着。瓦蒂莫认为,上帝被思考为我们关于世界的客观知识和价值的来源和基础。这意味着一种“绝对真理”,也意味着一种绝对权力。“要是某人想告诉我绝对真理,这是因为他想控制我,指挥我。”[③]卡普托像瓦蒂莫一样反对权力上帝。他说:“上帝死了,它指的是一种持续的、从未完结的对本体-神学的上帝的解构方案。这对我来说首先是最高权力的上帝。”[④]所以,对于瓦蒂莫和卡普托来说,需要消解那种将上帝思考为最高权力的神学-形而上学。只有如此,海德格尔所谓的神性的上帝,才有思考的空间。

但是,为了实现这一步,还需要与现代性“再商谈”。因为从某种程度上讲,现代性条件尤其是它的理性与宗教、知识与信仰的二元论,限制了我们对宗教和神学的思考。信仰在现代性背景下,被认为只是属于私人领域的问题。或者说,宗教在公共领域已经失去了自身的合理性。这种二元对立,只不过是用理性和知识来排斥宗教和信仰罢了。在这个背景下,宗教处于边缘的位置。

不仅如此,现代性还因其霸道的、“不受约束的”理性把自身神化了,这种理性主义,实际上也像过去的神性主义一样,代表了一种普遍性的、同一性的价值,理性的权威化、偶像化、神化,带来的往往不是精神自由,而是新的奴役和野蛮。比如,在海德格尔的理解中,现代技术-科学的逻辑,正是传统形而上学或本体-神学的逻辑:一切存在都被还原为可以操纵和控制的物。德里达则用“基督教-世俗化机器”来表明西方的这种逻各斯中心主义。从把上帝思考为“超验所指”,到今天西方的

③ John Caputo, Gianni Vattimo, *After the Death of God*, p. 43.

④ Ibid., p. 67.

“拉丁-全球化”，实际上是属于同一个思想逻辑：真理被思考为在场。由此可见，现代性塑造的霸道的理性主义，就处在上帝留下的权力位置上。即便是宣布“上帝死了”，这个权力位置依然留存，它被大写的人、理性、“良知”、技术-科学等重新占有。它的思想暴力，也使得我们思考神性的上帝没有空间。所以，在瓦蒂莫和卡普托看来，为了能够思考一种真正的神学，为思想打开空间，我们就需要排除这种形而上学元叙事，排除最高权力的上帝概念，我们需要思考弱小的上帝，弱小神学。

弱小神学，首先表明上帝仍然是可以思考的，但是这需要摆脱它的“强大的”神学-形而上学观念，趋向于弱小。弱小神学是非暴力的，是谦卑的，是宽容的。它代表了传统神学-形而上学在新的历史背景下的出路。历史上以上帝的名义发动的战争、宗教裁判所都打上了暴力的印记，今天以原教旨主义方式发动的恐怖袭击，也是想重新回到这种暴力上。甚至哲学上的普遍性主张、同一性思想，也都属于同一种逻辑。这些都是思想暴力。所以，要使神学远离暴力，就要去除它的形而上学元叙事和思想教条，打破它树立的权威和偶像。弱小神学，就是这种替代形式。通过对基督耶稣被钉死在十字架上以及道成肉身的思考，他们都看到救世主是像我们一样虚弱的人，神选择了人的形象，自我谦卑，将仁慈和爱传递给了世界。这些都说明了上帝不是一个最高权力的主宰、知识和信仰的基础，也不是什么权威和偶像。思考这个上帝，就是思考上帝的“弱小”，就是弱小神学。在这个方面，瓦蒂莫和卡普托不仅批判了传统神学-形而上学，而且也回应了今天在全世界发生的“宗教回归”“宗教复兴”。在某种程度上，他们是主张宗教的“回归”或“复兴”的，因为通过与现代性的“再商谈”，宗教就不能仅仅处在边缘的位置，它需要在公共领域发挥作用。只有宗教在公共领域中发挥作用，才反映了现代性叙事本身的自我反思，或者符合宽容的价值。

另一方面，不管是宗教的“回归”或“复兴”，还是现实存在的教会、教义学等，如果采取了原教旨主义的方式，仍然只是强大神学的形式。还有，如果不考虑对圣经的解释的历史，一味地要求回到教义“原文”（text），同样都不是趋向弱小的表现。在瓦蒂莫和卡普托的理解中，神学趋向弱小,一方面不是传统神学-形而上学的元叙事,另一方面也不是历史上的犹太教和基督教信仰的事实、教会机构、仪式实践等,而是属于某种激进的解释学。弱小神学,就是对这个传统和历史的激进解释。它不是为神学教条辩护,也不是为教会机构辩护,而是认为宗教中仍然存在着我们今天需要的文化价值。

在后形而上学或后现代背景下,瓦蒂莫和卡普托都思考的神学的新的可能性即弱小神学,认为我们今天需要重新发现宗教的可信性,并且超越启蒙时代(理性排斥宗教)来重新审视公共领域中的宗教需求。瓦蒂莫把海德格尔所谓的神性的上帝与康德所谓的"为信仰腾出位置"关联起来,认为只有在形而上学元叙事瓦解的基础上,宗教经验的复兴才是可能的。"今天,形而上学上帝的死去的哲学结果,与普遍的对哲学基础主义的不信任,使得宗教经验的复兴成为可能。"⑤卡普托将这种新的宗教经验理解为"事件神学"(theolgoy of the event)。这包括两个方面的含义:一方面就是拒斥最高权力的上帝概念,因为它阻碍了我们思考作为事件的宗教或神学。另一方面,解构恢复了上帝之名的不确定性、偶然性和神秘性。一旦上帝被思考为最终的统一性或基础,事件就不再生成,就会被一种权力结构所固化。由此,解构不是仅仅宣布"上帝死了",而是要把上帝之名理解为一种偶然形式,理解为一个历史的名字。"所以,我的事件神学承认,如果不完全是上帝之死的话,至少是上帝之名的必死性或者历史偶然性……就如同一个灵魂离开了无生命的肌体。因为不管多么珍贵和受尊敬,上帝之名都是一个历史的名字,一个意义的偶然形式或统一性。"⑥

二、神性放弃的基督教

形而上学元叙事的瓦解,恰恰给了哲学重新发现宗教可信性的契机。所以,后形而上学的哲学往往不是继续启蒙主义以理性排斥宗教的

⑤ Gianni Vattimo, *After Christianity* (New York: Columbia University Press, 2002), p. 16.

⑥ John Caputo, Gianni Vattimo, *After the Death of God*, p. 70.

做法，而是选择了与宗教“对话”。就是哈贝马斯这样的坚持启蒙方案的哲学家，也改变了他一开始对宗教的立场。他在20世纪60年代还坚持把宗教看成是私人领域中的信仰问题，但是在他后来讨论“公共领域中的宗教”的时候，他的宗教的观点就开始发生了转变，即认为宗教完全可以与理性相协调，共同发展。[7] 瓦蒂莫和卡普托比哈贝马斯走得更远，他们不是像哈贝马斯那样坚持知识与信仰之间的界限，而是认为哲学和神学，在后现代背景下完全可以趋向一致。在他们这里，哲学与神学之间的界限也变得模糊不清了。

瓦蒂莫从20世纪80年代开始，就认识到了虚无主义哲学与福音书中耶稣道成肉身的信息的平行性。救世主的神性放弃与道成肉身，代表了一种和平的、非暴力的人性的希望，这与尼采表达的积极虚无主义殊途同归。也就是说，虚无主义意味着哲学放弃了对世界的客观性描述，宣布一切都是解释。这是思想的一种解放。这代表了哲学放弃了形而上学元叙事，趋向于弱小思维或弱小本体论。与哲学的这种自我弱化相比，神性放弃，道成肉身，走了类似的道路。瓦蒂莫抓住了新约保罗书信中这一段描绘救世主的话：“他本有上帝的形像，不以自己与上帝同等为强夺的，反倒虚己，取了奴仆的形像，成为人的样式。既有人的样子，就自己卑微，存心顺服，以至于死，且死在十字架上。”（腓2：6－11）这一段话，正是救世主自身趋向弱小的标志。他不再是最高权力和权威，而是选择了神性放弃，选择了人的样子。这种自我放弃体现的仁慈和爱，正是基督教思想的核心。“在弱小思想中的基督教遗产首先乃是基督教的仁慈观念以及它对暴力的拒绝。”[8]在瓦蒂莫看来，真正体现基督教价值的不是旧约中的耶和华神，也不是三位一体的表述，而是这种神性放弃以及它所体现的仁慈和爱。

在后现代背景下，这两种“家族相似”的观念最终合二为一了。瓦蒂莫认为，没有神性放弃体现的仁慈和爱，就不会出现对多元解释的宽

---

⑦ Jürgen Habermas, "Religion in the Public Sphere," in *European Journal of Philosophy*, vol. 14, no. 1, 2006, pp. 1－25.

⑧ Gianni Vattimo, *Belief* (California: Stanford University Press, 1996), p. 44.

容。“基督教是一个驱动思想传统的刺激,一个信息,它最终使之摆脱了形而上学。”[9]同样,救世主的虚己行为,也可以看成是哲学放弃元叙事的果实。所以,当代思想肯定了福音书的信息:最重要的东西是仁慈,爱,而非任何确定性真理。尼采的“上帝死了”和海德格尔宣称的形而上学的“终结”,只不过是新约中仁慈和爱的哲学翻译罢了。救世主的神性放弃,走向了人间和俗世,他是像我们一样的虚弱者,他放弃了权威,也放弃了确定性真理的保证。

如果哲学和神学在后现代趋向了一致,那么世俗化与基督教也不再是矛盾的了。世俗化通常被理解为轻蔑宗教,但是瓦蒂莫认为,在后现代条件下,世俗化并不是宗教的敌人,而恰恰是基督教信仰的胜利。或者说,世俗化真正代表了基督教信仰的生命。基督教的真正的果实是仁慈、宽容和爱,它根植于救世主的自我放弃,所以世俗化不是宗教的反面,而是其中的一个最充满活力的成果。“基督教的使命在于加深基督的人的面相的学说,这成为世俗化可能的条件。”[10]根据这种理解,世俗化意味着为每一个人准备了空间,不管他或她的信仰是什么或者有没有信仰,都有参与公共空间的机会和条件,没有人从这种平等地参与公共生活和话语中被排除出去。这种爱的实践,实际上可以防止那种把信仰弄成基要主义意识形态的作法,也远离了其控制人的权力要求。

在上述弱小神学的理解上,卡普托大致是赞同瓦蒂莫的。瓦蒂莫明确了哲学和神学在趋向弱小上的平行性和最终合二为一,卡普托同样认为,解释学的转向告诉我们,一切解释都是有前提的理解,如果我们要追溯这个前提,那么肯定就会追溯到我们的信仰上。所以,哲学和神学不是理性和信仰之别,而是两种不同的信仰,一种是我们共同的哲学信仰,另一种则是具体的宗教信仰。既然都是信仰,就说明两者有着深刻的一致性。“因为信仰是人的生活的基本形式,我们生存的基本要素,它像我们的呼吸一样重要,这对于哲学和神学来说都是不可或缺的条件,它们

⑨ John Caputo, Gianni Vattimo, *After the Death of God*, p. 35.

⑩ Gianni Vattimo, *After Christianity*(New York: Columbia University Press, 2002), p. 98.

之间的不同，乃是信仰的表达方式的不同。"[11]关于上帝的"弱小"问题，卡普托这样告诉我们，上帝不能被看成是无所不能的主宰，而应当被看成"震动世界的善行的无条件的要求"。[12] 卡普托反对把《创世记》解释成上帝从无到有来创造世界，好像上帝创造了世界之后就不再过问世界了一样。"创造不是一种从非存在到存在的运动，而是从存在到善的运动。"[13]或者说，上帝的善一直引导着世界，这是上帝的自我冒险行为。当然，也是上帝对世界的肯定。"宗教真理是真正的弱小力量，是真正无条件地肯定世界的无限深度的力量。"[14]所以，上帝不是干涉世界的权力，而是一种将世界导向善的弱小力量。

卡普托也像瓦蒂莫一样，把保罗书信的十字架神学理解为神性放弃，与此同时又肯定了神的弱小。卡普托的解构主义认为，保罗书信可以被看成是世界上第一个解构文本。救世主的弱小，他的无助的身体被钉在十字架上。通过十字架，死后复活，这意味着时间的非连续性和中断。但是，中断也意味着新的开始。新的开始，需要通过对过去的记忆来激发当下的行动。追随本雅明和列维纳斯，卡普托认为现在将通过激进的历史记忆来转变，并给予新的意义。过去的"剩余"被眼下的行动赋予了新的意义，预示一个新的未来。所以，圣经的经文是真的，但是它的真理是诗性的，而不是命题的，正如创世不是一种宇宙论一样，它不是物理学，也不是形而上学，而是代表了"地上王国的需要的弱小力量"。[15]

当然，尽管瓦蒂莫和卡普托在一种弱小神学的理解上是基本相似的，但是我们仍然能够发现他们的差异：首先是在旧约和新约关系的理解上，瓦蒂莫的理解倾向于认为新约"取代"了旧约，这是弱小神学事件。它代表了真正的神性放弃，这具体的体现就是救世主的神性放弃和

---

⑪ John Caputo, *Philisophy and Theology*(Nashville: Abingdon Press, 2006), p. 65.

⑫ Joh Caputo, *The Weakness of God: A Theology of the Event*(Bloomington: Indiana University Press, 2006), p. 39.

⑬ Ibid., p. 67.

⑭ Ibid., p. 91.

⑮ Joh Caputo, *The Weakness of God: A Theology of the Event*, p. 118.

道成肉身。为此,瓦蒂莫还批判了列维纳斯和德里达的思想,认为他们诉诸旧约的上帝,仍然停留在形而上学的语境中,停留在一个被给予的上帝概念上。与此不同,卡普托则认为,不是新约“取代”了旧约,而是一种观念上的“更新”。旧约中上帝的没有面孔、不可捉摸,恰恰为新约中的伦理思想准备了条件。我们的语言不足以穷尽这个上帝概念,它总是“剩余”。这意味着我们思考“不可能性”。这种“他性”“不在场”,引发了我们的激情和爱。“对上帝的爱——即宗教”。[16] 其次,卡普托也不赞同瓦蒂莫的道成肉身的世俗化思想。这种世俗化观念,实际上合于西方现代性的自我理解,它的批判意义也打了折扣。与瓦蒂莫不同,卡普托则接受了德里达的“幽灵解释学”。他给出了原始意义的不确定性、“荒漠”,认为世俗化并不是基督教价值的完成或胜利,真正的实现永远在未来,弥赛亚只有在未来才能思考。世俗化并不是像瓦蒂莫所认为的实现了基督教信仰的生命,恰恰相反,这种信仰的生命的最终实现,仍然在未来。

三、走向后形而上学的伦理学

瓦蒂莫和卡普托思考的弱小神学,最终都指向了一种伦理学。这种伦理学不是传统形而上学的伦理学,而是一种后形而上学的伦理学。他们都反对将伦理学理解为一种知识,确定绝对的伦理规则和道德律令。或者说,如果伦理学只是将普遍规则应用于人的实际生活,将普遍性强加于特殊性,那么这种伦理学实际上都是对人的伦理生活的误解。它仍然像强大的形而上学元叙事一样控制人、驯服人。

瓦蒂莫指出,在虚无主义时代,那种追求形而上学原则的伦理学已经不再可信。理论的有效性不得不与历史环境关联起来,哲学开始告别第一原理,思想必然要向多元主义开放。因此,可以用休谟对因果关系的批判来批判这种形而上学的伦理学。如果理性推理不是与客观事实相符合,而是属于我们的文化和心理习惯,这就无法产生不受质疑的规

---

⑯ John Caputo, *On Religion*(London and New York: Routledge, 2001), p. 1.

则和命令了。不存在普遍性规则,所有规则都受到具体条件的限制。另一方面,后形而上学的伦理学,往往容易走向相对主义。但是,在瓦蒂莫看来,这并不必然如此。形而上学第一原理的不可信,这并不能翻译成我们的历史条件以及我们所属的共同体的绝对正确。“如果你同意伦理学参照了起源,那么我就会请你不要忽视这个起源所包含的多样事物。”⑰这种事物起源上所包含的多、差异,一方面不能还原成一个单一的原则和基础,另一方面也不是走向绝对的差异。哲学上对多元解释的宽容,基督教思想中的仁慈和爱,实际上都能够帮助多元主义摆脱相对主义,实现多元民主和共同参与。

瓦蒂莫推崇一种“有限性的伦理学”(ethics of the finiteness)。我们承认自身的有限性,既不是自我贬低、自我放弃,也不是将自身存在的历史条件和所属共同体绝对化。“有限性的伦理学,是力求使信仰与发现人的自身起源的无法逾越的有限条件相一致,同时不要忘记这种发现的多元的含义。”⑱他又说,“这种有限性伦理学的总的意义,就是排除将自身看成是合理的暴力,终结任何以第一原理的名义对参与对话之人的疑问进行粗暴、专断地抑制行为。”⑲所以,这种伦理学,可以看成是继承了康德的那种为了尊重他者(将人理解为目的而不是手段)的伦理学思想,但是与此同时又剥离掉了其所谓的共同一致的理性标准。这个标准问题甚至在哈贝马斯和阿佩尔的交往行为理论中也存在着。“尊重他者,首先是承认有限性是我们每一个人的特征,防止抹杀每一个人身上存在的不透明性。”⑳设定一种普遍性的理性标准,或给出一种普遍的人性,都不是真正地尊重他者。尊重他者,就是承认他者的有限性、具体性和独特性。

亚里士多德谈论他与老师柏拉图之间的关系时这样说：我爱吾师,但我更爱真理。但是,在瓦蒂莫看来,哲学趋向弱小之后,这句话需要重新认识。

---

⑰ Gianni Vattimo, *A Farewell to Truth*, trans. by William McCuaig (New York: Columbia University Press, 2011), p. 94.

⑱ Ibid., p. 96.

⑲ Ibid., p. 99.

⑳ Ibid., p. 100.

难道真理永远是第一位的东西吗?比如,人们对罗马教皇的欢呼,难道是因为他说的话是真理吗?很显然,人们不是爱罗马教皇代表的教会信条和道德真理,而是响应了宗教所体现的仁慈、友爱以及相互包容的召唤。[21] 所以,第一位的东西,乃是对他人的仁慈、友爱和宽容,而不是道德或教义上的真理。宗教只有作为爱才有真正的意义。基督教在今天必须宽容地看待人性,看待人的激情。基督教道德和学说,也必须趋向弱小。

卡普托认为,伴随着后现代对基础主义的消解,对独特性、单一性、新奇性、超越性、不可通约性等的强调,伦理学必然要远离普遍性的伦理规则,打破形而上学的伦理学。真正的伦理学,就是关注他者。这就是一种没有形而上学保证的与他者的关系。[22] 我们的生活,属于流动的事件,没有先在的基础和保障,因而不能用伦理规则取代真正的伦理生活。伦理学不能变成一种绝对规则。后形而上学的伦理学,必然是一种弱小伦理学。它必须用亚伯拉罕的宗教经验来思考,超越了康德主义的绝对律令的伦理学,也超越了黑格尔的那种具体的伦理共同体的伦理学,伦理学既不是关于义务论的,也不是关于幸福的目的论的。它是宗教的,它是一种绝对的、无限的责任。"亚伯拉罕就是没有伦理学的责任或义务的故事,没有伦理学的预先保证和安慰。"[23]

卡普托这里诉诸的是德里达的"没有伦理学的伦理学"(ethics without ethics)。德里达像齐克果一样,不是把伦理学理解为一种绝对规则,而是理解为无条件的责任,他称为"超级伦理的牺牲"(hyper-ethical sacrifice)。"这意味着一种对唯一性的责任,与此同时,它也使我们超越或牺牲我对共同体的普遍责任。"[24]也就是说,要想实现这种伦理学,我们需要放弃自身对共同体的责任,实现一种无条件的真正的责任。正如亚伯拉罕为了信仰拿自己的儿子献祭一样。真正的责

㉑ John Caputo, Gianni Vattimo, *After the Death of God*, p. 35.

㉒ John Caputo, *Against Ethics: Contributions to a Poetics of Obligation with Constant Reference to Deconstruction* (Bloomington: Indiana University Press, 1993), p. 14.

㉓ John Caputo, *The Prayers and Tears of Jacque Derrida: Religion without Religion* (Bloomington: Indiana University Press, 1997), p. 203.

㉔ Ibid., p. 206.

任，必然是这种悖论性的对日常责任和义务的超越，达到某种纯粹的形式。追随德里达，卡普托也将关注他者看成是一种正义，无法取消的正义。这种正义，就是对特殊的他者的需要的回应。对他者的责任是无限的、超级的。因为“每一个他者都是完全的他者”。[25] 这种与他者的关系，不是思考任何伦理知识和规则，而是一种对他者的诚实，从我们共同的、痛苦的命运中，产生一种同情的美德。对他者的敏感性，意味着一种对差异的更深的领悟。责任，就发生在超验的他性要求人作出回应之中。卡普托认为，责任的发生，是无基础的，没有证据。它是一种“负责的无政府状态”（responsible anarchy）。但是，从这个深渊，我们却能看到或听到他者对我的召唤。[26] 因为我经验的是他者脆弱的身体和痛苦。

同样是关注他者，同样是反对形而上学的伦理规则，瓦蒂莫和卡普托的差别在于，瓦蒂莫认为宗教的真正意义体现在爱上，所以他把弱小神学产生的伦理思想看成是一种爱的伦理学。尊重每一个人的特殊性、具体性和独特性。卡普托追随德里达，认为伦理学应当是一种超级牺牲的形式，夸张的形式，而非现实理解的伦理学。因为这是把每一个人都思考为“完全的他者”。或者说，卡普托的伦理学，是一种超级责任的伦理学。一种像亚伯拉罕放弃了自己所爱以及齐克果思考的面临生存悖论和冲突时思考的绝对责任。弱小神学的伦理学，在瓦蒂莫这里完全可以与世俗价值（爱、团结）统一起来，但是在卡普托这里则将要求超越世俗价值，走向人的超级的责任。瓦蒂莫将大写的“他者”变成了小写的“他者”、复数的“他者”，而卡普托则认为每一个具体的“他者”，都是一个像上帝一样的“完全的他者”。瓦蒂莫的神性放弃和道成肉身，意味着上帝把爱内在化于世界，把上帝的仁慈和爱变成了世界的具体的爱、团结，卡普托则要求超越有限的爱和责任，以便于实现超级责任的伦理学。两者的方向恰好相反。

㉕ John Caputo, *Against Ethics: Contributions to a Poetics of Obligation with Constant Reference to Deconstruction*, p. 75.

㉖ Ibid., p. 85.

四、结 语

从一般的理解倾向上看,后现代神学的一个主要特征,就是要求超越了现代性对宗教的理解。现代性把宗教从公共领域逐入到私人信仰领域,形成了韦伯所谓的“祛魅”的世界。西方的这种世俗主义和自由主义意识形态,在20世纪特别是后半期遭遇到了“宗教回归”的反弹。很多后现代思想家都相信,人们的宗教直觉,在建构世界观方面,至少和感性的、数学的以及逻辑的直觉一样重要。那种认为宗教与公共生活无关的看法,是没有道理的。[27] 当然,质疑现代性把宗教私人化,并不是渴求一种神正论。那样只能回到前现代,而不是走向后现代。与前现代神学不同,后现代神学不是诉诸一个权威或基础(这被看成替权力辩护或取消了差异和经验的不确定性),而是要求打破现代性限制,关注他者,关注人的具体性和差异性,而不是用一种强制的意识形态和政治体系来压制和统治人。[28] 瓦蒂莫和卡普托对宗教或神学的解释,他们的弱小神学,当然就处于这个后现代神学视域中。他们拒斥传统神学-形而上学,当然就是为了“拯救”信仰,并且希望超越启蒙时代来重新审视公共领域中的宗教需求。

尽管瓦蒂莫和卡普托在弱小神学的理解上存在着一些差异,但是他们的共同性是明显的。在笔者看来,他们的弱小神学有其重要的思想价值。因为这首先意味着对西方的“神学帝国主义”或“神学殖民主义”的反思。在这个方面,他们提供了一种非暴力的视角来思考宗教或神学。不管是瓦蒂莫主张的对不同信仰的宽容,还是卡普托所谓的关注他者,实际上都有利于推进今天的宗教宽容与和平共处,远离宗教上极端的原教旨主义及其暴力。西方神学-形而上学传统以及它的世俗化发展,它的殖民主义,它的全球化,都打上了暴力的印记。在这个语境中,上帝概

---

[27] David Griffin, *God and Religion in the Postmodern World: Essays in Postmodern Theology*(New York: State Univisity of New York Press,1989),p. xiv.

[28] Kevin Vanhoozer, ed., *Postmodern Theology*(Cambridge: Cambridge University Press, 2003), p. xiv.

念经常与“神学帝国主义”或“神学殖民主义”关联在一起。瓦蒂莫和卡普托对神学-形而上学的拒斥，把形而上学的元叙事解构成了“小叙事”，弱化了这个传统，这方面标志着他们对哲学和宗教传统的自我反思。如果说今天国际政治中的冲突往往与宗教的普世价值要求相关，那么瓦蒂莫和卡普托的这种弱小神学，就可以视为一种出路。他们的思想启发我们：只有解除宗教或神学上被赋予的权力，我们才能真正找到其中应时益世的价值。

不过，瓦蒂莫和卡普托虽然标榜为后现代对宗教的复兴，或者超越现代性对宗教的理解，但是从他们的思想倾向看，他们的后现代的宗教理解，他们的弱小神学，并没有那么后现代，也不是真正的弱小。从总体上看，他们并没有真正超越现代性的宗教理解。他们虽然在后现代语境中重新召回宗教，使宗教重新回到了公共领域，但是他们思考的宗教，既不是历史上存在的宗教，也不是任何具体的宗教形式，比如犹太教和基督教。无论是瓦蒂莫的“非宗教的基督教”，还是卡普托借用德里达的“没有宗教的宗教”，他们的宗教理解，都明显是这个意图。他们表明，后现代的宗教理解，不是返回传统，因为传统的宗教教义和道德真理都过时了，都是形而上学时代的错误。他们从一种激进的宗教解释学上发现了传统宗教中的文化价值，但却有意忽略了宗教中的天启、救恩、末世论等信仰内容。这种弱小神学的理解是一种冒险，他们保持了神学在后现代的语义潜能，但是代价却是使神学失掉了具体的信仰内容。如果硬是要把爱、自我牺牲的价值与对上帝、救世主的信仰区分开，神学还能称得上是神学吗？

最终，在瓦蒂莫这里，弱小思维把宗教吞噬了，他将哲学和神学看成是根本一致的东西，实际上是哲学吞噬了神学，过滤掉了支撑神学的信仰内容。在卡普托这里，上帝则变成了一种夸张的符号和解不开的密码，变成了我们的激情和爱的条件。这同样没有任何信仰内容。他们表达的仅仅是一种渴求上帝的世俗思想，只不过这种世俗思想无法真正离开宗教罢了。宗教或神学都仍然是以人自身为中心的，这根本没有超越现代性把宗教价值内在化的基本倾向，或者使宗教合于世俗的理解。另外，他们模糊了哲学和神学的界限，但是他们表达的是一种有神论还是无神论，同样也分不清了。

情感优先与生命存在的赋予来源

——以中国子为父隐和西方杀子献祭为例分析

刘光顺

【内容提要】 不同文化中个体生命来源的不同设定，决定了人生向度开展的不同面向、内容、丰度和厚度。从中国子为父隐和西方的杀子献祭的典型案例可以发现，处理事情时情感维护是第一位的。儒家和基督教分别赋予父亲、上帝与子女、世人以生命赋予者和被赋予者的不同地位，对前者的尊崇应当超越通常的理性，可以摒弃世俗的法律道德。一个追溯到有形的父亲，一个追溯到超越的上帝，其原因在于对个人生命存在的来源不同、不同文化赖以产生的生产方式不同、对个人获取成功的最主要因素认定不同。但当将对父亲、上帝的情感提升到一个极端，如何解决理论设定的周延问题、情感与伦理法律问题、道德勒索问题，两种体系分别从不同角度给予了回应。

【关键词】 子为父隐　杀子献祭　情感优先　生命存在　赋予来源

中国儒家主张在处理家庭如何对待父母的道德规范、尽孝与处理社会国家事务时应遵循的伦理法律规范、尽忠之间的矛盾时，提出子为父隐的原则。在西方同样有类似的事例，圣经中记载亚伯拉罕为了表示对上帝的虔诚，将儿子以撒献上祭坛。这两个案例都出现为了维护特定情感而不惜违背日常的伦理法律问题。对这些问题可以从个体生命的赋予来源角度进行思考。个人首先因被赋予有实体的存在,才有后续个人发挥的可能。生命存在的优先性,决定了个人后续人生向度的开展。

一、个体生命存在来源的赋予者和被赋予者

中国儒家和西方基督教分别将有形的父亲和超越的上帝确立为个人生命存在的赋予来源,由此确立了对子女、世人等被赋予者的优先的、不平等地位。

1. 儒家的子为父隐和西方的杀子献祭典故

子为父隐的典故出自于孔子和叶公关于何为正直(或按正道而行)的一段话:

> 叶公语孔子曰:“吾党有直躬者,其父攘羊,而子证之。”孔子曰:“吾党之直者异于是:父为子隐,子为父隐。直在其中矣。”①

叶公谈到其家乡有特别正直的人,其父亲偷取别人的羊,而他加以告发指证自己父亲的不良行为。但孔子并不同意叶公的观点,认为自己家乡出现的正直人会有不同的处理此类事情的方式,即父亲和儿子如果相互隐藏不使人知晓,在相互隐匿行为中就表露出正直了。在对待父亲的情感与社会通常认可的习俗伦理之间,他更强调要以对父亲的情感的维护作为第一原则。

圣经记载了以色列始祖亚伯拉罕受上帝试练而献子为祭的故事。一日他听到神的召唤,要其将独生子以撒献给上帝。亚伯拉罕没有犹豫也没有询问原因,就带着儿子前往山中。当他将以撒捆绑,放在祭坛准备杀死时,天使出面阻止了他,并以一只山羊代替以撒。② 故事让人对亚伯拉罕的杀子献祭行为颇为困惑,何以为了信仰,竟然可以摒弃父子

---

① 《论语·子路》,参见程林编:《四书五经》,北京:北京燕山出版社,2006年,第93页。

② 参见《创世记》22章。

亲情、人间不可杀人的伦理法律规定。

这样的案例并非作为特例、个案而被人偶尔谈及,而是在后世的经典阅读、生活实践中被不断加以宣扬、渲染、践行。

后世的许多学者也认同孔子的观点并从不同角度加以论证。邢日丙解释说:"子苟有过,父为隐之,则慈也;父苟有过,子为隐之,则孝也。孝慈则忠,忠则直也,故曰'直在其中矣'。"③理学著名人物朱熹说,"父子相隐,天理人情之至也。故不求为直,而直在其中。"④"'父为子隐,子为父隐'原则不仅在儒家思想发展脉络中具有普遍意义,而且汉以后体现和落实在法律制度上,并由'父子相隐'扩展到更为广泛的'亲属相为容隐'。"⑤

而对上帝的情感超越人们通常的认知,为了维护它可以不惜牺牲自己的生命,类似的事例在基督教经典中被不断重复。如圣经中记载被掳掠到巴比伦的三个年青人为了信仰宁愿被投入火窑中也不愿意妥协;后来耶稣讲道时,更是鼓励人们说,不要惧怕那种能杀肉体而不能消灭灵魂的人。如果没有上帝的允许,人一根头发都不会掉落下来。在后来的实际践行中,很多人为了内心信仰而在遭到罗马皇帝逼迫时宁死不屈。

仅仅就两个事情的表层进行分析,可以看出行为发动者如为父应隐的子女、以子献祭的亚伯拉罕都处于特定的社会关系中,受到血缘亲情、社会伦理、国家法律等的包围,从不同的关系构建角度出发,个人承担着多种的角色,因而在实践中就面临着不同角色践履同时并存所带来的角色冲突。作为子女的儿子对上辈的责任与作为长辈对子女的关爱、更私密关系的维护与更具普遍性的对社会伦理遵守、珍重个人生命获得的来源与正视传递生命的载体生存等矛盾。

从角色冲突出现的原因来看,这里出现了使用世俗的伦理或国家的法律优先,抑或是个人认可的特定情感优先,而解决冲突的路径两者都

---

③《十三经注疏·论语注疏》影印本(下),北京:中华书局,1980年,第2507页。

④《四书章句集注·论语集注》,北京:中华书局,1983年,第146页。

⑤ 郑家栋:《中国传统思想中的父子关系及诠释的面向——从"父为子隐,子为父隐"说起》,载《中国哲学史》2003年第1期。

选择了用后者取代前者。那么为何会出现不同文化中都以情感的追求超越通常的伦理法律,有必要深究其原因。

2. 分别确立了赋予者和被赋予者的关系

父亲、上帝获得了生命存在赋予者的至上地位。赋予主要是生命的给予,后期包括在此基础上演化而来的财产、地位、荣誉、身份、机遇等的给的予。社会中的人身依附,称呼别人为主人,给予别人生杀大权等。

肉体的父亲和精神的父亲(西方基督教也把上帝比喻为父亲,祈祷开始句即是我们在天上的父,即上帝)在两种学说中都被赋予了个体生命存在的根据、来源、基础,因为有其存在,才有自我存在及其发展之可能。从其是生命赋予者的角度,个人因是被赋予者、被恩赐者而处于一种附属的、被动的、依附的地位。

在儒家学者孔孟认可的西周社会更注重因血缘而得来的地位、职位、继承权等;基督教学说中也有以色列民族因被拣选而优于其他民族,由此血脉的子孙后裔都受到神的眷顾,具体到民族内部,也有上帝向特定个人承诺(如大卫王)保佑其子孙后代等说法。

因为前者的优先性,如在儒家学说中,家长代表着给予生命,维持生存,教导生存技能,保护免遭威胁,支持个人发展等。在基督教学说中,上帝是生命的来源,规则的制定者,命运的监管者。

为什么父亲、上帝具有如此大的魅力,为了他竟然可以放弃世俗的法律和人间的亲情?儒家主张为亲情可以放弃对法律的遵守,基督教提倡为了对上帝超自然的爱可以放弃人间血缘亲情。

这与两者在反思自身何以存在时,向上追溯,寻觅其源头的穷根究底有关。儒家认为,正是因为父亲与母亲的结合而孕育自身,正是在其培育熏陶中自身得以社会化,寻觅确证自己的角色、地位、职责;而基督教则发现在变动不居的世界背后,有一个超自然的力量在掌控一切,个人生命灵魂来自于它的赐予,随后的际遇机会等也与其安排有关。实际上,在儒家的说教里,父亲代表着个人得以存在的来源,生命个体之所以出现的根据,若没有家庭父亲的出现,就没有自我个体的出现。身体发肤,受之父母,即是对这种自然恩情的确证。而在基督教学说中,上帝是创造一切的至上神,个人生命首先来自于上帝的赐予,没有这种恩赐,仅仅有肉身的父亲是没有用的,甚至现实中的父亲也是来自于上帝。因而上帝是一切的来源。

父母对子女初期的一些方面有一定影响,但农业社会影响更加显著,儒家把这种影响绝对化;基督教则承认父母对子女有一定影响,但从根本上决定个人存在、发展的还是上帝。

父亲也是个人在社会中生活获取各种财富、地位、荣誉等的引导者、支撑者。在中国的自然经济中,个体依附于农业,它与气候、水分、土壤等密切相关,而父辈的经验是个体能够按时耕种、收割获取、养家糊口的重要凭借;农业出产较少的现状使得人们相互交往不够频繁,因而个人的婚姻大事,很多就只能借助于父母之命,媒妁之言;同时,在并不是每一个人都能上私塾官学的情况下,个人的教育更多来自于自己周围环境的熏陶,特别是观摩父母的言行举止,是父母教给子女为人处世的道理。儒家也强调具体个人的行为也与后天个人自我选择有关,所以《大学》强调,大学之道,在明明德,在亲民,在止于至善;孟子提倡人要弘扬四端,养浩然正气,做大丈夫;因而圣贤学说的学习、家庭的传承等在创造外部条件上非常重要;但它在父子关系上确立了父对子的优先性,所谓子不教,父子过。

基督教在个人生存、婚姻选择、命运际遇等方面,一方面也承认不同家庭对具体个人的影响,因而早期教父哲学家奥古斯丁、阿奎那反复强调,基督教徒不可和异教徒结婚,因为这样会对子女的教育造成混乱,但可以和没有信仰者结婚,因为后者对子女没有特定影响。但另一方面它更强调个人的际遇更多是个人自我选择的结果,父亲与子女在一些方面具有平等的地位,从信仰意义上都被上帝所造,在末日来临时都需独立地面对上帝平等的公平的审判。

3. 确立被赋予者要以维护赋予者的利益要求为优先选项

首先,两者不是平等关系,因而一方对另一方具有优先性。在儒家学说中,对父亲的情感取得了伦理道德的根本出发点的位置,而在西方以上帝为首位。父亲或上帝作为生命给予者,是获得个人肉体生命、生存发展、融入社会进行社会化的重要凭借,从自然人变为社会人,将社会所提倡的伦理道德规范、法律理念、情感倾向等内化为个人的立身行事的原则,是私人伦理产生推演的基础。

上帝或父亲的示范教导还是个人处理与他人关系的楷模示范,是社会伦理政治法律的规则建构的基础。从中西哲学比较角度,在伦理道德建构的理路上儒家和基督教也明显不同。中国由家庭推及到社会、国家,而基督教则由上帝推及到人、社会、国家。

其次,应将对赋予者的维护放置在高于一切的地位。将被推崇的事物推崇到极致,如儒家强调百善孝为先,被广为传布的二十四孝中,有为了赡养父亲在食物接济不上、能力不被允许之时,可以杀子来保全父亲的性命的事例;基督教中也有为了向上帝展现自己的虔诚,亚伯拉罕可以将儿子捆绑,准备献上祭坛的事例。这里意在表明为了忠于最高者,可以抛却一切通常的情感、伦理、法律原则。

为了维护核心原则而超越了对子女的关爱和亲情,也不顾惜对下一辈的类似的爱及天伦之爱,亦即在赋予者、接受者关系上,它要求首先应考虑自身作为被赋予者而处于被动的地位。首先因自身被施与,才得以有维持自己的存在及获得后续身份的可能,因而首先应铭记赋予者对自身的恩情。

而对于自身所处的地位,即或是可能充当的赋予者,如对自身子女的养育之恩,因自身的存在之可能才有施与别人之可能。因而自身就相对地处于赋予者、主动者的地位,而自身的子女就处于次要、从属的地位。当与后者也即自身的被赋予者发生矛盾时,首先应维护第一种身份。因而舜可以放弃高官厚禄、放弃对其他部属、凭借权力声望等施予的可能性,而维护自己得以存在的根源,即有父才有自己,而携父潜逃;亚伯拉罕意识到自己来自于上帝,因其赐予自身才得以存续发展,所以放弃对子女的关爱,而维护自己的赋予者,放弃自己可能施予的对象与可能性,将爱子摆上祭坛。由此,存在才是第一位的,发展被列入了第二位。因自身被赋予而得以存在,因存在才有其他开展的可能性。

再次,实践中的一些做法实际上是在隐喻或强化巩固两者之间的不平等性。如儒家强调家族是根源,祭祀只能祭祀自己的直系祖先,不可越俎代庖祭祀与自己血缘较远甚至不相干的祖先。强调等级尊卑,即只有那些继承了正统地位的人,才可以以长者之尊来出面主持祭祀,否则就会乱了纲常。严格祭祀是要提醒各个子孙,谨守因血缘(嫡庶所生子女产生的分别)、地位(与其他人的长幼之序)等带来的身份差别,不可僭越。

基督教流传早期为了增加至高者的神秘性,也规定不是任何人都可以说预言,不是任何人都可以宣称自己可以通过梦兆、奇迹等与神直接沟通,只能经由特定的祭司阶层,在早期以色列只能是来自于亚伦的后裔才能充当神职人员,充当人神中介与神进行沟通,甚至国王也不可以进入神殿。西方在中世纪不敬神则是大罪,甚至可以被处以死刑。甚至拥有和主流意识形态不一致的思想可能会被当做异端而受到宗教裁判所的惩处。

二、赋予者与被赋予者关系不平等定性的原因所在

何以会出现在儒家将现实感性的肉身父亲作为意义的赋予者,而在西方基督教中却将抽象的、无人身的上帝作为个人自身存在的根据,原因是多方面的。

1. 个人存在的来源不同

儒家学说中人是自然界的一部分,因而需要从自然中获得价值认定;而基督教认为人的生命不论是灵魂还是肉体都来自于上帝的赐予,只能从上帝那里获得意义。

首先,在本体论上个人生命获取方式不同。基督教从形式和质料来说明世界的构成。质料只是被动的、惰性的角色。西方哲学中,理念优于、高于质料,可以将整个宇宙统摄到单一的事物,对世界的发展演化流行,乃至于具体的时代、区域、个体、群体、民族等的发展给以规范、限定,从而在对世界进行统一性、层次性、系统性解释的同时,对世界的生成发展给予目的论解释。最终必然导致一个最高事物作为万物的根据来源,其他事物因处于体系之中,其意义只能根据上帝的安排而被动取得。也就是说,个体的意义并不来自于自身、父母、周围环境,而是上帝的预定

或安排。

儒家主流认为，自然与人均来自自然。朱熹认为理气结合形成万物。理虽为形式，但其不做作、不积极、不主动，气则是积极的、主动的。气各自发散，似乎自然演化，没有特定方向。对人的根源的追溯自然只需要溯源到自然的物质载体就可以了，而由于不同事物各有本性，因而人类的本源只能从人中去寻找，而不能从其他动物或植物中去寻找。所以，以动植物为崇拜对象的图腾崇拜只在原始部落中流行一段时间，就被对崇天敬祖的更完善、更周延的形式所代替。

其次，儒家崇拜天又被归结为崇拜有形的父母。儒家重视人文，重人伦轻宗教，重世俗，轻鬼神，天道远，人道迩；圣人先成民而后致力于神，摆脱宗教对人的控制，敬鬼神而远之，重于敬祖先而轻于敬鬼神，有时甚至把两者结合起来，“祖宗即神明、神明即祖宗”。⑥

儒家经典之一的《易经》某卦彖传中有“观天之神道，而四时不忒，圣人以神道设教，而天下服矣”的话，其中“圣人以神道设教”通常被认为是传统文化中关于天人关系的经典论述。“尽管‘天’在中国上古的文献（如《尚书》）中，也常被用作上帝的代名词，但在‘彖传’中，重点已不在于告示有意志的天帝如何主宰人世，而在于昭彰圣人观天之神道，体悟到这道有序合理，没有偏差，并以所体悟的道设教，使天下百姓受其感化而归服。这里，直接与芸芸众生发生关系的与其说是天帝，毋宁说是圣人。”⑦这就强调了人间的先知先觉、贤明者在引领教化他人中的重要作用。通过对其的体悟，而后著书立说、整饬社会而引领规范个人。

但即或有领悟者、先知先觉者，受制于后天的经济文化机遇时代，并不是每一个人都可以以立德、立功、立言来引领他人，如并不是每一个人都有求学机会、不随众的资本、立大功的时代背景。因而一个更切实可行的路径即是，通过遍布于各个角落、层次的有权威者通过其言行举止言传身教等影响示范感召他人。而这样的人，最能找到的便是居于一家

⑥ 潘建雄：《中国文化的双重性结构及其对近代中国的社会影响》，载《社会研究》1987 年第 3 期。

⑦ 张庆熊：《道、生命与责任》，上海：上海三联书店，2009 年，第 15 页。

之长的父亲。

儒家人性本善的设定,又使得即或是普通家庭的父亲也有资格承担引领教导他人的重任。在孔子那里,先知先觉者是少数,在孟子那里则以性本善而将其推及到能够求放心之人,而到了王阳明那里,更是断言满街都是圣人。所以儒家学说就将父亲地位加以拔升,在应然层面赋予其能够充当圣人角色,教导引领他人。“固然神道在圣人教化中处于至高无上的地位,但是神道可以经圣人的体悟和实践而化为人道。”⑧由此,父亲就以实体化、具象化、个别化的身份承担起类似圣人、先王角色而承载履行沟通天与子的职能。父亲从血缘生理层面来讲其虽有实的成分,但从本体论、道统论上讲也负载了太多抽象的、超越的因素。

对父权的提倡是祖先崇拜的重要因素,实际上是将赋予者不断人格化、实体化、感性化,以可见的、显性的父辈的行为方式、道德表现、价值追求等为子女做示范,教导为人处事、经世济国的规则,以待假以时日再通过子女成为长辈,接掌权威,示范训导其子女。“中国之所以不像西方世界那样去崇拜一个全知全能的上帝,而是崇拜自己的共同祖先,乃是由于祖先崇拜是无数家族的父权敬畏在时间上向古代延伸的极点,而这一观念势必会顺着时间向无数炎黄子孙一代一代地传下去。”⑨

注重血缘身体,强调自己生命来自于父母,所谓身体发肤,受之父母,不敢毁伤。背后与其不太注重鬼神,认为人的生成也是男女和合、自然孕育的产物有关。后期儒家学者如朱熹等提出,人是自然的气化流行的结果,都不与超自然的力量相关。

基督教注重精神与肉体的结合,并不单单看重肉体血缘的传承。更多是认为上帝赐予灵魂,将其与特定肉体相结合,有个体、有生命的人才会出现。物质的质料只是一些无定型的原初的素材,只有在灵魂的形塑、牵引下才能成为具体的人。单凭物质的肉体,仅仅是无定型的质料,是不可能有人的生成的。基督教中有一切都由上帝赐予的观念,并不是男女的结合就能产生后裔,而是需要上帝的恩赐。“父权毕竟不是政治

⑧ 同上。

⑨ 欧阳仑:《中国人的性格》,西安:陕西人民出版社,1987年,第275页。

权利，子女与父母同样生而自由，子女的生命虽然由父母而来，但却并非为父母所造，子女乃是上帝的财产。”⑩

2. 中西文化赖以产生的生产方式不同

两者的相似之处在于，都试图维护学说认定的个人生命的来源，并将其放置于至上的地位，并把如何处理与其关系放在首要考虑的方面。但两者之间也有明显的差异：儒家维护的是现实的肉体父亲，而基督教维护的是超越的、在天上的上帝；儒家建构的关系奠基于世俗的血缘基础之上，而基督教则试图打破血缘的关系，而将其拉到超越的层面；儒家是从一个具体的小家、小族推演到社会、国家，由具体到抽象。而基督教则从看不见、摸不着的上帝推演到部族、个人，由抽象到具体；儒家通过比附的方式将家庭伦理加以外扩，适用到社会国家，而基督教将对上帝的情感通过类比的方式适用到世人个体。

在中国为何将看得见摸得着的生身父母当做伦理建构的一个理论推演的起点，而在西方却是将超越的、无定型的、灵性的、抽象的神灵作为至高的起点呢？这与中西方两种文化赖以为生的生产方式有很大的关系。马克思提到人有两种生产，生产生活资料的生产和子嗣的种族繁衍生产。“通过劳动而达到的自己生命的生产，或是通过生育而达到的他人生命的生产。”⑪在最初的社会，无论获取生存资料或是获取异性，都更多地依赖于血缘。在中国以农耕为主，安土重迁，人们的经验丰富与否有时决定着收成的好坏，因而来自于父辈的教导至关重要，形成对父辈的依赖。后续的婚姻安排强调父母之命，媒妁之言，也突出了父母在选取配偶的过程中的重要性。“劳动愈不发展，劳动产品的数量、从而社会的财富愈受限制，社会制度就愈是在较大程度上受血族关系的支配。”⑫而在西方，畜牧商业发达，人们谋生更多地是要不断地寻找机会，

⑩ 梁晓杰：《德法之辨：现代德法次序的哲学研究》，上海：上海人民出版社，2007 年，第 77 页。

⑪《马克思恩格斯选集》（第一卷），北京：人民出版社，1995 年，第 67 页。

⑫ 宋希仁：《马克思恩格斯道德哲学研究》，北京：中国社会科学出版社，2012 年，第 362 页。

不断冒险，不能墨守成规，因而对父辈的教导不像中国农耕文明那样被极端看重，而更强调机会运气，而这只能存在于未来，超越本乡本族。

也与两种文化产生的背景有关。因为生产方式的不同，个人也就被纳入到不同的体系中，对父亲、对超自然事物的态度不同。中国初期个人谋生依赖农业，农作物生产周期较长，需要经验的指导；在漫长的等待中，食物的供给很大程度上依靠父母的累积；在西方，商业需要不断寻找机会、卖家，需要超越家族、地域、宗教等去寻找，努力创造交易得以达成的条件，对人的情感考验很大，不确定因素增多，因而人更多地希望向能超越地域、时间、宗族、宗教等并能无处不在、无事不晓、大能公正的超自然神灵寻求精神安慰，用以消解因太多不确定性给自身前行带来的焦虑。

中国之所以更多地将人编织进现实世界的特定关系网络，以血缘宗族为纽带界定自己的方位，以社会的身份界定为自我意识建构的基础，很大程度上就在于对农业生产的经验累积的依赖、对气候天时的惯常依赖；而西方的游牧业、商业更多的需要个体的冒险突破，要不断超越肉身父辈的经验累积、超越有限天时地利的匡限，更强调个体发挥积极性。

与这种生产方式相对应，形成了不同的个人价值取向，个人本位或是家族本位也是造成两者差异的重要原因。西方认为人是由肉体和灵魂构成，灵魂是形式，肉体是质料，灵魂高于肉体，灵魂来自于上帝的赐予。每一个人都被上帝赋予了灵魂和肉体，有着自由意志，因而在其死后面临上帝的再次审判时，需要独自面对上帝，对自己的行为负责。而儒家设想的个人并不如西方那样是原子式、自足式的存在，相反是一种关系式、发展式的存在，只有在与他人的依赖、关系中才能界定自己的存在，因而其强调个人生活的向度并不是为自己肉体的愉悦（如杨朱），或是灵魂的得救（如道家），也非个人纯粹的解脱（如佛教老庄）；它强调要为父母，低层次的续香火，中等层次的继承父母遗志，高层次的光宗耀祖。至于说立德立言立功皆属于这一更高层次，是把小家推及到大家——社会国家。

3. 对人最成功的根本因素的认定不同

既然儒家对天并不是太看重，而父母又不能左右天的进程以及人间祸福境遇，因而父母能做的就是以身示范、身体力行，为孩子做出表率，在创造必要的外在条件的同时，激发孩子的进取心，要求其尽可能地弘扬自身的良善本性。西方基督教认为上帝是无所不能的，人的一切际遇命运等都是上帝赐予的，因而在某种意义上讲，祈求胜过自身的奋斗，启示胜过自身的勤奋。

在个人成功与否的问题上，中国儒家更强调个人的勤奋，个人在既有基础上的超拔跃升，尽管很多时候并不能尽如人意，但它确实是社会呈现更理想状态所不可缺少的。如果我们承认现实有诸多需待完善的地方，那么谁来完善，他凭什么要将社会加以完善使之符合一定的方向和期待？完善的主体只能是有着良善禀性的个人，他之所以可以对社会加以完善正在于他具有内在的先天禀性，只要他发掘、显明其内在德性，并使之更加宏大，就会向外显现为良善的行为，所谓经由正心、诚意、格物致知而修身、齐家、治国、平天下。也就是说，个人先天的禀赋奠定了个人发展的基础，其中部分来自于父母的遗传，与后天经验关联不大。这种先天的特征也为在不同人之间互动交流提供了基础，所以才可以“能近取譬”、推己及人，很少与神互动。

儒家虽也谈天命，但一方面在孔孟那里超自然事物只是理论的预设，并没有充分展开论述，只是告诫人们应有所畏惧、不可执意孤行，更多是告诫人不要违背社会大势、圣贤教导；另一方面，它有时更强调它是一种不可改变的运势，既然人力不可改变，人也就不存在通过现实的祈祷、善行、善功等为自己际遇的更好发展来获取机会，从某个意义上讲，因其过于刚性、宏阔、深邃而与人距离太远，人也就无需注意它。从而人如果要对自己对社会有所裨益的话，关注点还是自身德性的发挥，个体能力的提升。

在中国，更多地将一切所获得的与自身的勤奋相关联，只要按照自然的本有秩序来操作就会有可预期的回报；中国传统文化中先天假定人已经具备了所有的良善本性，但其只是以潜在的方式存在，需要人在后天涵养培养，使之如泉之始达，火之始燃，也即需要个人在后天发奋作为使之彰显。儒家也提到鬼神，在孔子、孟子初期，只是为了鼓励安慰人们在现实中积极去实践自身认可的特定理念，甚至有时坚毅不懈到“知其不可而为之"的程度,如果个人主观上付出了巨大的努力,仍然没有效果,就只能将其归结为时运、天意等不可琢磨的东西,给自己以慰藉。"儒家没有什么教条给人;有之,便是教人反省自己一条而已。除了信赖人自己的理性,不再信赖其他……这恰恰与宗教之教人舍其自信而信他,弃其自力而靠他力者相反。"⑬

儒家更是表达了人在尘世对自我奋发、自做设计、自我规划、自我超越的乐观期许。孔子提出要生无所息;学而不厌,诲人不倦;发愤忘食,乐以忘忧,不知老之将至。对自己的理想期冀要知其不可而为之。孟子提出应使"四端"得以弘扬,养浩然正气。个人奋斗也着眼于现世的名声、地位、功业。如强调超越个体肉体的有限性,而去追求立德、立功、立言"三不朽",对具体个体而言,还有一个要立嗣,以继香火,避免祖先的名声因没有男性子孙而埋没。后世学者张载提出,"为天地立心,为生民立命,为往圣续绝学,为万世开太平。"而西方将一切都归结为神灵的赐予,有时甚至是预定的。西方特别强调个人所获取的并不是仅仅靠自身就能够获得,很大程度来自于上帝的赐予;没有上帝的允许,一根头发也不会掉下来就是这种观念的形象表达。

三、解决学说推演时间遇到的矛盾

当把父亲或上帝作为一切的根据、意义赋予者,并将其提升至一切方面的最高位置时,如何在理论上确保其不因现实中不良的现象而被质疑推翻,实践中如何解决特殊的情感与普遍的伦理法律在使用中的矛盾,以及是否因为赋予者的优先性就享有要求、管理、宰制被赋予者绝对的权利,这些问题有必要加以仔细的考虑。

1. 理论自身的周延性问题

是否因其素质或后果不佳而减损其赋予者身份,如何弥合给予者应有的素质与现实中实际状况存在差异的矛盾,维护给予者的崇高地位?

⑬ 梁漱溟:《梁漱溟选集》,陈来编,长春:吉林人民出版社,2005年,第205页。

儒家要解决父亲本身素质不够甚至为恶，不足以堪当表率、意义赋予者的身份；基督教要解决上帝作为全能全善者，为何他为子女创造的境遇不是公正的、创造的世界不是美好的？

儒家解决途径在于子女首先隐匿，其次劝诫，更主要的是作为父辈的内心反省。

儒家既然希望偶像并不仅仅局限在圣人那里，毕竟能够称为圣人的（通常只是已经死亡的孔子及其弟子）并不多，在现实中存活、能够被人格化的只有当政的皇帝，而这些天生聪明睿智、天生愿意按照伦理道德严格约束自己者，现实中似并不可遇。人们经常接触到的其实是普通的父母。而人非圣贤孰能无过，对于理论上有不足，现实中会暴露缺陷的父母如何对待，以何为师、以何人为表率的问题就不得不去考量。为了不至于消解父母的示范形象，不让其负面信息扩散，一个方式就是隐而不发，当作没出现。至少不在其他兄弟姐妹中扩散以致消解父辈的高大形象。东晋沈宁说："若父子不相隐讳，则伤教破义，长不孝之风，焉以为直哉？"⑭

最初发现者尽可能减轻影响，不损害继续向父辈学习的可能。子为父隐是为了保全父亲的名声，坚固其道德权威，进而有继续为其他子女提供模仿学习的可能。它通常是针对与父亲接触较多的长子而言的，只要最早知晓者能够守口如瓶，采取办法消除这种背德违法的影响，如舜采取带着父亲逃离，隐姓埋名，就会消减或不至于起到不好的示范。儒家提出应当的策略是小错加以劝慰，孔子说，"事父母几谏，见志不从，又敬不违，劳而无怨。"⑮

有时如果子女觉得父亲某些方面要承担责任，就需要自己代父担责。"父母之行，若中道则从，若不中道则谏，谏而不用，行之如由己。"清儒王聘珍对此注解为："行之，谓父母行之。由，自也。如由己者，过则归己也。"⑯

---

⑭《论语·论语义疏》影印本（上），北京：中华书局，1998 年，第 254 页。

⑮《论语·里仁》，参见程林编：《四书五经》，第 93 页。

⑯ 王聘珍：《大戴礼记解诂》，北京：中华书局，1983 年，第 86 页。

儒家提出为父者要自我反省,要及时发现和改正错误,孔子说,“君子之过也,如日月之食焉,过也,人皆见之,更也,人皆仰之。”即或是作为国家即大家长的皇帝,如果不能起表率作用而有不良行为,也不得不下“罪己诏”。

通过引进辅助性的天命流行学说,使给予者不断变化,从而消解因现实中生命赋予者自身品质的低劣而造成的怀疑,其中包括通常根据理性设定其应当具备的要素,如父亲应当公平对待每一个子女;应当勇于承担,敢于同种种不良行为作斗争,道德上应做表率;在社会性事务的处理上应当大公无私、英明果断等。

而基督教则赋予上帝以全能全善全在,因而其应当保证所有人都不至于走上邪恶,不会受到不公正待遇;有困难应当得到解救;社会中的不义应当消解等。上帝直接看顾个人,人应当感受到上帝的无私。同时又通过每个人都可能被上帝所选定而成为给予者的暗示,给予激发其安于或改变现状的信心或期冀。西方阿奎那一方面秉持先天预定论的观点,奠定上帝决定一切、安排一切的不容挑战的地位,同时又通过引进人具有自由意志的理论,强调人所做的一切更多地来自于自身的自我选择,就使得人神之间的对立不再激烈。

基督教通过神义论论证自身的无误正确。上帝被认定为灵,其作为神秘莫测,很难将世间一切事情都与之联系起来。由于上帝超越、高于世人,世人不可能对之完全了解,因而表面上与世俗伦理相违背的行为就不需要解释或根据通常世俗伦理而做出补偿。相反,有时越是神秘,越是与世俗相背,越能激发信徒的虔诚热情,因与他们不愿意久待、不愿意认可的世俗有差异。

2. 将情感放置于伦理法律之上是否合理

面对情感(信仰)与伦理法律如何在现实中协调问题,将情感信仰放置于理性反省之上是出于何种考虑,不同体系从不同角度加以论述。

首先,从子的来源依据来看,情感更应受到重视。父亲、上帝是子女的来源,因而更应受到重视。儒家认为子女的生命直接来自于父母之精、子女的成长来自于父母的呵护照顾、言传身教。基督教认为,子女来自于上帝的恩赐,父母只是实现上帝意图的工具载体,子女能否获得、能否顺利成长皆出于上帝。

其次,从维护最高事物权威的角度,需要这样的坚持。当现实中发生的事物关系与应然状况发生矛盾时,应从通常的伦理规则中超拔出来,诉诸与理性有别的情感,即对某些原则无条件地坚信和顺从。

如儒家提倡的百善孝为先,子女对父母的孝顺被推崇到极高的位置。但孝有哪些具体内容表现呢?在流传甚久的孝顺典型故事中,有很多事例所提倡的精神与社会中通常普遍认可的伦理有别。为娱乐父母可以不顾惜人格,如老莱子娱亲;可以损伤身体,如王友贞割肉医母;可以伤害其他生命,如郭巨为养母而欲埋子;不去追求立德、立功、立言"三不朽",如舜为遮掩父罪而愿意放弃高位、牧民之责保留恶名。舜孝感动天、孟宗哭竹生笋等故事,都在描述人们尽孝面临巨大困境的同时,却因至诚至大的孝心感动上天,超自然的力量的介入,化解了子欲尽孝但囿于自身现实条件而不能的现实际遇困境。与孔子的"不语怪力乱神"似有出入,其实是要给人一个确信,人心的为善可以感动上天。其目的在于坚定人们行孝的意念,即虔诚尽孝,天必赏之。由此,"情感是全部儒学理论的基本构成部分,甚至是儒学理论的出发点",[17]二十四孝虽然有愚昧迷信的成分,"其实是在不断地通过具体的事例来唤起我们内心的情感,通过激发我们的感情而使我们来体悟如何才是孝敬父母。"[18]

基督教亚伯拉罕献子违背了通常的不可杀人的伦理要求。这种超越似乎彰显出以一种知其不可而为之的心态、勇气、担当来表达自我的一种虔诚、决心、愿景,通过与常理的悖逆来反衬个人实施行为的绝决、克服障碍的坚毅、通达目的的真诚。早期教父哲学的重要人物德尔图良,在论及耶稣的复活违背人们通常的理性认知时说了这样的话:上帝之子死了,这是完全可信的,因为这是荒谬。他被埋葬又复活了,这一事实是确定的,因为它是不可能的。后来这段话被人们概括为"惟其不可能,我才相信"的短句,表达了信仰并不以理性认可为前提的深情。可以

---

⑰ 蒙培元:《情感与理性》,北京:中国人民大学出版社,2009 年,第 1 页。

⑱ 王美玲:《情感主义的儒家伦理》,载《华东师范大学学报(哲学社会科学版)》2011 年第 2 期。

套用其格式而表示这种违背常理行为的心理机制：正是因为其超越常理，才越发证明自己的虔诚和不同寻常。

再次，从代价付出是否值得的角度来看，似乎都认为是值得的。基督教中有许多个人为了信仰上帝而甘愿牺牲的事例。如由不愿改宗他神的、有因虔诚信仰而遭受牢狱之灾的、有自愿以身殉教等。基督教一些学者认为这种牺牲唤起了民众对基督教的同情和好感，激发信徒更大的热情。其中耶稣的牺牲更是被赋予了多重意义，成为世人学习模仿的榜样。

就付出与收益而言，似乎后者更大。儒家提到的一些行为，其出现的概率是非常小的，即或有时出现，对整体的伤害并不大（如果这种违背常理的要求对当事人造成名誉、地位、身体等负面影响），就整个社会而言是值得的。儒家一开始就把个人圈进各种关系之中，个人只有在对他人的相对关系中才能发现确认显现自己的身份，也就是个人只有在对他人尽义务、对集体做贡献时才能彰显其价值。否则，如果不履行义务，连起码的做人资格都不会被承认。如赡养父母勉为其难，会被认为不孝，何以区别于禽兽？

还可以从功利论的角度来思考这种对遵守伦理法律例外的授予。个人独自从上帝那里获得新的启示，推动人类社会去除流弊，不断进步。儒家将这种权利赋予的不是某个个人或群体，而是所有家庭，只要家庭和睦安定，整个社会就平稳和谐。考虑到农业承载能力较差，封建王朝不可能维护庞大行政体系，不可能将行政机构渗透到县级以下，民间只能寄希望于家族势力，而宗族的和谐取决于具体的家庭。

3. 是否会出现道德勒索问题

是否因其具有了赋予者地位就可以掌控他人，替代他人思考，让他人没有自由空间？

但一旦给予某种赐予，或是给予了一些奠定现实的地位、决定性的条件，是否就自然具备了对他人颐指气使、全面控制、生杀予夺的权力呢？例如是否因为拯救了一个人的性命，救人者就取得了对被救者可以提出无限要求的理由呢，被拯救者只能为其做牛做马、俯首帖耳，否则就是背仁弃义？这是否是一种道德勒索呢？为应对这种情况，儒家和基督教分别通过引进辅助性理论来加以应对。

在中西方道德勒索均不被广泛认可。利用自身所处的优势地位要求别人是一种胁迫，两种文化中更看重奉献而非功利索取。儒家父亲生养子女虽有养儿防老、希望其显亲扬名等世俗功利的成分，但更是将基于血缘基础上的亲情界定为无私的亲情，并不认可荀子、韩非子等将父子关系利益化、功利化的认定；而基督教中从神人等级差异极大的角度出发，提出反问，人即或有所善行或恶行，对上帝又有何增添或减损？父亲虽是个人生命的来源，但也不可无限的支配子女；上帝虽可以控制人，但他也不以人为直接牵线的木偶。

儒家通过孝道的三个不同层次，对人提出了奋斗的不同境界，激发人为光宗耀祖而不断积极进取。对父母只能劝慰，即或不听，也只能依然尊敬如故。“儒家伦理系统背后的支撑点是预设了‘天理’与‘人情’的统一性和同一性。‘天理’内在于‘人情’，不离乎‘人情’，舍‘人情’则无以言‘天理’。”⑲

儒家对人的理想设定为修齐治平，强调首先齐家，如果尚有余力，则向外扩展，己欲立而立人，己欲达而达人，进而治国平天下。由此它更看重的是个人能对社会发展、国家富强等作出贡献，也就是通过“三不朽”来实现孝道的更高境界，这为个人尽孝道、听父命等提供了更多的解释空间。通过父亲给予子女的重要的生命，传递生命，以继承香火，因而其看重的是将由自身而得的生命、名声等通过子女这样的载体传承下去。受制于特定时代的限制，这种精神的传递在儒家有“成功不必在我”意识，必须要有一个有形的载体，即活生生的肉体存在，因而强调要有直系的子孙后代，因是自己赋予其生命，所以管教起来可以按照自己的意志来进行，甚少有外界的干预。不仅包括通过肉体血脉的有形后代的生产，将祖先特定的形体以家族相似的方式传承下去，更要通过祖训家规等精神层面的要求激励子孙，要其像祖先那样奋发有为、尽可能通过立德、立功、立言而传之后世，将祖宗之名发扬光大。

⑲ 郑家栋：《“父为子隐，子为父隐”再议》，载《哲学动态》2004 年第 2 期。

西方运用预定论、自由意志来对是否有道德勒索进行驳斥。通过神提供各种备选选项,由人自主选择说明上帝的恩赐、慈父般的爱;通过人自我权衡自我决断后的选择,来阐明神即或对某些人的特定行为进行了责罚,也更多是人的咎由自取;通过神的爱,昭示人即或被责罚,仍然有可能得到上帝的宽恕。

上帝虽可直接掌控人的行为,但他还是给人以自由意志。基于阿奎那的观点,上帝是纯粹的形式,而人则是分享上帝的至善而存在。人由于亚当夏娃始祖所犯的原罪,而失去了上帝的特殊保护,因而从此心理就容易被肉体的欲望或外在的诱惑所干扰而去犯罪。原罪之所以出现,也证明了上帝虽能创造不犯错的木偶,但他还是赋予人以自由。"人不是必然的,而是自由地选择。"[20]

上帝通过契约和人类进行交流,从而划定了因人自身不同行为而享受不同回报的界限。圣经旧约中的上帝是一种严厉、暴躁、经常实行惩罚的形象;而在新约中则以一个仁慈、大爱、舍己的形象出现。如果说在旧约中对人的劝诫以恐惧威胁为后盾的话,那么新约中则以博爱奉献为号召。这种新的约定,更多地是激发人们彼此宽容、相互爱护。

阿奎那在秉持预定论(即哪些人能够获救在于上帝的预先安排)的同时,也强调个人的自由意志的发挥,个人并不知晓自身是否被预定得救,所以要积极主动地去争取。路德通过"因信称义"将个人对信仰的解释权更大程度地交还给个人,经由个人的理解判断而加以选择,消减了外在事功、宗教组织在得救过程中的作用;加尔文通过将世俗生活神圣化激发了个人积极工作、服务社会、争取成为被拣选者的积极性。

---

⑳ 多玛斯·阿奎那:《神学大全》(第四册),刘俊余译,台湾:中华道明会和碧岳学社联合发行,2008年,第145页。

论徐光启的辟佛思想及其所引发的佛耶之辩*

周黄琴

【内容提要】 在晚明耶佛冲突的环境之下，作为天主教徒的徐光启亦于1615年撰写了《辟释氏诸妄》，发起了对佛教"破狱""施食""烧纸""持咒""孤魂""轮回""念佛""禅宗"等内容的批判。但没想到的是，70多年之后，徐光启虽已去世，但他的辟佛论点却重燃了佛耶之辩，即僧界的普仁截撰《辟妄辟略说》对徐光启之论进行驳斥，而作为天主教徒的张星曜与洪济则随即联手撰写《辟妄略说条驳》，强烈反击普仁截之举。

【关键词】 徐光启　辟佛　佛耶之辩

晚明是三教纷争与融合交汇的一个过渡时期，亦是西方异质思想与中国正统思想交锋的一个重要时期。作为晚明著名学者的徐光启，不仅被西方科学所折服，而且在信仰面向上亦完全诚服于天主教思想，并于1603年欣然受洗，成为一名天主教徒，同时企图以西方之长来补中国之不足，致而发起对佛教的攻击。然综观当今的研究情况来看，徐光启的入教历程和原因、与利玛窦等传教士之交往、中西文化交流之贡献，以及科学史上的巨大价值等一系列问题，一直成为学者们的关注之点，而对于徐光启的辟佛

* 本文系广东省肇庆学院西江历史文化研究院2015年开放性课题的研究成果。

思想却少有问津,以致迄今只在一些专著或论文中偶尔有一些零星记载,特别是对于徐光启的辟佛思想与日后僧界普仁截和张星曜、洪济等天主教徒所发生的佛耶之辩的一个整体性的探究更是处于空白状态。[①] 所以,本文力图以徐光启的辟佛思想为基点,从宗教争辩面向上对徐光启与利玛窦在辟佛方面的差异性,以及由此所引发的佛耶之辩进行逐一揭示,从而使晚明耶佛碰撞之画面与争辩之焦点得到一定的呈现。

一、徐光启对佛教的批判

从资料记载上看,徐光启尽管于1603年受洗而成为天主教徒,但他并没有随即就投入到辟佛之中,而是更专注于对传教士的数学、天文、历法、地理等西学知识的翻译,直至1615年才开始撰写《辟释氏诸妄》与《诹谘偶编》之文,发起对佛教的抨击。后至1616年,当天主教在中国陷入教难之时,徐光启还向皇帝上疏了《辨学章疏》,其中仍不乏对佛教的批判。但需澄明的是,此文主要是以《辟释氏诸妄》中的辟佛内容为基点而展开论述的,而《诹谘偶编》与《辨学章疏》中的辟佛内容则以辅助方式贯穿文中。

---

① 李天纲于1990年在《上海社会科学院学术季刊》所发表的《"补儒易佛":徐光启的比较宗教观》一文中虽提到了徐光启的"易佛"问题,但遗憾的是,并没有对此问题做相关的论述,而是专注于"补儒易佛"口号的价值性研究。而沈定平则在《明清之际中西文化交流史——明代:调适与会通》中仅用一段话就概述了徐光启的辟佛思想,即"徐光启还在其所编撰的名为《辟妄》(《辟释氏诸妄》)的小册子中,从破狱、施食、孤魂血湖、烧纸、持咒、轮回、念佛和禅宗等八个方面,对于佛教教义及其流弊进行了全面的清算和抨击"(沈定平:《明清之际中西文化交流史——明代:调适与会通》,北京:商务印书馆,2007年,第632页)。陈卫平在《徐光启评传》第四章中尽管提到了"补儒易佛"之字眼,但文中并没展开对徐光启辟佛思想的论述,只是一笔带过,甚至连《辟释氏诸妄》都没提及到,而仅对《辨学章疏》的护教思想有一定的阐述。李兰芬于2014年发表在《广西大学学报》上的《与"神学"相遇的儒学选择——以徐光启译、著为例》中虽提到了徐光启的辟佛思想,但亦没做深入阐述,而仅是引用了郑安德《辟释氏诸妄题解》中的内容而已。同永宁虽于2014年在弘法寺撰写了一篇《徐光启〈辟释氏诸妄〉书后》,但其重在希图揭露当今宗教对话间仍存在的问题。李愿来在《明天主教与佛教论辩研究》博士论文中亦没专篇对徐光启的辟佛思想进行论述,而只是在文中对徐光启的辟佛之论引用了几次,亦仅对张星曜与洪济《辟妄略说条驳》中的论点引用了一次。

具体而言,《辟释氏诸妄》中的辟佛内容主要体现在以下几方面:

1. 对佛教“破狱”“施食”“烧纸”“持咒”等法事活动进行大肆驳斥

在徐光启看来,由于佛教不知人魂归于何处,故“创为破狱、施食、烧纸等说”,以诱骗“愚痴”。事实上,无论从“无”“有”,还是“平等”的面向来看,“破狱”等说皆为荒诞之举。而若从推理面向来看,其中更是充满了众多难以解答的矛盾。兹列举其中之大端:

(1)“破狱”是放一魂还是众魂?若为一魂则与佛教的平等之说相矛盾;若为众魂那一人破狱,众魂何以幸免?若众魂皆放,那地狱设置之意义何在?(2)若“咒术”能破狱,那不仅体现出人权“重于”天主,而且还会陷入“有钱得生,无钱得死”与“冥魂日闹于泉壤,坤维不宁”之荒诞局面;(3)若“施食”能使“远近冥魂齐来赴会”的话,那是“不分轻重,不问姓名,令其一齐争出”,还是“挨次点名,令其鱼贯有序”呢?“若鱼贯有序,则施食已完,名点不尽;若一齐争出,则冥主无从稽考。就使一齐争出,还令一鬼押一魂乎?抑任其飘荡,使之自去自来乎?若任其飘荡,自去又复自来,冥魂无此痴蠢之理。必若一鬼必押一魂,则安得许多空闲狱卒耶?”而且,“东家之斋事未完,西家之斋事又起,倘赴东不赴西,魂为拣择取舍;倘东应西不应,咒又为有灵有不灵,如凡施食之地皆赴,则魂终年在世,飨用优游,为极乐场,而地狱中独一幽冥教主地藏王菩萨与十殿阎君,相对守空狱而已。地狱之设,不滋多事乎?”(4)若施食仅为“无主魂”,那为何“外鬼可施以食”,而狱鬼却“独不可施以食”呢?(5)若有“血湖地狱”,那为何“上主”令产妇生人?“佛之灵既生无罪之男女,何乃贻有罪于父母?不几父母之求男女者,反自求加其罪乎?”(6)既然天上神明“无求不得”,那为何还需“假钱纸灰,以买衣食”?而且,钱币应随时代与国度之变而变,那为何“独以楮钱而历代各国守之如一”呢?[②]

2. 对佛教轮回说的批判

事实上,对于佛教的轮回说,利玛窦在《天主实义》中既认为是对西

② 朱维铮主编:《徐光启全集》(第九册),上海:上海古籍出版社,2010年,第385-389页。

方毕达哥拉斯思想的窃取,亦列出了六大“逆理”之处。③ 但对徐光启而言,他并没有简单承袭利玛窦之论,而是运用二难推理指出佛教轮回说所存在的相悖之处,从而达到不攻自破之目的。

(1)佛教轮回之魂到底是旧魂,还是新魂?若为旧魂,那将陷入“灵魂有数”与“上主何巧于造初生之魂,而拙于造后生之魂”的困惑中;(2)若轮回说成立的话,那“无论大者,即食一鱼,而永世之业报不尽”,致而不到百年“人类尽矣”,然为何三代之后,人却“亿万多于上古之人”?(3)若为新魂,那后来之人自不需“借资上古之魂”,亦不会出现此身“借资彼魂”之荒诞现象;(4)人既死,则其魂必受“应得之赏罚”,致而“一魂之事已毕”,那何需“相贷”呢?(5)倘若轮回说为真的话,那人类将陷入“将父或为子,母或为妻”与“人子将食亲肉,而寝亲皮”的乱伦之局面。④

3. 抨击念佛以求解脱的修行方式

其实利玛窦早在《天主实义》中就对佛教的念佛以求解脱的修行方式提出了批判。如其云:“又有一经,名曰《大乘妙法莲花经》,嘱其后曰:‘能诵此经者,得到天堂受福。’今且以理论之,使有罪大恶极之徒,力能置经诵读,则得升天受福;若夫修德行道之人,贫穷困苦,买经不便,亦将坠于地狱舆?又曰呼诵‘南无阿弥陀佛’,不知几声,则免前罪,而死后平吉,了无凶祸。如此其易,即可自地狱而登天堂乎?岂不亦无益于德,而反导世俗以为恶乎?小人闻而信之,孰不遂私欲,汙本身,侮上帝,乱五伦,以为临终念佛者若干次,可变为仙佛也。”⑤

然而徐光启在承继利玛窦之论的基础上,重新对佛教的念佛以求解脱的修行方式发起了质问。在他看来,阿弥陀佛若是“人”则“无变化生死之权”;若为“神”则不仅无能亦不敢“自刱一境土,自栽一莲花,以为诸魂投胎化魄之所”;若为“理”亦“未指常远明白者何事”。也就是说,无论阿弥陀佛是“人”,是“神”,还是“理”,都既无能亦无权让人获得解

③ 周黄琴:《论云栖袾宏与天主教人士的“异域”对话》,载《法音》2015 第 10 期。

④ 朱维铮主编:《徐光启全集》(第九册),第 391－393 页。

⑤ 利玛窦:《天主实义今注》,梅谦立注,北京:商务印书馆,2014 年,第 201－202 页。

脱。而且,若从老子的“知者不言,言者不知”的角度来看,不仅可以得出“念者不明,明者不念”之论,而且还可得出“念佛求解脱”的荒诞性。更为甚者,佛教“莲花化身”之说中亦存在一些“逆理”之处:(1)“人之贵于异类者”在于“其有灵魂”,而若人能生于莲花,那将陷入“以无知生有知,以极贱生极贵”的矛盾中;(2)既为莲花,那将如何诞生出高贵之人,即“以金铁作茎须乎?不然,则擎托人身不起,抑人身以蝶粉为躯壳乎?不然,则栖住莲花不安”;(3)人诞生之后又将与莲花保持如何之关系,是“婴辞母胎”,“跃出池外,另寻安乐窝”,还是“永世如桎梏枷锁,生根在莲花上而不能去”?(4)倘若人为贵,那“何不生于净胎之人,而必生于无情之花耶”?所以,在徐光启看来,人死后,只有天堂与地狱,而无“西方极乐世界”。⑥

4. 批驳“明心见性”“棒喝”的顿悟方式与“过午不食”之斋戒

对于禅宗之妄,徐光启不仅从整体上予以了否定,即“掉唇摇舌,惑世诬民”,而且还从以下四个方面进行了具体论说。(1)禅宗的“明心见性”之说既不知“天命之性”,亦为“知而不行”的无用之说;(2)禅宗“棒喝”之顿悟方式乃是“贱性”“贱佛”“死性”“死佛”之举;(3)“过午不食”乃荒诞可笑;(4)既否定佛传迦叶之说,亦否定《金刚经》《心经》《楞严经》等典籍。在徐光启的世界里,“法法本无法,无法法亦法”不过是空谈,《金刚经》则“浮浅无味”,而《心经》与《楞严经》皆“不知大主”。⑦

从以上的批驳内容来看,其不仅展示出了徐光启极强的理性思维与精湛的二难推理,亦可清晰地看到天主教思想对他的思维模式与观念的深刻影响。如对于破狱的批判,徐光启认为,若有地狱的话,那也是“大主所设”。其实,徐光启既没有否定地狱的存在,亦没有否定祭祀活动的意义,而只是通过把佛教的法事活动纳入到天主教思想系统之内去观照,并运用二难推理方式的反复质问,从而使佛教的“破狱”“施食”“烧纸”“持咒”等法事活动皆陷入不可辩驳的荒诞境地。即使在对轮回说的批判中,徐光启既反复论及“上主”对万物,以及灵魂的创造性,甚至

---

⑥ 朱维铮主编:《徐光启全集》(第九册),第 393 – 394 页。

⑦ 同上,第 394 – 396 页。

直接判定“信上主,自不信轮回”。更为甚者,在判定《金刚经》《心经》《楞严经》等典籍的价值上,皆以是否知“大主”为依据。

同时,从辟佛的承袭上来看,徐光启的辟佛思想无疑受到了传教士,特别是利玛窦批佛思想的影响。众所周知,利玛窦在《天主实义》中对佛教的“空”“轮回”“杀生”“地狱”等思想,连佛教的诵经、念佛名即可免罪受福的修行方式与偶像崇拜行为都给予了驳斥。但是,从两者辟佛的内容来看,两者之间既有相同之处,亦存有差异,即都有对佛教“地狱”“轮回”、念佛名即可求解脱思想之批判,但徐光启更注重对佛教外在法事与仪式面向的批判,而利玛窦则更注重对佛教内在思想的否定。如利玛窦在《天主实义》第二篇就对佛教的“空”论进行大肆批判,但不知是基于中国传统文化的长期熏陶,还是对佛教之“空”有着比利玛窦更为深刻的理解,抑或是其内心并没有像利玛窦那样完全以天主教来摧毁佛教之故,反正徐光启没有对佛教的“空”论进行驳斥。

而且,就辟佛的一些判定来看,徐光启比利玛窦显得更为理性。如利玛窦既在《天主实义》与《中国札记》中反复论说佛教的“天堂地狱”与“轮回”说是对基督教与古希腊“闭他卧刺”(Pythagoras)思想的窃取,而且还认为佛教的“四大说”与“三位一体”,以及独身、出家朝圣、乞求布施、唱经、献祭时所穿的袍服等仪式亦是对“德谟克利特”多重性思想与“基督教福音书”的剽窃。但从徐光启辟佛的内容来看,他并没有承继利玛窦此面向的观点。

事实上,徐光启虽为一天主教徒,但他视域中的天主教和利玛窦心中的界定还是存有一定的差异。若从《辨学章疏》的记载来看,其实徐光启对于传教士来华的目的、中国文化与基督教文化的关系、西方世界等理解都与实际状况存有一定的偏差。(1)传教士不畏千辛万苦来华并不是为了“来相印证”,而是有着更为深层的传教目的;(2)中国文化与基督教文化并非“理相符合”,而是存有很大差异;(3)徐光启所理解的天主教思想并非为其真貌,而是已经儒学化了的天主教;(4)西方世界并非如徐光启所描述的那样美好,即“盖彼西洋邻近三十余国,奉行此教,千数百年,以至于今。大小相恤,上下相安,封疆无守,邦君无姓。通国无欺慌之人，终古无淫盗之俗。路不拾遗，夜不闭户。至于悖逆叛乱，非独无其事、无其人，亦并其语言文字而无之，其久安长治如此。然犹举国之人，兢兢业业，惟恐失坠，获罪于天主。则其法实能使人为善，亦既彰明较著矣”。⑧

透过这些偏差，我们不仅可以知晓尽管利玛窦与徐光启的关系非常要好，但为了传教之需，利玛窦实际上对徐光启隐瞒了一些事实真相，甚至还向他夸大了传教士的圣洁与高尚性，以及西方世界的美好性，而且尽管利玛窦心中非常清楚，附儒不过是一种权设而已，但在传导天主教思想的过程中，却不由地向徐光启等学者输进了儒化的天主教思想。同时，虽然我们不能怀疑徐光启对天主教的虔诚性，但我们亦不可忽视的是，作为一名长期浸染于中国儒学环境的学者而言，他不仅无法全然否定所有传统文化，而且在理解天主教的过程中，亦会把天主教思想置于儒学系统中去加以理解与诠释，致而在徐光启的思想世界里，天主教与中国传统文化既不是对立关系，而是可以“左右儒术，救正佛法”。⑨

因而，尽管同为辟佛，但在徐光启与利玛窦心中所蕴含的辟佛目的还是存在着巨大差异，即利玛窦是从宗教的面向希求彻底打击佛教以达天主教取代佛教之目的，而徐光启却基于强烈的救世情怀之驱动而企图运用一些天主教思想对佛教展开批判以达匡正社会弊病之目的。而且，从深层的面向来看，其实徐光启与利玛窦之间存在着相互借助对方之力量以达到各自不同之目的，即利玛窦需要借助徐光启这样有身份的人来保护与传播天主教，而徐光启则不仅需要从利玛窦等传教士那里吸取西学知识，而且还需要借助天主教思想以达到匡正社会之目的。同时，即使在辟佛的过程中，他们虽然都是以儒耶同盟的方式来共同对付佛教，但实质上还是存在一定的差异，即利玛窦在以天主教为基点与中心的基础上，通过借助儒学来达到辟佛之目的，而徐光启则是在以儒学为基点与核心的基础上，通过借助天主教的思想，来达到辟佛之目的。

---

⑧ 朱维铮主编:《徐光启全集》(第九册)，第 249 - 251 页。

⑨ 同上，第 251 页。

二、僧界的回应

然而有意思的是，对于徐光启的辟佛思想，僧界并没高僧随即做出回应，直至几十年之后普仁截才略作回应。据洪济的《辟妄略说条驳·序》中所载，“历今百年，释氏中虽有杰出者，无敢置一喙。乃有庐山北涧普仁截沙门者，惧文定公《辟妄》之言彰，则众僧谋身之计绝，强为《辟妄辟略说》，希存伪妄以冀养生。”[⑩]事实上，从现有的资料记载来看，尽管我们还难以确定《辟妄辟略说》的具体撰写时间，但通过对回击普仁截而撰写的《辟妄略说条驳》的作序与纂刻时间来看，即不仅洪济在自序中提到“及我皇清定鼎，改式易服，未同旧制，迄今四十余年矣”，而且徐宗泽在《明清间耶稣会士译著提要》中还提到“洪、张二公之《辟略说》刻于康熙己巳（1689）”，从而可以推断出普仁截的《辟妄辟略说》不是撰于百年之后，而是大致在17世纪80年代初期左右。

而且，就内容而言，普仁截对徐光启的《辟释氏诸妄》中的“孤魂”“血湖”“烧纸”“轮回”“念佛”“禅宗”等论却只字未提，而只是就“破狱”“施食”“持咒”之观点进行了简短回应。所以，徐宗泽在《明清间耶稣会士译著提要》中论述道，“截沙门驳文定公者惟持咒、破狱、施食三章，而于孤魂、血湖、烧纸、轮回、念佛、禅宗诸论不敢置辩一言。”[⑪]

1. 回击徐光启的“破狱之妄”

从《辟妄略说条驳》中的记载来看，普仁截主要从“有”“无”“地狱”为“众生三业所感”而不是“天主所设”等面向对徐光启的“破狱之妄”做了回应。具体而言，其主要表现为以下三方面：

首先，关于地狱，我们不可简单地从“有”“无”对立与执着的面向来界定，而应从“若有若无”之破执面向来理解。针对徐光启在《辟释氏诸妄》中从“有”“无”两个面向对佛教“破狱”之论发起攻击之举，普仁截

---

⑩ 徐宗泽：《明清间耶稣会士译著提要》，上海：上海书店出版社，2010年，第79页。

⑪ 同上。

则从“有”“无”与破执的面向进行了回应。在他看来，若从“唯心具造”的面向而言，地狱既不能以“有”“无”而论，亦能以“有”“无”而论。其因在于，“盖依于理谓之具，依于事谓之造。以心具故，不可言无也；以心造故，不可言有也。以心自具，非外来故，亦可言有也；以心妄造，非实有故，亦可言无也。”⑫由此可见，在剖析中，普仁截借助不落两边的中观理论，以“具”与“造”的两个论说面向而使地狱说呈现出“若有若无”之状态，而不是如世人所理解的“有”“无”的绝对对立性。

不仅如此，普仁截还通过举例的方式来例证地狱不可简单地以“有”“无”来界定。如其云：“昔有俗士问黄蘗和尚：‘地狱实有否？’蘗曰：‘无’。又问大慧和尚，慧曰：‘有’。士曰：‘黄蘗和尚道无，和尚为甚说有？’慧曰：‘居士有妻子否？’曰：‘有’。‘黄蘗和尚有妻子否？’曰：‘无’。慧曰：‘待你到黄蘗和尚地位，自然一切皆无。’故了达明人，说有亦得，说无亦得。”因而，他批评徐光启由于“钉钉胶粘，不定执为有，即定执为无。只因智识浅陋，不达事理之关，所以说无，则拨无因果，谓原无地狱，可以不破；说有，则心外有狱，谓是天主所设，坚不可破。据汝见处，地狱定决是有，但不许破狱耳。”

其次，若地狱为“天主”所设，那不仅是一种“残忍暴厉”之举，而且亦与上帝仁慈之论相矛盾。针对徐光启的地狱为天主所设之论，普仁截则反击道，天主不仅有意造设地狱来“困苦冥魂”，而且，“若人不奉彼者，即永远拘禁。”更为甚者，“尽未来际，虽有改过迁善之心，永不许忏悔。虽有盛德神通之力，永不许救援。”若为如此，那天主之举既是“恶中之恶”，其“残忍暴厉”超过“桀纣百千亿倍”，而且亦与上帝仁慈之论相悖。

第三，地狱乃是“众生三业所感”，故而佛法可以“破狱”。在普仁截看来，地狱既非“天造”，亦非“地设”，而是“众生三业妄成”，所以“诸贤圣师，口诵真言，手结密印，心运妙观，三处同放赤色光照触彼狱，顿令破

---

⑫ 洪济，张星曜：《辟略说条驳》，参见郑安德编：《明末清初耶稣会思想文献汇编》（第三十六册），北京：北京大学宗教研究所，2003 年，第 514 页。以下所引的普仁截之内容，皆是来自于此作品，故以下不再具体注释。

坏也。”而且,地狱本为空与虚妄,哪有不破之理呢?同时,既然地狱可用“法力破坏”,那又何必担心魂魄不能以“法力超脱”?正如人世间的“狱囚”,“本未应出,忽遇国王大赦,即便脱免,岂难言狱门牢固,必不可开”。

2. 回击徐光启的“持咒之妄”

在《辟妄辟略说》中,普仁截没有针对徐光启的质问而做出回答,而是以历史材料中所载的事件来证明“持咒”之灵验性。在普仁截看来,不仅史上记载了大量关于“持咒”而“枷锁自脱”或“刀寻断坏”之灵验事,而且从经验事实的面向来看,“金刚神咒”亦“多获灵验”。如“唐太宗时,诸宫人持之,多获灵验”。同时,若就“近事可考证者”而言,不仅在顺治初年,一梵僧曾以“真言使茶壶复合”,而且汪君旅还可通过诵念“变食真言”达到“变少食,成广大食”。故而,普仁截认为“真言灵验可信”。

3. 驳斥徐光启的“施食之妄”

在普仁截看来,其实无论是“冥王狱卒非有情种”还是“牛头阿旁,非众生数”等皆是徐光启的“业识变现”而致见“种种恶相”。事实上,在念咒设供之时,既不存在徐光启所担心的若冥魂一齐出而“无从稽考”之忧,亦不存在“一鬼押一魂”之状,更不会导致冥魂“终年在世悠游”而出现“狱空”之尴尬,即“至云对守空狱,尤属痴见。譬如国王大赦,狱为之空,狱空之后,宁无后至之罪人乎?有是哉,汝之愚也。”甚至,普仁截还向天主教发起了攻击,既然天主教徒们“敬事天主”,相信“天主”有灵验,那“何不现摄汝身,升彼天堂受乐”,而且“一切升沉祸福,归之天主。是谓埋没己灵,恶见中最”。所以,普仁截最后讥讽徐光启,“愚昧如此,乃敢肆日纵笔,谤佛法僧,何异井底之蛙,揶揄月中蟾兔。无怪乎以天子比天主,而以庶人比佛也。”

从以上的回应情况来看,无疑存在着令人遗憾之处。因为,普仁截既没能选择一些具有佛教义理或有深度的如轮回、“明心见性”“棒喝”之顿悟方式,以及《金刚经》《心经》《楞严经》之内在独到价值等作为切入点而对徐光启的批判做出深入回应,而是选择了“破狱”“施食”“持咒”等一些粗俗化的问题来进行回应。这无疑在论辩的起点上就使自己处于弱势。因为,在当时尽管佛教于逻辑论证方面显得稍弱于天主教,但实质上作为一大宗教的佛教无疑在义理上是不会弱于天主教的,因而当选择一些义理问题,不仅可以展示出佛教思想的长处,亦可以使问题得到更深入的推进,但倘若选择一些粗俗化的问题则无疑使天主教的实学精神得到更好展示,反而掩盖了佛教的长处,以致无法从义理的面向去论证“破狱”“施食”“持咒”的合理性,而只能借助史上一些相关的神秘性记载来进行例证。无疑,此种方式既不能保证所引材料的确凿性,亦使论辩缺乏力度。

事实上,从佛教传入中国的历程来看,其在理论上就存在着一个逐步祛魅化的过程,特别是禅宗,不但卸下印度佛教中的神秘色彩与中国传统中的方术性成分,不断在理智方面开启人类对人生的一些思考。如就《坛经》的内容而言,“慧能不仅反对枯坐与外在的烧香之举,而且亦消解西方极乐世界的实有性,把人由外在的追求导向自我内在的修行。在慧能看来,修行不是出于某种外在之目的,而是人内在自性的自然流露,即‘一切般若智,皆从自性而生,不从外入,’故慧能反对把‘造寺度僧’、‘布施设斋’之行等同于‘功德’。而且,在他的眼里,佛教‘六道轮回’中的‘地狱’与‘畜生’亦没有什么神秘与可怕之处,其实它们就存在于人们的日常生活之中,即‘贪嗔是地狱,愚痴是畜生’。”⑬

但令人遗憾的是,到晚明时期,由于佛教的衰落,晚明很多僧人并没有从佛理层面上去发展佛教思想,反而是向低俗化的民间转化,甚至还带有很强的方术化趋向。正如云栖袾宏所云:“有作地理师者,作卜筮师者,作风鉴师者,作医药师者,作女科医药师者,作符水炉火烧炼师者,末法之弊极矣!”⑭所以,作为僧人的普仁截,面对徐光启的批判,不仅没能理性地去反思晚明佛教所存在的弊病,反而强行为佛教的堕落仪式与法事活动进行辩护,这无疑会遭致天主教徒们的强烈反击。

---

⑬ 周黄琴:《论禅宗的祛魅化走向》,载《云南社会科学》2013 年第 4 期。

⑭ 莲池大师著,孔宏点校:《竹窗随笔》,北京:北京图书馆出版社,2005 年,第 128 - 129 页。

三、天主教徒的反击

然当面对普仁截的《辟妄辟略说》,作为天主教徒的洪济、张星曜皆无法等闲视之,随即两人就联手奋笔疾书,撰写了《辟略说条驳》,对普仁截之论逐条进行批驳。而且,从撰写的体例与论辩方式来看,他们不仅依照徐光启的八节格式从“驳地狱亦有亦无之非”“驳设狱残忍之非”“驳法力倖免地狱之非”“驳现摄升天之非”“驳真言灵验之非”等内容上逐条批驳,而且还把徐光启在《辟释氏诸妄》中所用的二难推理方式亦运用到了此次论辩之中。

1. 批驳普仁截的地狱“亦有亦无”之论

针对普仁截的地狱“若有若无”之论,首先洪济用“事理”来“破地狱唯心之妄”。在他看来,佛教所彰显的“唯心思成”不过是“自说自证,无可稽考”。而“世人罔察,有但闻其神通广大,信之事之,永不觉悟”。其实,若“天下事理所原无,人心不能妄使之有”;若“天下事理所实有,人心不能妄使之无”。然地狱者乃“天主所以困苦恶逆者之身后,天刑之极,则事理之实有。犹家法以惩忤逆,国法以诛背叛,断断不无者也。截沙门以据理据事实有之地狱,为心具心造,可有可无,其妄岂不立时显著”。故若“以地狱为可有可无”,乃为“真戏论”。⑮

其次,张星曜则从“亦有亦无是遁词”“心具为无,心造为有”“有无与觉悟无关”“地狱实有而不可破”等四个面向对普仁截的地狱之论予以了回击。(1)为了驳斥普仁截的“地狱亦有亦无”之论,张星曜不仅引用苏东坡与杨慎的批佛之论作为例证,而且在他看来,“世间事理,有则真有,无则实无,未有岐于两端”,故而普仁截的“若有若无”论不过为“洸瀁遁词”。(2)针对普仁截的“以心具故,不可言无也;以心造故,不可言有”之论,张星曜认为其中存有荒谬。因为,在他看来,无论是依据中国传统的“《书》言降衷,《中庸》言天命者”而言,还是就“事”与“理”

⑮ 洪济,张星曜:《辟略说条驳》,前揭,第515页。

的关系来说,皆知“心具善不具恶”与“理与事不可分看”。故而,“心依于理,则有善无恶,未尝具地狱”,“心依于事,则有善有恶,造恶必入地狱”,而不是“以心具故,不可言无,以心造故,不可言有”。(3)针对普仁截的黄蘖和尚与居士有无妻子之例证,张星曜则驳斥道,地狱的有无与人的觉悟无关,而是“天主之设地狱,大审判之前,则罚其魂;大审判之后,并罚其身也。使谓自心造恶,因堕地狱则犹可;若谓自心能具地狱而非天主之义罚也,则大谬”。(4)张星曜甚至引用宋代陈师道的《后山谈丛》中的善端僧人焚香以验地狱有无之故事来论证“地狱实有而不可破”。

2. 批驳普仁截的天主设地狱乃为“残忍暴厉”之说

为了驳斥普仁截的天主设地狱乃为“残忍暴厉”之论,洪济在文中不仅从人世间的“背叛其君”“忤逆其父”的两大极重不赦之罪入手来论证“悖逆至高天主当受地狱之罚”,而且还以西方稃罟之寓言故事与孔子的“获罪于天,无所祷也”来例证“天主之尊无量,背叛之罪亦无量”,故而人只有生前“痛悔皈正即可免堕地狱”,而若“怙终不悛”则遭地狱之罚。

张星曜则认为天主设狱不仅不是一种“残忍暴厉”之举,而是一种“仁义并重”之举。因为,作为至尊之天主既不会像梁武帝那样“有仁而无义”,也不会像武则天那样“有义而无仁”,而是“仁义并重”,既“赏善人以上升”,又“罚恶人以地狱”。既然天主为宇宙万物之主宰,致而具有至高无上的生杀大权,而人若“不奉事天主,则不达降衷本源,悖逆君父,为恶则易,为善则难”,但天主“慈悲”,“正愿人痛悔,救拔人魂”,可是,“若人已死,无能改悔,一生之判断已定,天主亦无如之何”。所以,在张星曜看来,天主设地狱非“残暴”之举,而是用来惩罚恶人,反而是佛“不论是非”,“一概欲谤佛法者,堕入阿鼻大地狱中”,为“残忍暴虐,反过桀纣亿千百倍”。

3. 驳斥普仁截的“佛法可以破狱”之论

在洪济看来,不仅普仁截的“地狱是三业妄成”之论为荒诞不经,即既“诱人为恶”,使“见利忘义之徒”肆无忌惮,而且所引“国王大赦”之喻亦为不当,因为"背君父,图叛逆"之罪不仅不在赦例范围内,同时佛亦"无恩赦之权"。

而张星曜则驳斥道,普仁截六种地狱说皆"自相矛盾"。(1)既然"地狱无有",则不需"拔济";(2)人身既没"三处光",则不能以此光来"破狱";(3)既然地狱为空,那又何来破之理?(4)从现实的实施情况来看,佛教之破狱不是凭"法力",而是凭"财力",从而导致"有财者生,无财者死"的荒诞局面;(5)"国王大赦"之喻极为不当,因为不仅国王"不赦十恶不赦之人",而且阴间不讲情面,假使阴间讲情面,那说情者应是天主亲近之人,而不会是背叛天主的"汝辈凡流",以及"所奉之佛"。更为甚者,"国王大赦"之说亦与佛经中的"无量无数劫""平等"理论相矛盾。

4. 回击普仁截的"以现摄升天论天主不灵"之论

对于普仁截的"以现摄升天论天主不灵"之说,张星曜并没有做出回击,只有洪济对此有一定的回应。在洪济看来,天既非佛教所言的三十三天,亦非普仁截所指的"太虚",而是十一重的"形体之天"与"天堂之天"。同时,依照"轻清者上升,重浊者下降"之原理,天主不仅能像朝廷一样"黜幽陟明",对善恶作出赏罚,而使"轻清"的仁者上天堂,重浊的"骄奢淫佚"者下地狱,但对于人的灵魂与身体,天主在赏罚上是存有时间上的先后不同,即先提升"灵魂"而后关注肉身。而普仁截不仅不知晓天主教的救赎理论,而且还被佛教"现摄说"所蒙蔽。其实,无论就《楞严经》所载,还是云栖袾宏死后的遗骸来看,佛教所描述的"净土""现摄""极乐世界"等都非实有,仅为虚幻而已。

5. 驳斥普仁截的"真言灵验考"

对于"真言灵验"论,洪济不仅认为普仁截所引的"沙澜遇梵僧咒壶"及"汪君旅变食"二事皆为虚幻不实的戏法,而且还从"寺中斋供"为何不能通过诵真言之方式而达"自然广大充美"的质问中来例证佛教的"真言不灵"。

而张星曜则从历史事件与经验角度来驳斥普仁截的"真言灵验"

论。在张星曜看来,康熙年间的朱方旦虽自称"可救刀兵水火",但却为何免不了被诛杀的命运?二十四祖师子头陀为何在遭受"罽賔国王之戮"时不能用真言使刀断坏?同时,据《资治通鉴》的记载,傅奕已证咒术不灵验,而且唐太宗时期的以"咒术移山塞海"之事亦为荒诞不实,既不见传记,同时若真有此术,那为何太宗在镇压高丽泉盖苏文叛乱之时,还需造"战舰以渡辽海"呢?若"真言"果真"灵验",那当今正值黄河水患,何不持咒塞河呢?

6. 驳斥普仁截的"业识变现论"

不知何因,对于普仁截的"业识变现论",洪济没有作回击,而只有张星曜一人做了驳斥。在张星曜看来,如若说冥王狱卒为"情种""必不锢人于狱";如若说地狱乃为"业识变现",那地狱为"空"或"虚妄"。既若如此,那又何必要僧人"破狱"呢?如若地狱为"实",那必然像"王法之狱"那样自有"稽考"与"拴押",但却为何又无"稽考"与"拴押"?那么优游自在的"魂"与"不锢者何异"?何必又"求僧人破狱"?因而,张星曜不仅认为"僧人破狱"乃为一种"埋没己灵"之举,而且普仁截的"不究义理横肆诬诋"乃是"庵摩罗白净识",致而只有"敬事天主"才是"知行之指归"。

7. 驳斥普仁截的"破狱不会导致狱空"之论

对于普仁截的"破狱不会导致狱空"论,洪济亦没作回击,而只有张星曜进行了回应。从回应的内容来看,张星曜一方面对晚明僧人频繁的法事活动提出了批判与质疑,即"果使真言有灵,一切冥魂,承此超脱,则一次破狱,亦已足矣,何三朝诸七之不惮烦"?另一方面,从"诘问之虚辞"与"类推之实义"两个角度来论证徐光启论说的合理性与普仁截的"痴见"性。

8. 驳斥普仁截的"徐光启谤佛法僧"之论

洪济与张星曜对"徐光启谤佛法僧"论都给予了驳斥。在洪济看来,徐光启"以庶人比佛"之举并非始创,而是从佛经中"抉出"而已。因为,佛经不仅“言佛之多”,而且还存有很多荒诞之记载。如释迦牟尼不仅出生时能像禽兽一样“能行能言”,后亦“甘悖已戒”“娶妻生子”,而且从释迦牟尼与弥勒所约定的“先花者为现在治世,后花者为未来佛”中的表现来看,反而体现了牟尼与弥勒的“贪”“嗔”“痴”。同时,普仁截所提的“月中蟾兔”亦是“释老伪说,荒唐无稽”。更为甚者,历观“哲王贤相”“莫不以天帝为尊”,然释迦牟尼却发出“上天下地,唯吾独尊”之“病狂疯颠之呓语”。

张星曜不仅从儿时的击鼓事件入手来证明“佛理”之荒谬,而且还对“以庶人比佛无过”进行了辨析。在张星曜看来,尽管同为庶人,但存在着“贤智”“庸众”“降黜”之别,然实质上佛既不能以“贤智之庶人”与“庸众之庶人”来比拟,而只能以“降黜之庶人”来比拟。因为,“独降黜之庶人,其心甚险,其力甚雄,其言无稽,其行背诞,其号召无识最多且广”,而“佛之身心,天所生也,食天之毛,藉天之庇,乃欺诳无识,以为三千大千,唯吾独尊,非其心中意中,恒蔑天主”,以致“杀人灵魂多”。

综上所述,洪济与张星曜在论辩中不仅展露出了强烈的实学性,而且还表现出了精湛的通过借用佛经与儒学理论而把普仁截置于相悖之地的严密推理性。事实上,他们恰恰把西方人擅长的思维与论辩方式运用到了论辩中,进而从整个论辩来看,无论就篇章的字数,还是就论辩的气势而言,洪济与张星曜的论辩都要远远超于普仁截之上。但是,我们不可否认的是,洪济与张星曜在驳斥普仁截之论中又始终把天主教思想设定为既定的至上标准,甚至把儒学亦化为一种辅助手段而已,所以尽管看似整个论证非常严谨,但仍是充满了强烈的武断性。

虽然无论是徐光启还是张星曜,他们所理解的天主教都非本真状况,而是已经变形了的具有儒学色彩的天主教。正如张星曜在《辟妄略说条驳序》中所云:“泰西诸位先生,……教敬畏天主,敦五伦,尽五常,改过迁善,与尧、舜、禹、汤、文、武、周、孔之言翕然符合,此人类之大幸已。”[16]但不管是从两者所撰的作品情况来看,还是护教的内在目的而言,无疑在天主教信仰的面向上,张星曜比徐光启走得更深入与彻底,即

[16] 徐宗泽:《明清间耶稣会士译著提要》,上海:上海书店出版社,2010 年,第 81 页。

如若说徐光启更多地是因天主教的实学与精神救赎而被折服的话，那张星曜则彻底拜倒在天主教的宗教信仰面向。正因如此，虽然作为天主教徒，他们心中都具护教色彩，但徐光启却不是因纯粹的护教之因，而更多是从匡正社会弊病的救世面向上才发起对中国传统文化，特别是对佛教的批判与反思，而张星曜却主要是从一个教徒的护教情感上发起对异己的佛教之攻击。所以，在辟佛中，他更多承继了利玛窦的辟佛观念，即不仅对佛教之“无无”“空”发起了攻击，亦认为佛教是对天主教思想的窃取——“阿罗氏所携景教经典二十七部俱为释氏窃取”。⑰

事实上，诚如在日常生活中如若我们要获得良好沟通与交流的话，就必须在交流中尽力摆脱自我观念与立场的束缚，并走进对方的心灵世界，方可达到最佳之状态。其实，各大宗教的真正对话，既不是简单陈述自我宗教之观点，而全然不顾对方之状态，亦不是以自我宗教思想来框定或裁定对方宗教，更不是把自我宗教置于至高无上之地位而臆想灭绝一切异己之教，而应排除自我宗教观念与思维模式的束缚，以平静之心态去理性审视双方所存在的优缺点，以及思考自我所应学习之处与努力之方向，然后共同携手朝着开启民智、提升德性、净化灵魂的面向努力前行。

⑰ 徐宗泽：《明清间耶稣会士译著提要》，上海：上海书店出版社，2010年，第91页。

从《正学镠石》看西班牙基督教学者利安当对物的认知

——兼谈其对儒家万物生成说的批判

姚文永

【内容提要】 利安当坚定地把万物的来源归为天主的造化，认为物存在的前提与基础是本性实有。利安当把物界定为自立者与依赖者两种，同时，从物的形态上而言，物又包括有形者、无形者等两种。从物的存在基础而言，自立者高于依赖者，同时，物必有质、模、造、为等四所以然，这是物的生成模式。在此基础上，利安当对儒家的太极造化万物与天自然而生等理论进行了批判。

【关键词】 《正学镠石》 利安当 物 基督教 儒家

利安当(Antonio de Santa Maria Caballere, 1602 - 1669)，西班牙人，基督教学者。1618 年，16 岁的利安当入方济各会。1633 年，他由马尼拉启程，首次到中国南昌。1650 年 10 月底，利安当到济南传教，影响颇丰。1665 年，利安当因杨光先教案而被捕入狱。同年 9 月，被押赴北京，并于次年 3 月，被驱逐至广州。1669 年，在广州逝世。利安当著有《天儒印》《正学镠石》等书。目前，关于利安当的研究，主要集中在《天儒印》上，《天儒印》是利安当晚期的著作，主要反映了儒耶的融合与一致。据笔者所知，利安当的《正学镠石》目前研究成果甚少。在《正学镠石》中，利安当对万物生成说着墨颇多，有鉴于此，本文以“物”这一概念为介入点,试论利安当对物的认知,同时,也兼及利安当对儒学万物生成说的批判。

一、物的界定与生成模式

物的界定不管在哲学或宗教中都具有重要意义,它是宇宙生成理论的核心概念之一。对于物,利安当说:

> 盖物字为万实总名,物之类多,而均可称之为物,或自立者,或依赖者,或有形者,或无形者,莫不皆然。①

可见,物的种类有自立者、依赖者、有形者、无形者等四类。那么,这四类物有什么关系呢?对此,利安当说:

> 天学论物之宗品有二:有自立者,有依赖者。(自立有二种,有有形而属四行者,如金石人物之类;有无形而不属四行者,如天神人魂之类。依赖亦有二种,有有形而赖有形者,如冷热燥湿刚柔方圆五色五音五味之类;有无形而赖无形者,如五德七情之类是也。)比斯二品。虽相配而行,然自立者先也,贵也。依赖者后也,贱也。依赖之情不能自立,苟无自立者以为之口,则依赖者了无一据。②

利安当把物界定为"有自立者,有依赖者"两种,同时,从形态上而言,自立者又包括有形者、无形者等两种。依赖者亦是如此,包括有形者、无形者等两种。物的种类有两种,分别是自立者与依赖者;物的形态有两种,分别是有形者与无形者。需要特别说明的是,从物的存在基础而言,自立者高于依赖者,因为"苟无自立者以为之口,则依赖者了无一

---

① 利安当:《正学镠石》,引自艾儒略等:《天主教东传文献三编》,台北:台湾学生书局,1984年,第136页。

② 同上,第129－130页。

据。”理清了物的种类与存在形态,下面我们再看看利安当是如何界定物的。

凡物之性,其本体所未有者,必不能传之于他物。盖物必实有,方谓之物。[③]

凡有自然而生之物,必先有定其自然之性,以为其所以然者。[④]

对于什么是物,利安当认为,本性实有,才是物。又说,自然而生之物,必先有自然之性,“以为其所以然者”。“所以然者”(下面有论述)即质、模、造、为等四所以然,“所以然者”是物的生成模式。可见,不管是“物之性”,还是物的“自然之性”,物之所以存在都是以性(物)的存在为前提与基础的。对于什么是物之性,利安当举例说:

如日施照,火施热,如有财施惠,以其至足于己,故能施之于物,以为有也。设其本原无实、无有,则是并其出物者无之也。世人虽有神明,胡能以绝无有于己者,得施于有性形,以为万物有,为万物实哉。[⑤]

“日施照,火施热”,水之湿等均是物之性,物之性决定着物的存在。通过以上分析可知,物的种类有两种,分别是自立者与依赖者;物的形态有两种,分别是有形者与无形者。物存在的前提与基础是本性实有。接着,我们再来看看物在现实生活中是如何生成的。

天学论凡物受生,必有四所以然。曰质,曰模,曰造,曰为。无论生成造成之物,必赖四者以成,缺一不能。但造者为者立物之外,质模即为物体,而与物俱者也。如工匠造器,须以他物造之,追质模

③ 同上,第 133 页。

④ 同上,第 132 页。

⑤ 同上,第 133-134 页。

已定，各成器皿，其工匠即在物体外，必不分其体以为物也。[6]

万物受生，无论自立或依赖者，“无论生成造成之物”，必有质、模、造、为等四所以然。质、模是物体本身，造、为在物体外，以工匠造器为例，工匠是为、是造，“以他物造之”，他物是模，质是材料。在造化器皿的过程中，他物之模并即融化在此物（质）过程中。故质、模即在物中。同时，造、为虽然都在物外，但造、为又有区别。

造属物主，为属物用。造者居物之先，开物之始，而立物之外；为则处物之后，浑物之中，而主于物之外者也。[7]

造、为，一个是物主，一个是物用，“造属物主，为属物用。”可见，造在物先，为在物后或物中；同时，造是“立物之外”，为是“主于物之外者”。可见，两者所处位置虽然都在物外，但又是不一样的，造不管在理论上还是实践上都在物外，是绝对的物外；为在理论上处于物外，实践上有“浑物之中”的一面，同时，从造物主的角度而言，造又存在于物外，“主于物之外者”。需要说明的是，利安当对物的论述是对基督教哲学与神学大师托马斯·阿奎那思想的借鉴，而托马斯·阿奎那很欣赏亚里士多德的四因说，并以四因说的框架来讨论神学问题。

二、物的来源

作为一个虔诚的基督教学者，利安当坚定地把万物的来源归为天主的造化。“天学论天地万物，不能自然而有，必有造之之主，无容更置啄矣。”[8]万物来源于天主，是“无容更置啄矣”，原因是什么呢？对此，利安

⑥ 同上，第128页。
⑦ 同上，第124页。
⑧ 同上，第127页。

当从两个方面进行了论述。

首先,天主是万物本体之本体。“天学论造物真元之主,精粹(粹)微妙,无声无色,不落方所,寓物非物,制物非物,是其本体至神之神也。”[9]万物皆有本体,唯有天主“精粹(粹)微妙,无声无色,不落方所,寓物非物,制物非物”,天主是万物本体的“至神之神”,是万物本体之本体。

其次,万物非自生。对于天主造化万物,直接论证是颇为困难的,所以,利安当从万物非自生入手,进行间接推理。万物非自生,万物本身繁杂,所以,利安当以天地为例,进行了论述:

其一,天地不能自生。

> 若以天地为自生自有者,然不知凡物之生,必自无而得有。当无有,绝难自有。理易知也。则当天地未有之时,且无天地,何地可依?何天可依?而辄得自相依附乎?既无依附可言,则天地非能自生也明矣。[10]

对于万物的生成,利安当认为,是“凡物之生,必自无而得有”的原则,万物不能无中生有,“当无有,绝难自有”。所以,针对儒家所谓的天依附于地,或地依附于天,利安当是坚决反对的,并认为“天地非能自生也明矣”。同时,如果天地可以自生,则天地必为一“活物”。

> 况天地若能自生自有,则有气,必有盛衰聚散,口形必有坚朽存殁,天地必是一活物也。吾观天地,万古大小如一,坚固光明如一,可知天地固非活者,不活安能自生。释此可推形气之天地,不可以言无始,必有一无始焉者,出乎天地之先,能造成天地无疑矣。[11]

---

⑨ 同上,第135页。

⑩ 同上,第143-144页。

⑪ 同上,第144-145页。

利安当认为,活者之物必有盛衰,天地"万古大小如一,坚固光明如一",所以,天地"固非活者",因为"不活安能自生",故天地不能自生。在天地之前,"必有一无始焉者",造化天地。

其二,物以类生,天地不能以类生。

> 天学论天地不能生物,而凡物之生,必须各物之本类,自相传生,且物生物,又不能超出己类,而别生他类矣。固有限之者也。儒谓天地之大德曰生。恒云:天大生地,地广生天,天既大生,何不再生一天;地既广生,何不再生一地。天地不能复生天地,则知天地不能以本类自传也明矣。⑫

利安当认为,万物生成的一个基本原则是类生,即同类相生。在此基础上,利安当坚信,天地不能自生,"天既大生,何不再生一天;地既广生,何不再生一地。"可知,天地不能以本类自传。

在论证了万物不明自生的基础上,利安当接着论证万物的来源与生成过程。"天学论天主初辟混沌,鼓元风而生二气。(元风即元气,二气即阴阳。)惟时暗空易,而天地开,日月运,而昼夜作。此元气之鼓发,故造物者之全能矣。"⑬天主在生成万物时,先有"元风"(元气),再有二气(阴阳),随后,天地、日月等尽显。另外,万物质、模、造、为等四所以然又是如何体现呢?

> 天学论天地未开闻时,从地至天,纯一希微之水,地居其中,水环其外,空中密雾濛濛。地面未露,天体未呈,所谓混沌洪荒是也。此即万物之质也。惟时以希微之水,在地上者,化成气,气之上化成火,并地水,其成四行。火气水土为四大元行,合天为五大有,于是万物之体质成焉。惟此为形物之体质,故一受形物之体模,即形物

⑫ 同上,第146页。
⑬ 同上,第131页。

之全体,无不成焉,此形质之所由来也。[14]

在万物生成的过程中,水土是“万物之质”,是最基础的材料;在水土的基础上,逐渐生成气、火,“其成四行”,加上天,“合天为五大有,于是万物之体质成焉”。这些皆是有形之物之“体质”,加上“形物之体模”,则“形物之全体,无不成焉”。在天主造物之质、模、造、为等四所以然中,质、模已具,造、为何在?对此,利安当认为:

> 造物者,必先有其物当然之象,在明觉中,因照内心之象,然后能成其物也。如工匠造器,必先有器之象,了于胸中,然后能信手造出。如无此象,便懞然不能措手矣。[15]

可见,造属物主,即天主;“物当然之象”即是模;“信手造出”便是为,为则是造物主成物的过程。

三、利安当对儒家万物生成说的批判

通过以上分析可知,利安当坚信万物不能自生,唯有天主无始无终,且造化万物。明清时期,为了更好地传播基督教,许多基督教学者把基督教的天主等同于儒家经典中的上帝,并刻意把上帝描述成造化万物的真主。对此,利安当认为,这一比拟是不正确的。究其原因,主要如下:

其一,基督教有唯一的造物主,即天主;儒家有二主,即上帝、后土。

> 天学曰天主,儒学曰上帝。天主与上帝名字相似,意思相仿。……天学单揭天主为天地神人万物之主。……儒学训郊社之礼,以事上帝,谓不言后土者,省文也。是分郊事为上帝,社事为后土。上

⑭ 同上,第124-125页。

⑮ 同上,第127页。

帝与后土齐耦，则有二上，有两大矣。名义俱乖，岂天主惟一之谓乎。[16]

基督教的天主是独一无二的，儒家所言的上帝，虽然与天主“名字相似，意思相仿”，然而，儒家“郊社之礼”，即“郊事为上帝，社事为后土”，如此一来，儒家所推崇的造物之主就有两个，分别是上帝与后土。两个造物主违背了“天主惟一”的规定。

其二，基督教的天主是以天为主，儒家上帝的名称则较繁多，也较为混乱。

儒学每称上帝，即天。天即心理。夫形天者，帝所处也；心理者，天所畀也。三称三义焉，容混而一之，然天地之主，或称天者，如民称君，借称朝廷之谓，朝廷即君，犹天即帝廷，可相通也。乃又谓形体为天，主宰为帝，则是上帝以天地为体矣。帝天浑列，厥失维均，夫岂灵明自立之天主哉。[17]

儒家称上帝为天、为心理。天是“形体”之天，这是上帝居住之处；心理者，又是天所“畀也”。上帝三个名字，又有三种不同含义，非常容易混乱。同时，儒家又言，“形体为天，主宰为帝”，如此，“帝天浑列”。所以说，儒家对上帝的称谓过于繁多，也较为混乱。

其三，天主是自有，为万物之源，上帝则不然。

儒学《易》曰：帝出乎震。则是天主上帝有所从生矣。夫震者，卦图之一数，东方之一位耳。数位方图，皆由帝出，而谓帝反出乎震耶！况帝也者，非天之谓。苍天者，抱八方，何能出于一乎？意《易》所称帝，当别有解欤！又岂可加无元而为万有元之天主乎？[18]

---

⑯ 同上，第109－110页。

⑰ 同上，第110－111页。

⑱ 同上，第111－112页。

儒家经典《易》有“帝出乎震”之说,这说明上帝也不是造物主,因为上帝也是“有所从生矣”。由此,利安当认为,“帝出乎震”之说,应当重新阐释,“当别有解欤!”在此基础上,利安当认为,天有原主,儒家没有理解明白:

> 儒学不求此物之原主,而误认此物即为原主,所以动辄言天足矣。诗书所载,往往而是,不知天虽光明,亦有昧蚀,虽至广大,亦有穷尽,诸重天之上,更无天也,九重天以下,亦无天也,其体有限,其用有量,焉能与天主较德福乎?尽心之学,究于知天,苟舍此大本大原之主,误以为受造者,认为造物者,而实谓之天主,不惟不知主,并不知天矣。⑲

儒家所言的上帝“出乎震”,儒家所言的天是有形之天,所以说,“儒学不求此物之原主,而误认此物即为原主,所以动辄言天足矣。”即儒家经典中诸多关于上帝、天的说法都是不妥的,没有认清大本大原,“误以为受造者,认为造物者”,这是儒家的重大错误。

从以上论述可知,利安当认为,儒家的上帝观,问题诸多,从存在上而言,上帝非唯一的,名称也较多;从功能上而言,上帝是从生的,不具有造化万物的功能。同时,虽然儒家的上帝有诸多不是,然比道家所谓的玄帝、玉帝总要强很多。“彼不过俱人类耳,人岂得为天帝皇耶!设人得为天帝皇,彼将干天主之权,则必得罪于天主矣。吾钦崇天主者,断然攻诋而痛绝之。”⑳儒家的上帝类似于基督教的天主,是一种无形的存在;而道家的玄帝、玉帝是具体的人,是一种有形的存在,这是利安当所不能接受的。

在万物生成理论中,儒家除了上帝观之外,还有太极说,“太极即为理气,虽非有形之物类,亦是无形之物品,岂得不为物乎?太极既然是

---

⑲ 同上,第122页。

⑳ 同上,第113页。

物，即不得为造物者，则其非万类之原，益了了矣。”[21]利安当不能接受造物主是有形或无形之物，因儒家的太极为理气，理气虽是无形之物，也是不能接受的，故太极为造物主，是不被利安当承认的。

综上所述，作为一个虔诚的基督教学者，利安当坚定地把万物的来源归为天主的造化。物存在的前提与基础是本性实有。利安当把物界定为自立者与依赖者两种，同时，从物的形态上而言，物又包括有形者、无形者等两种。从物的存在基础而言，自立者高于依赖者，同时，物必有质、模、造、为等四所以然，这是物的生成模式。在此基础上，利安当对儒家的太极造化万物与天自然而生等理论进行了批判。针对儒家的上帝造化万物说，利安当并非否认儒家上帝的合理性，甚至与天主有相通之处，但儒家上帝观问题颇多，主要是上帝与后土并称、上帝不能自生、上帝名称过于繁多等。虽然利安当对儒家有较多不满，然仔细研读《正学镠石》，我们发现，利安当对儒家的认知已经达到了一个较高的水平，甚至对儒学的庞大体系都能提出异议，这固然是中西文化交流的结果，更是利安当个人所努力的结果。

行文至此，还有一个较为重要的理论问题需要解决，即利安当用亚里士多德模式的创世学说来批判儒家的世界生成学说时也可能会有问题，如为什么一定要有第一因，为什么不能互为因果，或对立统一。首先，我们先看看亚里士多德的第一因。亚里士多德认为，物是运动的，任何物的运动都有必然的推动者，而这个推动者又被别的物或运动者推动着，如此反复，必然有一个最终的运动者或推动者作为物或宇宙的最原始动因，即“不动的推动者”，也称第一因。那么，这个第一因是什么呢？有的学者认为是神，有的学者认为是物性或物的天性，有的学者认为是善与理性。当然，还有其他解释。

相对于亚里士多德的第一因，儒家文化更强调互为因果、对立统一说，如儒家有“乾道成男，坤道成女，二气交感，化生万物”[22]之说，二气即阴阳二气，再如，程颐说：“天地万物之理，无独必有对，皆自然而然，非有

㉑ 同上，第136页。

㉒ 周敦颐：《周敦颐集》，北京：中华书局，1990年，第5页。

安排也。"[23]"无独必有对",就是典型的互为因果、对立统一说。那么,这两种说法哪种更为合理呢?这就涉及到一个问题,除了上帝之说,儒家思想体系中有没有"不动的推动者",即第一因呢?对此,儒家有"乾坤其易之缊邪?乾坤成列,而易立乎其中矣"[24]之说,此中的"易"即为变易、变动之意。这说明儒家经典中对世界的运动性也是有所关注的。那么,这个变易的动力是什么呢?我们自然可以想到"太极"。对此,孔子说,"《易》有太极,是生两仪,两仪生四象,四象生八卦,八卦定吉凶,吉凶生大业。"[25]

既然万物运动(易)中存在太极,那么,太极是否具有第一因的功能呢?在儒家经典中,太极分动静之说,又各为不同。"无极而太极。太极动而生阳,动极而静,静而生阴,静极而动。一动一静,互为其根;分阴分阳,两仪立焉。阳变阴合而生水火木金土,五气顺布,四时行焉。五行一阴阳也,阴阳一太极也,太极本无极也。"[26]太极"动而生阳",可见,太极之动就是万物生成的第一因,"静而生阴",太极之静就是万物物性或理性潜能的收敛或固化状态。太极动静交替,就是太极潜能在发散与收敛中自然运动,亦是必然的永恒运动。同时,需要特别指出的是,太极在儒家经典中多是一种潜能的或先验的存在,真正影响万物运动的是阴阳的对立统一。

接着我们再思考另外一个问题,即如果说儒家学说中存在第一因,那么,在利安当把第一因称为天主,儒家把第一因称为太极,以天主来批判太极是否合理?对此,我们认为,亚里士多德的第一因到底是什么姑且不论,这至少说明,不管是西方学者亚里士多德、利安当,还是东方的儒学,起码大家在万物起源的认知上是一致的,即都承认第一因的存在。同时,不管是作为天主或是太极的第一因,在东西方哲学中都是绝对的本体,这也是东西方文化一致性的体现。既然天主与太极有如此多的一

㉓ 程颢、程颐著,王孝鱼点校:《二程集》,北京:中华书局,1981 年,第 121 页。

㉔ 郭彧译注:《周易》,北京:中华书局,2010 年,第 301 页。

㉕ 同上,第 299 页。

㉖ 周敦颐:《周敦颐集》,第 3-4 页。

致性，那么，在《正学镠石》中，利安当为何又花费了那么多的章节来批判儒家的太极呢？这就是宗教与哲学的区别，利安当所要坚守的天主是三位一体的，而作为哲学上的太极显然不具有如此功能，这也是太极被批判的主要原因。

傅兰雅与晚清科技译名问题*

文月娥

【内容提要】 傅兰雅是英国传教士,也是晚清西学东渐过程中一位标志性人物。他在晚清科技术语翻译"名目为难"和"混名之事"的困境中,为译名问题做出了重大贡献,形成了其译名观。针对"名目为难",他提出要用中文翻译西方术语,总结译名三原则,确立科技术语翻译的体系。针对"混名之事",他注重译名的规范与统一,强调译名的优先权,号召收集科技术语,出版"中西名目表",呼吁合作解决译名问题。他的译名定名观与规范观,为晚清科技翻译、沟通中西文化交流做出了巨大贡献,为后世的术语翻译与统一打下了坚实的理论基础,为增强汉语文化自信提供启迪。

【关键词】 晚清 傅兰雅 科技译名 定名 译名规范

傅兰雅(John Fryer, 1839 – 1928)是晚清西学东渐过程中一位标志性人物。他是英国圣公会传教士,但毕生献给中国,"只传科学不传教"。他1861年来到中国,在中国译书、创刊、办学,是翻译家、报人、教育家。他1896年离开中国,成为加州大学伯克利校区第一位东方语言与文学教授,传播中国文化,帮助华人留学美国。傅兰雅在华35年,其中28年是在江南制造局从事译书工作,"惟冀中国能广兴格致至中西一辙耳",①共译书

① 傅兰雅:《江南制造局翻译西书事略》,参见罗新璋、陈应年编:《翻译论集》,北京:商务印书馆,2009年,第278页。

129种,其中自然科学57种,应用科学48种,军事科学14种,社会科学10种。[②] 在江南制造局翻译馆,他译书最多,译书质量最高;对西学译名,他"关注最多、用力最勤、影响最大"。[③] 截至目前,孙邦华[④]、王红霞[⑤]、夏晶[⑥]等学者从专门史视角研究了傅兰雅科技译名,但都重在史料梳理与罗列,而缺少结合语境对傅兰雅科技译名活动的系统化阐释。故本文从翻译史视角出发,按照皮姆(Anthony Pym)"考古-历史评价-阐释"[⑦]的翻译史研究模式,把傅兰雅的科技译名活动置于晚清西学东渐的历史语境中,基于《傅兰雅档案》等一手史料,对傅兰雅的译名厘定与译名规范进行"考古"式的挖掘与阐释,并评价其译名贡献。

一、晚清科技翻译的社会背景

长期以来,中国闭关锁国,与世隔绝,以"天朝大国"自居。随着鸦片战争、太平天国运动等的爆发,中国政府面对内忧外患,才意识到西方武器的优越,以及借此维护朝廷统治和抵御外敌的重要性。中国有识之士发起了以学习西方坚船利炮和科学技术为中心内容,以"富国强兵"为目的的洋务运动,开办了江南制造局;又因"盖翻译一事,系制造之根本",[⑧]清政府1867年设翻译馆,高薪聘请傅兰雅译书,签订合约,"除译西国格致制器外,局中不可另有他事以分译书之心","照西月每月送规平银二百五十两"(后一合同则是"照西月每月送英洋三百五十两")。[⑨] 就这样,傅兰雅在晚清政府的赞助下开展译书工作,

---

② 熊月之:《西学东渐与晚清社会》,北京:中国人民大学出版社,2011年,第454页。

③ 孙邦华:《论傅兰雅在西学汉译中的杰出贡献》,载《南京社会科学》2006年第4期。

④ 同上。

⑤ 王红霞:《晚清的科学术语翻译——以傅兰雅为视点》,载《福建论坛》2009年第2期。

⑥ 夏晶:《晚清科技术语的翻译——以傅兰雅为中心》,武汉大学专门史博士论文,2011年。

⑦ Anthony Pym, *Methods in Translation History* (Beijing: Foreign Language Teaching and Research Press, 2007).

⑧ 曾国藩:《新造轮船折》,参见李翰祥编:《曾国藩文集》,北京:九州图书出版社,1997年,第685页。

⑨ 熊月之:《西学东渐与晚清社会》,第462-463页。

按中国政府之令,译"紧要之书"。[10] 正如孔子所言,"名不正,则言不顺;言不顺,则事不成",在晚清西学东渐过程中,科技译名的定名与规范问题非常重要,因为晚清科技译名不仅关系到西方自然科学知识在当时的准确理解与传播,还直接影响着"西学"在当时社会的"为用"问题。

二、晚清科技术语译名问题

傅兰雅等人所处的晚清时期,距离第一次科技译介已逾 200 年,"此时内泰西格致大兴,新理踵出,而中国尚未知之也"[11]。因此,晚清的西学译介存在严重的科技术语译名问题:一是"名目为难",[12]"中文无法完整表达高深的科学概念";[13]二是"混名之事",[14]译书普遍存在译名混乱现象。

"名目为难"是翻译历史难题。早在三国时期,支谦就云"天竺言语,与汉异音。……名物不同,传实不易"[15]。明末清初,利玛窦也指出,"……东西文理,又自绝殊,字义相求,仍多阙略"。[16] 时至近代,西方科学迅猛发展,科学分支细化,术语不断增加,而中国科技却几乎停滞,在"无其学与其名"的情况下译介西方科学知识,难度可想而知。当时西人甚至认为,"盖中国语言文字最古最生而最硬,若以之译泰西格致与制造等事,几成笑谈"。[17] 此虽言过其实,但"名目为难"确为事实。就连近代西学核心概念的"science",在古汉语系统中都找不到确切的对应

---

⑩ 傅兰雅:《江南制造局翻译西书事略》,参见罗新璋、陈应年编:《翻译论集》,北京:商务印书馆,2009 年,第 284 页。

⑪ 同上,第 279 页。

⑫ 同上,第 285 页。

⑬ 戴吉礼:《傅兰雅档案》(第二卷),南宁:广西师范大学出版社,2010 年,第 381 页。

⑭ 傅兰雅:《江南制造局翻译西书事略》,第 286 页。

⑮ 陈福康:《中国译学理论史稿》,上海:上海外语教育出版社,2000 年,第 6 页。

⑯ 利玛窦:《译〈几何原本〉引》,参见罗新璋、陈应年编:《翻译论集》,第 152 页。

⑰ 傅兰雅:《江南制造局翻译西书事略》,第 284 页。

词。[18] 林乐知也曾指出,"试观英文之大字林,科学分门,合之其名词不下二十万,而中国之字不过六万有奇,是较少于英文十四万也。……无从移译。"[19]所以,晚清严复"新理踵出,名目纷繁,索之中文,渺不可得,即有牵合,终嫌参差"[20]的翻译体验,"一名之立,旬月踟蹰"[21]的感慨,也是晚清"对会通中西学术之难的生动写照"。[22]

"混名之事"在晚清普遍存在。徐继畬就曾道出了译名之乱象,他说,"……十人译之而十人异,一人译之,而前后或异,虽外国同音字者无两字。而中国则同音者或数十字,外国有两字合音、三字合音,而中国无此字。故汉字书番语,其不能吻合者本居十之七八,……遂至不可辨识。"[23]此外,同一西方术语存在数个译名。如"传教第一要名""God"就有"天主""上帝"和"真神"等中文术语;"Arithmetic"有"天元""借根方""代数学","代数术"等术语;"Algebra"则有"勾股"或"勾股学""量地法""形学""几何"等名称。同一本化学原著,"广州所译《化学初阶》,同文馆所译《化学阐原》,闻即《化学鉴原》云。……悬绝若此,诚可异也"。[24] 合信博士所译《博物新编》中的"淡气"和"轻气",后有译者刚好颠倒,若"华人阅此二人著作,则淡气、轻气之义几难分辨矣"。[25] 梁启超说:"译书之难读,莫甚于名号之不一,同一物也,同一名也,此书既与彼书异;一书之中,前后又互异;则读者目迷五色,莫知所从。"[26]译名之乱还曾引发读者投诉与抱怨:"我是担任地理教师的传教士之一,现对地理名词非常迷惑。我参考四种有名的地理书,发现 Turkey、

---

⑱ 冯天瑜:《语义的文化变迁》,武汉:武汉大学出版社,2007 年,第 527 页。

⑲ 卢明玉:《译与异——林乐知译述与西学传播》,北京:首都经贸大学出版社,2010 年,第 58 页。

⑳ 严复:《天演论·译例言》,参见罗新璋、陈应年编:《翻译论集》,第 203 页。

㉑ 同上。

㉒ 张景华:《论严复的译名思想与翻译会通》,载《湖南科技大学学报》2013 年第 5 期。

㉓ 徐继畬:《瀛环志略》,上海:上海书店出版社,2000 年,第 8 页。

㉔ 梁启超:《读西学书法》,参见夏晓虹辑:《饮冰室合集集外文》(下),北京:北京大学出版社,2005 年,第 1161 页。

㉕ 傅兰雅:《江南制造局翻译西书事略》,第 286 页。

㉖ 梁启超:《饮冰室合集》(1),北京:中华书局,1989 年,第 71－72 页。

Siberia、Mandras 有三种不同的名称,Arabia、Australia 以及 Calcutta 等各有四种名称"。[27]

三、傅兰雅科技译名定名与规范

晚清的"名目为难"与"混名之事"可归因如下:(1)中西语言文字发音差异。"泰西人于汉字正音不能细分,斯也、士也、是也、实也、西也、苏也混为一音,而剌与拉无论矣;土也、都也、度也、杜也、多也、突也混为一音"。[28] 其次,西方各国语言也有很大差别,不同国籍的译者译名迥异。"英人所译,字数简而语音不全;葡人所译,语音虽备,……诘屈不能合吻"。[29] 再次,译者用不同的汉语方言音译西方名词。传教士译者久居广东、天津或北京,把当地方言当作标准中国话,而以此音译西方科技术语,必然导致不同译名。(2)译者译名工作缺乏沟通。译名工作都是"个人独立进行","几乎每个编译者都有一套自己的术语系统,不管是技术、地理学还是传记学,他们都秘而不宣"。[30] 这有译者个人的原因,但很大部分是受限于当时的社会环境。如当时译者居住在不同城市,没有火车,译者无法聚集一起开会商量;也缺乏有效的通讯工具,仅靠书信很难解决问题。(3)译书急功近利,译者缺乏对已有术语的梳理与借鉴。晚清译者们急于翻译新科学著作,而"不成系统或没有秩序地新创一些术语和表达法,或随意音译,全然不去调查哪些术语在中国已长期使用,或哪些术语近来已有新创"。[31] 基于此,傅兰雅指出,晚清科技译名的"名目为难"与"混名之事"是晚清书籍出版的不利环境造成的,"并非糟得不可补救"。[32] 他认为,"要

㉗ Leonard Wigham, "Notes and Items," *The Chinese Recorder and Missionary Journal* (1868 - 1912), Aug. 1, 1899, pp. 403 - 404.

㉘ 徐继畬:《瀛环志略》,第 8 页。

㉙ 同上。

㉚ 戴吉礼:《傅兰雅档案》(第二卷),第 382 页。

㉛ 同上。

㉜ 同上,第 400 页。

建立一套中国术语体系,困难不在于中文的特点和中国人的反对,而主要在于从事这项工作的外国人自己"。[33] 因此,他致力于译名厘定与规范。

1. 傅兰雅科技译名定名

傅兰雅通过查阅古代佛经译书、耶稣会士译书、印度译书,结合自身译书的经验,形成了其译名观与定名策略。

首先,他认为用中文可以有效命名西方术语。傅兰雅认为,"中文书面语言灵活、简洁,善于表达,能接受外国观念,构成新而易懂的科学术语"。[34] 他以史为鉴,发现佛经和明末清初科学译著中"引进的新词或新观念都易于用中文表达"。[35] 他通过多年对中文的学习和了解,认为中文不仅可以"有效命名术语",还可以"保持科学精确性",并有效保证"语言和术语的特点"。[36] 此外,用中文来表达近代科学知识,"上可供官绅阅读,下可教育青年"。[37] 因此,他极力倡导用中文译介西方科学。

其次,他总结了三种译名方式:描述法、音译法、描述与音译结合法。他举例说,用"烟叶"译"tobacco"是描述法,用"金鸡那"译"cinchona bark"是音译法,而用"袈裟"译"Kashaya"是描述与音译结合法。在傅兰雅看来,翻译时应首选"描述法",因为描述性术语自带解释,减少了读者或学习者的认知努力;其次是描述与音译结合法,因为这样的术语符合中文汉字集音、形、义于"一体"的特点;最后才是音译法,只有在前两种方法行不通时才采用这一种。他认为音译法是"无知和懒惰的译者所喜欢采用"的,但也是中国读者最为反对的,因为它们"与意思毫无关

㉝ 同上,第 379 页。

㉞ 同上,第 421 页。

㉟ 同上,第 381 页。

㊱ 同上,第 378 页。

㊲ 王树槐:《清末翻译名词的统一问题》,载《中央研究院近代史研究所集刊》1969 年第 1 期。

联""难读""难写"又"难记"[38]。

再次,他倡导建立了一套完整的术语体系。傅兰雅认为,这样一套术语体系既要能表达西方科学知识的最高成就,又要适应中国过去和未来的发展。他综合运用以上三种方法,借鉴已有资源如韦烈亚力的《谈天》和《代微积拾级》、艾约瑟的《重学》、合信的《博物新编》和《医学新书》、韦廉臣的《植物学》以及耶稣会士两三个世纪前编著并广泛流传的著作,确立了翻译科技术语的体系,"略定要事有三"。[39] 其中两条事关译名确定:第一条是译名定名要用已有的名称。第二条则针对新创译名。新创译名也分三种情况:一是创字译名,采取"形旁表类属、声旁表读音"新创汉字来命名,或借用《康熙字典》里的生僻字,赋予新含义;二是复合术语译名应采用意译法;三是音译,要用官话发音来译,并统一表音的汉字。中国古代荀子曾提出"制名"要"有循于旧名,有作于新名",傅兰雅的译名"创名"可以看作是对荀子思想的继承与发展。

最后,他认为术语存在"去粗取精""优胜劣汰"的过程。傅兰雅指出西方科学术语应该"去粗取精"。针对一个术语有多个中文术语,且"间有文雅者,间有粗俗者"[40]的现象,傅兰雅认为应该淘汰"粗俗者"。其次,他认为"术语越短越好",[41]"短者生存"。最后,他认为术语必须接受"长期而严谨的试用",只有"适者生存"。[42]

2. 傅兰雅科技译名规范

大量西学术语缺乏相应中文名称,创造新词成为当时译事之需。译者或取其音,或取其意,译名乱象严重,就连江南制造局翻译馆也常有"混名之事"。傅兰雅意识到"混名"的危害与译名统一的重要性,"故各人所译西书常有混名之弊,将来甚难更正",而"用相同之名,则所译之

---

[38] 戴吉礼:《傅兰雅档案》(第二卷),第380页。

[39] 傅兰雅:《江南制造局翻译西书事略》,第286页。

[40] 同上,第285页。

[41] 戴吉礼:《傅兰雅档案》(第二卷),第397页。

[42] 同上,第405页。

书，益尤大焉"。[43] 因此，他着手科技译名统一与规范工作，形成其科技译名规范观与规范策略。

首先，他倡导译名的优先权。他认为译者在翻译西方科技术语时，要尊重前人成果，考虑译名优先权。在傅兰雅看来，若西方科技术语在华有已通用的名词，就应该沿用。比如，他认为《本草纲目》与《洗冤录》应成为这两类科目引进新术语的基础。这与中国古代荀子的"法先王"（意即"约定俗成"）、唐玄奘的"顺古故"、徐继畬的"因俗定名"一脉相承。他本人也遵守这条原则，在《化学鉴原》的元素译名中，他完整保留和沿用了合信对气体元素的命名。

其次，他号召收集术语，编写中西名目表。傅兰雅自己收集了已有的化学、药品、矿物、汽机词汇，分别编成了"中西名目表"，自备资金出版了《金石中西名目表》《化学材料中西名目表》《西药大成中西名目表》《中英文技术词汇》《汽机中西名目表》。这些名目表大都收入傅兰雅所编的《翻译手册——上海江南制造局翻译馆所用中文术语集萃》，为后来益智书会建立统一术语体系打下了基础。不仅如此，他还倡导出版书籍后附中西名目表，认为这是件"费功小而获益大"的事情。

再次，他倡组益智书会，指派会员搜集已有译名。1877 年，傅兰雅倡组益智书会，和林乐知一起成为书会"帮办董事"，致力于译名统一工作。他本人负责工艺方面，林乐知负责地理，韦烈亚力负责天文数理等。到 1880 年，该会收到韦烈亚力的天文、数学、机器等名词，艾约瑟的佛教名词，察麦尔的道教名词和李凤苞的地理名词。此外，他建议要通知著者、译者将名词、术语列表送至益智书会审查，以便统一。

最后，他呼吁合作解决译名问题。1890 年，傅兰雅在召开的基督教大会上发表长篇演说，呼吁译者合作解决译名问题，并建议采取举措[44]：(1)筹组委员会以统一译名；(2)该委员会聘请合适人选拟定中英对照的各类科学术语表，汇编术语体系；(3)编撰中文科学辞典；(4)术语体系和科学辞典都要争取官方认可。他在之后成立的中国教育会任人名

[43] 傅兰雅：《江南制造局翻译西书事略》，第 286 页。

[44] 戴吉礼：《傅兰雅档案》（第二卷），第 403－404 页。

地名委员会主席,并加入负责科学名词的出版委员会,拟定译名工作计划,等等。他强调术语系统建立的参与性,认为建立统一的术语系统“需要每一个对中国发展有兴趣的人深思熟虑”。[45]他还注意到译名定名需要权威性,因此建议建立一权威委员会,并争取政府认可。

四、傅兰雅科技译名定名与规范的贡献与影响

傅兰雅尽管没能最后完成西方科技译名的厘定与规范工作,但他在中国科技术语统一与规范发展过程中发挥了重要作用。他的科技译名定名与规范启发后世,影响深远。

首先,傅兰雅的科技译名定名与规范对译名统一和译印出版具有示范作用。他强调建立术语系统的“参与性”和官方性。这促使译名统一从清末益智书会、中国教育会到民初博医协会、教育部“科学名词审查会”再到国立编译馆“译名统一委员会”,逐步走向系统,也逐渐形成了“政府-学术机构-译者”这种三位一体的学术体系。[46]他提出的“以平常字外加偏旁”的造字法深刻影响了化学元素命名,他们所译化学元素有45种,沿用至今。他主张编订的“中西名目表”不仅为后续译者提供可资参考的译名,给学习者扫清学习障碍,也给其他译印出版起到了良好的示范作用。如梁启超在《时务报》卷末效仿此法,附录“中西文合璧表”;[47]李提摩太和蔡尔康合译的《泰西新史揽要》书末尾附加上“人地诸名表”,依照卷次排列,被认为是“首创了史书翻译的新体例”。[48]

其次,傅兰雅的译名创名与译名统一对中国语言文字的发展具有促进作用。傅兰雅具有开创之功的译名定名观,一是利用汉字特点,采取“形旁表类属、声旁表读音”,新造了诸多汉字;二是借用《康熙字典》里一些不常用的汉字,这都给中国语言带来了新的生命力,促进了中国汉

㊺ 戴吉礼:《傅兰雅档案》(第二卷),第380页。

㊻ 张景华:《论清末民初的译名统一及其学术意义》,载《上海翻译》2014年第1期。

㊼ 梁启超:《饮冰室合集》(1),第72页。

㊽ 马军:《〈泰西新史揽要〉点校说明》,上海:上海书店出版社,2002年,第2页。

字的增长和发展。据林乐知说,“余前与傅兰雅先生同译书于制造局,计为中国新添之字与名词,已不啻一万有奇矣”。[49] 随着新术语的引进,西方先进的科技知识、思想和观点得以传播,如林乐知所说,“新理、新法、新事、新物渐有发现,即其新名词以渐加入字林之间”。[50]

最后,傅兰雅译名定名与规范对增强汉语文化自信具有借鉴作用。作为外籍传教士,在被沦为半殖民地的晚清中国,他驳斥“中国文字最古最生而最硬”难译“西书之精奥”的言论,指出“中文古老而丰富,更有理由成为全世界通用语言,不应被引进西学之人任意篡改”,[51]认为中国文字具有“随时生新”能力,坚持“用中文可以有效翻译西方术语”,[52]表现出他对中国语言文字的信心。傅兰雅坚持“名目生新”“约定俗成”等译名方法,发展了中国文字,也维护了中国文字的特点。这些对当今恢复和增强中国语言文字的文化自信深有启迪。

五、结　语

傅兰雅在科技术语翻译困境中寻找出路,针对“名目为难”,他借鉴古今翻译实践的经验,总结了译名三原则,确立了科技术语翻译的体系。他认为要遵从中国语言文字的特点,要尊重中国读者的阅读习惯与书写传统,以一种可行的方式来翻译西方科技术语。针对“混名之事”,他注重译名的规范与统一,强调译名的优先权,并号召收集科技术语,出版“中西名目表”,以此来规范科技书籍的出版。他的译名策略以及译名统一的努力,为晚清科技翻译沟通中西文化交流做出了巨大贡献,也为民国乃至今天的术语翻译与统一打下了坚实的理论基础,对增强汉语文化自信也有借鉴作用。

㊾ 卢明玉:《译与异——林乐知译述与西学传播》,第 59 页。

㊿ 同上,第 61 页。

[51] 戴吉礼:《傅兰雅档案》(第二卷),第 396 页。

[52] 同上。

帝国主义时代知识的构成

——论李提摩太《列国变通兴盛记》

王　雨

【内容提要】 学界目前对李提摩太(Timothy Richard)的研究突出表现为两种观点的分歧:一种观点认为李提摩太促进了中国的改革和现代化,另一种观点认为李提摩太充当了帝国主义、殖民主义力量的帮凶。基于这种分歧,本文建议从以下角度思考:为什么中国改革的推动者和帝国主义的帮凶这两种身份会同时出现在一个人身上?二者的重叠是李提摩太个人的问题,还是时代的症结?换句话说,帝国主义时代的现代化与殖民主义是否是孪生双胞、一体两面的关系?如果现代性与殖民主义以一种结构性的关系构成知识本身的话,那么我们就可以通过分析那个时代知识分子的知识结构来了解现代性与殖民主义的勾连。李提摩太的《列国变通兴盛记》就是一个绝佳的案例。书中的俄罗斯、日本、印度和缅甸安南四个章节代表了一种现代性与殖民主义的勾连方式。合在一起,又恰好展示出李提摩太具有帝国主义时代殖民者知识分子的特征的知识结构。

【关键词】 李提摩太　《列国变通兴盛记》　殖民主义　现代性

关于李提摩太的研究,有这样一个有趣的现象。虽然到目前为止依然没有关于他的中文专著问世,但对他的研究却早已出现。在1951年,历史学家丁则良就写了一本小册子《李提摩太——一个典型的为帝国主义服务的传教士》,旗帜鲜明地批判李提摩太。丁则良开明宗义的指出:“帝国主义侵略中国,不但利用各种不平等条约,侵夺中国的领土,剥削和奴役中国的人们,而且还利用宗教,对中国人民进行不断的欺骗、愚弄和压迫”。[①] 作为基督教传教士的李提摩太也正是“打着‘传教’的招牌”,“和帝国主义派到中国来的外交官、特务等共同执行着帝国主义的侵略政策”。[②]

丁则良尖锐地指出了在19世纪下半期瓜分和殖民化中国的浪潮中,传教士与其他帝国主义者相互勾结的事实。单就观点而言,它是尖锐和深刻的。这一观点也与当时全球范围内高涨的反帝国主义、反殖民主义思潮相互呼应。也正是因为如此,丁则良将传教士和帝国主义捆绑在一起的做法,在中国史学界影响深远。以至于此后40年大陆关于李提摩太的认识都未曾走出这个框架。1958年,哲学家冯友兰发表《传教士林乐知、李提摩太的思想》,重点强调宗教在殖民主义扩张中所起的作用,将丁则良的观点向前推进一步。文章指出:“‘传教’的目的是企图使殖民地人民在精神上解除武装,使他们对于资本主义以及帝国主义的剥削与统治,不但不想反抗,而且‘心悦诚服’。这是资本主义以及帝国主义国家麻醉殖民地、半殖民地人们最狠最毒的政策。”[③]

对传教士殖民主义的批判一直延续到80年代。老一辈的基督教史专家顾长声教授于1985年出版的《从马礼逊到司徒雷登——来华新教传教士评传》比较全面地总结了李提摩太的事业,但依然认为包括李提摩太在内的这些传教士们在中国的所作所为,“就是要中国人民接受这批伪善者提出的使中国变为外国殖民地的变法主张”。[④]

不过,进入80年代,殖民主义的问题已基本退出学者们的研究视野。取而代之的是中国的现代性问题。借着这股思潮,传教士以及基督

---

① 丁则良:《李提摩太——一个典型的为帝国主义服务的传教士》,北京:开明书店,1951年,第1页。

② 同上。

③ 冯友兰:《中国哲学史论文初集》,上海:上海人民出版社,1958年,第186页。

④ 顾长声:《从马礼逊到司徒雷登——来华新教传教士评传》,上海:上海人民出版社,1985年,第333页。

教由此再度进入研究视野。台湾学者王尔敏较早地肯定了传教士对中国现代化的贡献。在为1981年出版的《近代中国与基督教论文集》一书的序言中,王尔敏指出:“西洋传教士来华,对中国最大贡献,实在于知识之传播,思想之启发,两者表现欲兴办教育与译印书籍发行报刊。”⑤90年代,王立新教授《美国传教士与晚清中国现代化》一书,进一步展现了中国现代化进程中欧美传教士的矛盾处境:“林乐知等人对戊戌变法的推动既是欧美传教士影响晚清现代化运动的高潮,同时也是其影响走向衰落的起点。”⑥但这里的衰落并不表明传教事业的失败,恰恰相反,这是他们成功的必然结果。对此,王立新解释道:“20世纪的中国人不再容忍西学笼罩一层基督教的‘圣光’,而一旦传教士丧失作为西学传播者的特殊身份,恢复其本来的宗教面目,他们在中国社会中的作用和地位必然今非昔比。更重要的是,西学的传播虽然有助于消除中国人对基督教情绪上的仇视,但近代西方文化中的理性主义、科学主义和进化论思想却反过来成为20世纪以后中国知识分子抵制宗教迷狂的有力武器。”⑦

90年代学界的另一件大事是后殖民主义理论的引进。1999年,王宇根先生将后殖民主义理论的巨匠爱德华·萨义德的名著《东方学》翻译成中文。《东方学》的一个核心观点是,殖民主义时代的西方不仅仅在制度上对东方形成控制,更是形成了以自己利益为核心的关于东方的知识体系与语言系统。二者相互呼应,使得东方难以从中自拔。王立新教授在四年后的一篇文章中盛赞以《东方学》为代表的后殖民主义理论,认为其“为近代基督教在华传教史的研究提供了一个新的视角和解释框架,以重新审视传教运动对西方和中国社会的复杂影响及其与西方殖民主义权力体系之间的关系,向研究者展现了一个极为广阔的研究领域,因此应该成为今后基督教在华传教史研究的一个重要取向”。⑧ 在接下来的这一部分,我将从后殖民主义的角度对李提摩太的这部著作进

⑤ 王尔敏编:《近代中国与基督教论文集》,“序”,台北:宇宙光出版社,1981年,第3页。
⑥ 王立新:《美国传教士与晚清中国现代化》,天津:天津人民出版社,1997年,第459页。
⑦ 同上。
⑧ 王立新:《后殖民理论与基督教在华传教史研究》,载《史学理论研究》2003年第1期。

行粗略的分析。

我想说明的是,既然学者们已经认识到了李提摩太既促进了中国的改革和现代化,同时也充当了帝国主义、殖民主义力量的帮凶,那么,最应该问的问题应该是:为什么二者会同时出现在一个人身上?二者的重叠是李提摩太个人的问题,还是时代的症结?即帝国主义时代的现代化与殖民主义是否是孪生双胞、一体两面的关系?而现代性与殖民主义以一种结构性的关系构成知识本身的话,那么我们就可以通过分析那个时代知识分子的知识结构来了解现代性与殖民主义的勾连。李提摩太的《列国变通兴盛记》就是一个绝佳的案例。书中的俄罗斯、日本、印度和缅甸安南四个章节代表了一种现代性与殖民主义的勾连方式。合在一起,又恰好展示出李提摩太具有帝国主义时代殖民者知识分子的特征的知识结构。

一、俄国

在李提摩太的笔下,通过变通实现兴盛的俄国是现代化的典范,是"清夜之钟,迷津之筏焉"。⑨ 它的典范意义在于通过学习西方,俄国不仅实现了现代化,而且顺利实现了扩张领土,获得通往欧洲的出海口的目的。

俄国学习西方,从器物开始。首先是重整水师,发展现代军事,"礼聘荷、奥、普、意四国之老于军事者,训练新军"。⑩ 同时,彼得大帝又重视发展造船业,"由外国延聘精干造船之人,以教俄工。复选派群臣子弟五十人,分往意、荷、英三国学造船只"。⑪ 不久,借着新练的士兵和新建的兵船,彼得打败了瑞典王和土耳其,并扩张了领土,获得通往欧洲的出海口。

值得注意的是,俄国的西化虽起于战争,却未终于战争。相反,俄瑞

⑨ 李提摩太:《列国变通兴盛记》,上海:广学会,1989 年铅印本,第 1 卷,第 1 页上。

⑩ 同上,第 4 页下。

⑪ 同上,第 4 页下,第 5 页上。

战争之后,彼得大帝尝到了西化的甜头,进一步对国内政治制度、农工商业和生活习俗进行改造。比如,将全国机构重新划为十个部门,“每部又各设一书院,延聘各国名人以为教习,兼采他国章程,参以本国定制,务衷至当”。[12] 鼓励本国居民种植经济作物,贩运欧洲的优良牲畜,建立化学局制造现代物品。彼得大帝甚至“自御西国衣冠以倡之,令学者亦皆效法”。[13]

李提摩太认为,俄国之所以能够迅速崛起和让权于外国人有重大关联。比如,全国十部中,在掌握国家经济命脉的商务部门,“半用外国人”。[14] 而且彼得大帝“聘英、法、荷兰、瑞典、瑞士、日耳曼诸国之名人至俄,或令译书,或供制器,皆以教其民人。凡有奇技艺能者,务罗致之,以广裁成”。[15] 同时,“外国人之寓俄者,许其随处设肆贸易,并准置买庄田房产。或欲与俄人结婚姻,及在俄为官,亦随其意”。[16]

如此一番治理,使得俄国财政收入大为增长。整顿之前,每年收入三百万卢布,整顿后增值一千万卢布。发展神速,确实令人向往。清廷自鸦片战争以后,国势日弱,国土日渐被蚕食。如果能够像俄国一样通过学习西方,重振雄风,固然最好。但此时已是不可能。彼得大帝振兴俄国之时,是在 18 世纪末 19 世纪初,据此时已近百年。这一百年欧洲工业化水平迅速提高,英法在全球范围内基本完成殖民地的瓜分,其霸主地位更加巩固,并且也更加熟练地使用东方主义的话语对东方进行管理。换句话说,俄国的现代化模式只是一个假象。李提摩太真正想说的是,清廷应该更大幅度地让权于外国人,让他们主政中国。只有西方,才能救中国。这是整本书的核心观点之一,并以不同方式贯穿全书。

李提摩太极力推崇俄国之领土扩张,这是值得深究的。在对柔发野的批评中,李提摩太集中在了其丢失领土这一点上。

---

⑫ 同上,第 13 页上并下。

⑬ 同上,第 12 页上。

⑭ 同上,第 13 页下。

⑮ 同上,第 12 页上。

⑯ 同上,第 12 页下。

> 柔发野既败于土,不敢觊觎满蒙地,旋与中国盟于哦庆司克,订立条约,举昔日所占黑龙江一带之地,还之中国。其时,强邻逼处,亦渐蚕食其疆土。柔发野不但见凌于亚细亚洲之国,又屡辱于欧洲,以致国势日促,民不聊生,内治不修,外辱均至,此古人所以贵战胜于庙堂也。[17]

这个表述是非常奇特的。在清朝文献中,《尼布楚条约》是体现大清国对外邦礼让大度的典范。即使是在当下近代史的描述中,这个条约也是有清以来少见的公平条约。但在李提摩太这里,柔发野归还昔日强占中国土地之举却被认定为国家羸弱遭受屈辱的表现,仿佛国势强大就不必考虑公平、正义的问题。晚清世人读到这一段时究竟作何感想,今日已不可知。但是李提摩太那种发展胜过一切、强权即真理的思考方式却已经昭然若揭。换言之,所谓学习西方,也即是壮大自己以便侵略别国而已。更何况中国也已经错过这个时机,学习西方也最多是避免被别国侵略,正如下面日本的案例。

二、日 本

如果说俄国的变通兴盛还是师法多家的话,那么日本的变通兴盛则是专师英国了。从表面上看,日本的变通兴盛在许多方面与俄国相似。比如,对军队、尤其是海军的重视。不但建立造船厂、水师学堂聘请外国人作教员,而且对海军实行专业化建制,分大兵船、小船、水雷船、大快船、水雷艇等。但实际上,早年俄国是仿各国而采其长,现在日本则专门向英国学习。日本水师的建立,先商之英钦使巴夏礼,又接受其举荐英官来日作教练,后又请一英官分教日本某省水师。到了 1873 年,日本又请一英官在东京设立水师学堂教导学生。[18] 可以说,在李提摩太看来,

---

[17] 同上,第 2 页下。

[18] 李提摩太:《列国变通兴盛记》,第 2 卷,第 22 页上。

日本海军的发展乃是由英国一手栽培出来的。

光是海军还不够,李提摩太还特别指出日本将国家道德建设的任务也交给了英国人,尤其是英国传教士。李提摩太简单回顾到,虽然遭到日本政府的排斥和打击,早期传教士们依然坚守在通商口岸,“翻译书籍,设立书院,以讲论道德、博通杂学为要务”。[19] 明治维新之时,日本政府意识到仅仅学习器物知识是不够的,于是又向西方学习制度。在向西方学习制度的过程中,日本人才意识到“教会之专尚道德也”,而且在西方地位甚高,“其君若相皆推崇备至”。[20]

于是日本解除以前的禁令,并开始推崇基督教信仰。有的大臣“见耶稣教之有益于欧美两洲也,深喜日人之入教得以归于至善”;[21] 有的大臣“力劝朝廷下令通国,使皆随是教者。且言人苟但学杂技,而无道德以束其心,则自家及国根本不固,何能持久远?”[22]还有的大臣“见国家设立学堂,专讲杂学而不及道德,因共上书论之。又以耶稣教原以道德、杂学二者并重,愿将己之子女送入教会读书,而不入国家书塾”。[23] 同时,社会上也兴起推崇基督教的风潮,当“教会设塾时,日本绅士均乐资助,以便购买机器、书籍及一切必需之物。又延请外国教习,以成全子弟,其意皆以道德为重,往往欢欣鼓舞,以助其成”。[24] 在李提摩太的描述下,日本简直成了一个基督教乐土。力量相当强大的日本土产的国学、佛学和汉学则完全被忽略。如此有意识地重视基督教而排斥其他宗教、精神和学术体系,很明显就是为了抬高传教士的地位,从而使中国的读者更加重视传教士和接受基督教。从中我们还可以看出,基督教由此被纳入了现代化的话语当中,成为其有机组成部分。

除此之外,英国在日本势力之强大更体现在一些非常基础的方面,

---

[19] 同上,第25页上。

[20] 同上。

[21] 同上。

[22] 同上。

[23] 同上。

[24] 同上。

比如教育。李提摩太特意强调,日本为和各国列强做生意,建立了同文馆,“募人入馆学各国语言文字”。[25] 但是由于英美两国在日本对外贸易上的鳌头地位,使得“海口之商务则多用英文”。[26] 因此日本特别颁布法令,将较多的人力和物力投入到英语学习的事业中去。以至于到了19世纪末,日本“能操英语者多至数十万人”。[27]

李提摩太感叹道,25年前,日本几乎一无所有。而现在,“遍国皆筑铁路,名区大邑无不旁通曲畅。电报所通亦不在西国下。昔年水师之不能比欧西下国者,今更俨然与欧西上国并驾齐驱”。[28] 但在这一表象之下,显示出的是更加吊诡的一面,即李提摩太式的学习西方,其实是以非暴力的方式获得国家权力的让渡,这一点在印度以更加极端的方式凸现出来。

三、印　度

与日本相比,印度的变通兴盛不仅仅是专师英国,更是接受英国的管理,成为其殖民地。这也决定了当我们在分析李提摩太所提供的以印度为样本的现代化模式时,不能使用分析俄国和日本的方法,而必须另辟一条路。这条路就藏在李提摩太貌似客观公正的对印度的风景和历史的描述里。

李提摩太开篇谈及印度的疆宇,“亚细亚境内,中国幅员甚广,而印

㉕ 同上,第23页下。

㉖ 同上。

㉗ 同上,第24页下。

㉘ 关于日本的铁路,有这样一点需要注意。日本修建铁路的理由非常奇特,“日本之创建铁路也,有两意焉:一曰保国务,使东西京声势联络,呼应灵捷。推而及之,各大码头各大省会,皆联为一气;一曰养民,欲使遍国之地血脉贯通。商人转运货物,脚价省于昔者十倍。民间所需物价皆贱于前,商民两便”。这在某种程度上是对中国的铁路恐惧症的回应。1865年,一英国商人在北京城宣武门外修建了一小段铁路,结果“京人诧为妖物”,最终以拆除告终。1876年英国怡和洋行在上海铺建通往吴淞的铁路,结果被清政府购买,以破坏风水之名再次拆除。李提摩太借日本人之口,巧妙地将铁路内化到土地之中,指出铁路所通之处,非但没有割裂地脉,反而“使遍国之地血脉贯通”。相关细节参见徐珂编:《清稗类钞·舟车类·小汽车》;傅林祥:《交流与交通》,香港:中华书局,2014年,第173－177页。

度则有中国二十行省地,后为英国藩属。近今生齿约二百八十五兆名口,内有六十一兆系印度诸王所辖,而通属于英印度。北境有雪山,东西长五千里,名曰希马来亚,其东境为缅甸,亦为英属。西境有夹溪密见、阿富汗、俾路芝等处,皆属于英”。㉙ 李提摩太用四句话分别介绍了印度的面积、人口、山川和地域信息,显得全面而又公正。但他又在每一句话的最后加上了它们的所属权:“英国藩属”“通属于英印度”“为英属”“皆属于英”。好像在将印度描述完全之后以一句话的方式表明其为英属还不够,必须在每一笔财产后面都注明其属于大英帝国才可以。李提摩太自豪和炫耀的心态由此可窥一斑。

在描述印度时,李提摩太成了一名地理学家,他在向中国读者展示由他重新构造后的印度地理。萨义德认为,殖民主义时代的地理学“以一种试图发现、揭示和建构人类历史的貌似客观公正的道德面貌出现,其目的是要为单纯的占领寻找一个堂而皇之的理由,将对更多地域空间的渴望转变为与地域空间和发达民族或未开化民族之间特殊关系有关的一套理论”。㉚ 我们在李提摩太笔下看到的印度正是这样一种建构。当我们在读到下文多次强调印度风光秀丽、土地肥美时,其所暗含的正是对当地资源完全占有的幸福之感。

如果重构地理是为了表现英国对印度的所有权,那么接下来李提摩太对印度历史的重构则是对这种所有权的合法化。在李提摩太的笔下,印度的历史就是一部被外人侵占的历史。先是公元前 327 年希腊亚历山大大帝占领印度,统治一百余年。而后公元前 126 年,匈奴人占领印度,统治六七百年。紧接着,公元 977 年又被回人占据,直到 19 世纪初。将印度悠久的历史梳理成一部被占领史,其好处是非常明显的。这样做可以为应该占领印度提供合法依据。确实,如果印度的存在史就是一部被占领史的话,那么英国自然也可以占领它以证明它的存在。在李提摩太的笔下,英国也正是这么做的。英国先是借用印度的港口做生意,到

㉙ 李提摩太:《列国变通兴盛记》,第 3 卷,第 32 页上。

㉚ 萨义德:《东方学》,王宇根译,北京:生活·读书·新知三联书店,2011 年,第 275 页。

了雍正年间,“英与印度失和,搆兵而胜。自是英人始在印度为主”。[31]

李提摩太利用自己所掌握的有关印度的渊博知识,将英国对印度的殖民统治放置到了传统的战争话语中。因为这套传统的战争话语体系也符合清廷统治者的思考逻辑,因此也就不会对英国占领印度有任何质疑。正是这样,李提摩太巧妙地帮英国获得占领印度的合法权,并且避开了殖民地问题。因为英国对印度的占领实际上并不同于以往蒙古或者伊斯兰对印度的占领。后者并不是资本主义式的经济剥削与掠夺。而英国对印度的殖民统治正是因经济利益而起,最终也因经济成本过高而放弃殖民统治。

李提摩太指出,经过英国对印度的管理,印度由一开始每年“外运之货止值银四百万两,而今印度每年外运之货值银二千六百万两”。[32] 这确实是兴盛的迹象,但这些钱都去了哪里呢? 这些钱并没像俄国或者日本的盈利那样成为本国再生产的投资,而是作为利润运回了英国。李提摩太没有告诉中国读者:印度的现代化,其最大受益者是英国,而不是印度。

四、缅甸、安南

相比于俄国、日本和印度,李提摩太对缅甸和安南着墨甚少,而且将其塑造为变通兴盛的对立面,即因为不懂变通,所以走向灭亡。但是笔者认为,两国的“他者”形象实则折射出李提摩太对帝国主义国家之间矛盾冲突不断的焦虑。

焦点是法国。李提摩太如此描述英国和缅甸之间的矛盾:“光绪十一年,法人既据安南,印度也,起而整顿缅甸”。[33] 这句话的意思很明显,英国对缅甸之间并没有什么直接矛盾,只是法国占据了缅甸的邻国安南,英国便心生担忧、恐惧,由此准备占领缅甸。这种多疑的帝国心态

---

[31] 李提摩太:《列国变通兴盛记》,第3卷,第37页上。

[32] 同上,第40页上。

[33] 同上。

最终促使英国完全统治缅甸。光绪十一年,缅甸为摆脱其危险处境,暗中与法国人签订协议。英国据此认为,缅甸“不睦近邻而远交法人,其心叵测。遂遣兵侵之,又据其北半国。缅人自是无权而全听命于英矣”。[34]

缅甸是英法两国殖民冲突的牺牲品。但李提摩太又不便将矛头直接指向法国,只好将责任全部归到缅甸身上。于是才有了开篇对缅甸的概括:“缅甸,蛮部大国也”,“其人俗悍而性诈”。[35] 这样一来,就不必麻烦对缅甸采取文明国家间处理问题的方式了,直接用武力解决。饶有趣味的是,当初英国对中国的战争也是在指责中国是野蛮国家的情境下发生的。[36]

安南更加特殊一些。虽然它和缅甸一样,是被灭亡的国家,但它为法国所灭,成为法国的殖民地。而且,安南是从中国的藩属国变成法国的殖民地。此一易手,清廷震动巨大。所以,李提摩太在处理这一部分时尤其小心,其叙述基本是符合史实的。甚至有些时候,李提摩太为照顾中国读者的心理感受,特意做了一些处理。比如,中法战争之后,两国签订条约,中国“准”法人保护安南。一个准字就将清廷置于法国之上,保住了清廷的尊严。同时,法国又“强迫”中国日后与兴大工宜兼用法人。这样一来,既突出了法国的霸道,又表现出中国的不得已,而且拉近了中国和英国的关系。其用心可谓良苦。

在缅甸一章的最后,李提摩太感叹道“缅甸、安南二国共合中国七省地之广,乃十年之间亡也忽焉,呜呼可不慎哉!”[37]但缅甸与安南的灭亡与两国本身并没有任何关系,他们逃避不了这个命运。这句话分明就是写给中国读者的。意思就是,如果中国不和西方合作,也难逃此两国一般的厄运。

㉞ 同上,第 37 页上。

㉟ 李提摩太:《列国变通兴盛记》,第 4 卷,第 42 页上。

㊱ Lydia H. Liu, *The Clash of Empires: The Invention of China in Modern World Making* (Cambridge, Mass: Harvard University Press, 2004), Chapter 2, “The Birth of a Super-Sign”.

㊲ 李提摩太:《列国变通兴盛记》,第 4 卷,第 43 页上。

五、结　论

萨义德在论及19纪英国旅行家、东方学家理查德·伯顿时指出，伯顿的天才之处在于他“成功地吸取了一个异质文化的信息和行为系统而能富于策略地游刃于其中”，与此同时，他的内心还生发出“一种对东方生活的所有复杂情况进行断言和支配的意识”。[38] 李提摩太也是这样一位天才的知识分子。《列国变通兴盛记》不但展示出他对亚洲和中国情况的熟悉，而且流露出与殖民主义息息相关的东方主义式的知识结构以及语言风格。

类似的晚清文献中，以发展的话语掩盖扩张和侵略的事实不在少数。也只有在晚清的有识之士出国考察之后，国人对发达国家的认识才为之一变。这一点在梁启超《新大陆游记》中反映尤其明显。在游历纽约时，梁启超感慨道：“近世之文明国，皆以人为机器，且以人为机器之奴隶者也。”[39]长此以往，不但“富者愈富，贫者愈贫”，而且“智者愈智，愚者愈愚”，既贫又愚之人永无翻身之日。[40] 梁启超此语直指当时资本主义社会的两极分化问题。这一内在冲突在殖民地更是普遍存在。

李提摩太回避殖民主义式发展的内在问题，专讲发展的好处，尤其是跟随英国发展的好处，其目的也是明显的。四条道路，不管中国选择哪一条，英国的受益都是最大的。而清政府似乎也意识到了这一点。因此，在危难时刻清廷统治者们并没有采纳李提摩太的意见，[41]委托英国全权管理中国事务，而是利用各殖民者之间的冲突，相互制约，在半殖民地的夹缝中生存下来。

现在，一个多世纪过去了，殖民主义的浪潮虽然已经过去，但变通兴盛的话语依然保持着强大的势力。它现在的名字是发展，它以制度性的

---

[38] 萨义德：《东方学》，第253页。

[39] 梁启超：《梁启超全集》（第四卷），北京：北京出版社，1999年，第1145页。

[40] 同上。

[41] 李提摩太：《亲历晚清四十五年——李提摩太在华回忆录》，侯林莉译，天津：天津人民出版社，第214－237页。

方式渗透到生活的方方面面,制造假象,阻碍人们反思。如何真正有效地对21世纪的发展话语进行祛魅,认清其背后所隐藏的、扭曲的、遮蔽的种种真实,识别它的种种伎俩,并找到真正合适的道路,这是一个需要继续探讨的问题。

视觉化的“上帝”

——从《出像经解》看晚明天主教的传播及其困境

王喜亮

【内容提要】 《出像经解》,又名《天主降生出像经解》,是晚明意大利来华传教士艾儒略传播基督信仰的一部木刻版画作品,它的底本为欧洲耶稣会士纳达尔的《福音故事图集》。《福音故事图集》不仅影响了《出像经解》,还影响了它之前的《诵念珠规程》以及之后的《进呈书像》。《出像经解》的大部分图画内容承袭了《福音故事图集》,但也通过添加新图、调整次序、多图组合、修改细节等方式进行了一些创新,体现了艾儒略在晚明传播天主教过程中做出调适的努力,同时也蕴含了在华传播天主教的几个困境。本文主要从教义、群体、信仰三方面进行考察,并在最后对比《圣迹全图》与《出像经解》这两部图画传记在叙事结构上揭示出来的东西方文化之间的本质差别。

【关键词】 《出像经解》 《福音故事图集》 晚明天主教 困境

《出像经解》,又名《天主降生出像经解》,[①]是晚明意大利士艾儒略

① 《天主降生出像经解》,以下均简称《出像经解》。对《出像经解》主要的相关研究参见褚潇白:《圣像的修辞:耶稣基督形象在明清民间社会的变迁》,北京:中国社会科学出版社,2011 年;张蓓蓓:《明清耶稣会圣母像研究》,上海师范大学博士学位论文,2016 年;邹筱芸:《艾儒略〈天主降生出像经解〉之研究》,福建师范大学硕士学位论文,2014 年;曲艺:《明末基督教插图中的儒家元素:以〈天主降生出像经解〉为例》,载《世界宗教研究》2015 年第 2 期;何俊,罗群:《〈出像经解〉与晚明天主教的传播特征》, (转下页)

(Giulio Aleni,1582－1649)来华传教较为晚期的著作。② 艾儒略1613年入华,先至北京,后赴上海、杭州、常熟等地传教。1624年阁老叶向高罢归福建,道经杭州,邀艾儒略入闽,艾儒略遂于年底抵福州,此后在闽传教凡25年,成为福建开教的第一人。③ 与利玛窦等早期来华传教士一样,艾儒略仍然采用著书立说这种"学术传教"的策略,其传世的20余部中文著作便是明证。④ 但艾儒略也有不同于利玛窦的传教特点:利玛窦

(接上页)载《现代哲学》2008年第4期;申濬炯(Junhyoung Michael Shin),"The Jesuits and the Portrait of God in Late Ming China," *Harvard Theological Review*, 2(2014);"The Reception of '*Evangelicae Historiae Imagines*' in Late Ming China: Visualizing Holy Topography in Jesuit Spirituality and Pure Land Buddhism," *The Sixteenth Century Journal*, 2(2009); Paul Rheinbay, S. A. C., "Nadal's Religious Iconography Reinterpreted by Aleni for China," Tiziana Lippiello & Roman Malek, eds., *Scholar from the West: Giulio Aleni S. J. (1582－1649) and the Dialogue between Christianity and China* (Nttetal: Steyler Verlag, 1997); Sun Yuming, "Cultural Translatability and the Presentation of Christ as Portrayed in Visual Images from Ricci to Aleni," in Roman Malek, ed., *The Chinese Face of Jesus Christ*, vol. 2, Monumenta Serica Monograph Series L/2 (Sankt Augustin: Institut Monumenta Serica and China-Zentrum, 2003)。

② 艾儒略生平及著作,参见费赖之:《在华耶稣会士列传及书目:1552－1773》,冯承钧译,北京:中华书局,1995年,第132－142页;方豪:《中国天主教史人物列传》(上),北京:中华书局,1988年,第185－197页;徐宗泽:《明清间耶稣会士译著提要》,上海:上海书店出版社,2010年,第275－277页。有关艾儒略中文著作的分期,参见潘凤娟:《西来孔子艾儒略——更新变化的宗教会遇》,天津:天津教育出版社,2013年,第16－22页。

③ 方豪认为艾儒略于天启五年(1625)抵福州,林金水考证此时间在天启四年(1624)年底,参见林金水:《叶向高致仕与艾儒略入闽之研究》,载《福建师范大学学报(哲学社会科学版)》2015年第2期。

④ 潘凤娟及许理和统计艾儒略中文著作共22种,叶农点校《艾儒略汉文著述全集》(澳门:澳门文化艺术学会,2012年)及费赖之《明清间在华耶稣会士列传:1552－1773》均收录艾儒略中文著作共24种,差别在于:潘凤娟排除了《口铎日抄》《熙朝崇正集》及《玫瑰经十五端图像》,费赖之没有收录《万国全图》,叶农则只排除了《熙朝崇正集》,许理和在李嗣玄《泰西思及艾先生行述》基础上归纳的艾儒略书目没有包括《万国全图》《耶稣圣体祷文》《天主降生引义》,但加入了前三者都不包括的《圣教神业》。参见潘凤娟:《西来孔子艾儒略——更新变化的宗教会遇》,第19页;费赖之:《明清间在华耶稣会士列传:1552－1773》,第152－157页;Erik Zurcher, "Giulio Aleni's Chinese Biography," in *Scholar from the West: Giulio Aleni S. J. (1582－1649) and the Dialogue between Christianity and China*, pp. 85－127。

交往的群体大部分是高级文官,晚年主要活跃于宫廷,其著述对于天主信仰采取委婉的表达;而艾儒略的主要交结群体则偏向中下层,不如利玛窦交结的群体地位显赫,其主要传教区域也主要局限于福建,远离宫廷,在著述中对于天主信仰及耶稣生平却多有着墨,如《天主降生言行纪略》《天主降生引义》,属于正面向中国人宣扬天主信仰,《出像经解》也属此类。

一、《出像经解》的版本及源流

明末清初天主教徒李嗣玄在《泰西思及艾先生行述》中归纳了艾儒略一生的中文著述,其中便有《出像经解》。[5]《出像经解》也被提及于晚清天主教徒胡璜所著的《道学家传》,[6]亦见于梵蒂冈图书馆藏的由入华耶稣会士整理的《天主圣教书目》。[7] 近代上海土山湾慈母堂出版的《道原精萃》卷三之《道原精萃图》[8]中亦收录了由修士刘必振据纳达尔《福音故事图集》重新摹画的耶稣生平,图像数量比艾儒略《出像经解》多,技法也更纯熟。耶稣会士方殿华在其所撰《道原精萃图·像记》中提

⑤ 有关李嗣玄的生平,参见《中国天主教史人物传》(上),第265-266页。更详细的介绍,参见刘成峰:《明末清初福建天主教徒李嗣玄述评》,载《福建论坛(人文社会科学版)》2012年专刊。

⑥《道学家传》,参见钟鸣旦等编:《徐家汇藏书楼明清天主教文献》(第3册),台北:辅仁大学神学院,1996年。

⑦《天主圣教书目》,参见张西平等主编:《梵蒂冈图书馆藏明清中西文化交流史文献丛刊》(第一辑),郑州:大象出版社,2014年;张西平:《明末清初天主教入华史中文文献研究的回顾与展望》,见氏著:《传教士汉学研究》,郑州:大象出版社,2005年,第172-198页。

⑧《道原精萃》,法国倪怀纶辑,清光绪十三年(1887)上海慈母堂铅印本,梵蒂冈藏号RACCOLTA GENERALE-ORIENTE-II 164。《道原精萃》共11册,前8册为著述,包括:艾儒略的《万物真原》《天主降生引义》《天主降生言行纪略》,李杕的《宗徒大事录》《圣母传》《教皇洪序》,高一志的《宗徒列传》等。后3册为236幅木刻图画,一部分出自《福音故事图集》。关于上海土山湾的版画刊刻情况,参见褚潇白:《圣像的修辞:耶稣基督形象在明清民间社会的变迁》,第207-242页;陈焕强:《上海土山湾画馆天主教圣经故事版画图像叙事探析》,载《天主教研究论辑》2012年第9期。

到,“崇祯八年,艾司铎儒略传教中邦,撰《出像经解》,仿拿君(Nadal)原本,画五十六像,为时人所推许。无何,不胫而走,架上已空。”⑨这些横跨中西古今的不同版本在一定程度上说明了《出像经解》本身的影响力。据统计,目前所见传世的《出像经解》共有37个副本,主要分为两大类:一类题为《天主降生出像经解》,有图56幅及耶路撒冷地图,标记1637年晋江景教堂本;另一类题为《天主降生言行纪像》,有图51幅,无耶路撒冷地图,未标记时间及刻印地,也许刻印于1637年之后的其他地方。⑩ 除了图画数量上的差别,《天主降生言行纪像》版本在《引》之后的题名仅有“远西耶稣会士艾儒略敬识,耶稣会中同学瞿西满、阳玛诺、聂伯多仝订”等字,相对缺少《天主降生出像经解》版本的完整信息。梵蒂冈图书馆藏晋江景教堂本(RACCOLTA PRIMA 339)属于第一类,该本题为《天主降生出像经解》,共57幅图(包括地图)。图前有艾儒略所撰《天主降生出像经解引》,《引》末题为:

天主降生后一六三七年
大明崇祯丁丑岁二月既望
远西耶稣会士艾儒略敬识
遵教规,凡译经典,三次看详,方允付梓
耶稣会中同学瞿西满、阳玛诺、聂伯多⑪仝订
晋江景教堂绣梓

⑨ 方殿华:《道原精萃图·像记》,参见《梵蒂冈图书馆藏明清中西文化交流史文献丛刊》(第一辑),第3册,第238页;中国国家图书馆亦有《道原精萃图》藏本(清光绪三十年,上海慈母堂,编号139645,139646,139647)。

⑩ Sun Yuming, “Cultural Translatability and the Presentation of Christ as Portrayed in Visual Images from Ricci to Aleni,” Roman Malek ed., *The Chinese Face of Jesus Christ*, vol. 2, Monumenta Serica Monograph Series L/2 (Sankt Augustin: Institut Monumenta Serica and China-Zentrum, 2003), p. 477 注释。

⑪ 瞿西满(Simon da Cunha, 1590 - 1660),葡萄牙传教士,1629年来华;阳玛诺(Emmanuel Diaz, 1574 - 1659),葡萄牙传教士,1610年来华;聂伯多(Pierre Canevari, 1594 - 1675),意大利传教士,1630年来华。三人生平分别参见《在华耶稣会士列传及书目:1552 - 1773》,第224 - 226,123 - 128,226 - 228页。

除了 RACCOLTA PRIMA 339 本以外，仅梵蒂冈图书馆就还藏有 9 本，在图像的数量上有 57、55、51 等多少不一的差别，次序上也存在一些不一致。⑫ 耶稣会罗马档案馆藏有两本：一本题为《天主降生言行纪像》(Jap-Sin I-187)，仅有图 53 幅，图前没有《引》，也缺少耶路撒冷地图。《耶稣会罗马档案馆明清天主教文献》所据影印本正是此版本。⑬ 另一本题为《天主降生出像经解》(Jap-Sin I-188)，有图 56 幅，并有地图及《引》，此本与法国巴黎国家图书馆藏本(Chinois 6750)一致。⑭ 耶稣会罗马档案馆本(Jap-Sin I-188)、法图本(Chinois 6750)与梵蒂冈 RACCOLTA PRIMA 339 本应为同一版本。仅有的两处不同在于：法图本首张图为耶稣像，而梵蒂冈本首张为地图；梵蒂冈本第 45 图“系鞭苦辱”与图 46“被加棘冠苦辱”在法图本中次序相反，其余图像无论是内容还是次序均完全相同。除了 Chinois 6750 本，法国国家图书馆还藏有 6 本《出像经解》，主要在于 57 图或 51 图之间的版本差别。此外，《出像经解》还有 58 图本，德国巴伐利亚图书馆有藏。此本与晋江景教堂 57 图本的差别在于最后多出“耶稣受难圣堂帐幔自裂”一图，也许是后来增入。⑮ 台北辅仁大学神学图书馆藏的《出像经解》只有 39 图，柯毅霖(Gianni Criveller)认为此本是在 1738 年刻印于北京的。⑯

---

⑫ 参见《梵蒂冈图书馆藏明清中西文化交流史文献丛刊》(第一辑)，第 34 册，第 2–5 页；伯希和编：《梵蒂冈图书馆所藏汉籍目录》，高田时雄校订、补编，郭可译，北京：中华书局，2006 年，第 16，64，70，94，108，113 页；谢辉：《梵蒂冈图书馆藏艾儒略著作二种版本考略》，载《国际汉学》2015 年第 3 期。

⑬ 钟鸣旦，杜鼎克主编：《耶稣会罗马档案馆明清天主教文献》(第 3 册)，台北：利氏学社，2002 年。

⑭ Albert Chan, S. J., *Chinese Books and Documents in the Jesuit Archives in Rome, a Descriptive Catalogue: Japorica-Sinica I-IV* (New York: M. E. Sharpe, 2002), pp. 110–112.

⑮ 参见谢辉：《艾儒略中文天主教著作版本综考》，载《北京行政学院学报》2016 年第 4 期。

⑯ 柯毅霖：《晚明基督论》，王志成等译，成都：四川人民出版社，1999 年，第 263 页，注释 36。

《出像经解》并不是最早向中国人宣传福音的图画。先于利玛窦抵华的方济各会士阿尔法罗(Pierre Alfaro)就曾带入过手绘的圣像画。⑰利玛窦在1601年进京呈给皇帝的贡品清单中也有"时画天主圣像一幅,古典天主圣母像一幅,时画天主圣母像一幅"。⑱ 1606年,利玛窦又将四幅铜版画赠予著名出版商程大约,后此四幅画收入程氏编撰的《墨苑》之书末。⑲ 1616年"南京教案"爆发,官方清查的"夷物"中也包括了"天主像造册",⑳说明晚明传教士一直将圣像画作为传播天主教的手段之一。总体而言,明清天主教圣像画主要以这几种方式发挥作用:(1)作为礼物上贡给皇帝或赠送给官员、文人及教友;(2)作为教堂内部空间的装饰壁画;(3)分发给平民百姓用于礼拜祈祷;(4)帮助教徒学习领会圣经经文或默想灵修。㉑ 作为一种文化传播形式,宗教画不仅在宗教仪式、人际交往方面,甚至在中西美术交流史上都发挥了它的重要作用。㉒

---

⑰ 裴化行:《天主教16世纪在华传教志》,萧浚华译,北京:商务印书馆,1936年,第166页。

⑱ 朱维铮主编:《利玛窦中文著译集》,上海:复旦大学出版社,2001年,第234页。

⑲ 此四幅画分别可见于《利玛窦中文著译集》第249,250,261,262页。研究参见 Carmen Guarino, "Images of Jesus in Matteo Ricci's Pictures for *Chengshi moyuan*," *The Chinese Face of Jesus Christ*, vol. 2, pp. 417-436。

⑳《破邪集·卷二·清查夷物一案》,参见《明末清初天主教史文献新编》(下),第1744页。

㉑ Nicolas Standaert, *An Illustrated Life of Christ Presented to the Chinese Emperor: The History of Jincheng shuxiang*(1640). Monumenta Serica Monograph Series LIX, Sankt Augustin: Institut Monumenta Serica, 2007, p. 39;褚潇白:《圣像的修辞:耶稣基督形象在明清民间社会的变迁》,第25页以下;高华士:《清初耶稣会士鲁日满常熟账本及灵修笔记研究》,赵殿红译,郑州:大象出版社,2007年,第383页以下。

㉒ 这方面的研究参见:Michael Sullivan, *The Meeting of Eastern and Western Art from the Sixteenth Century to the Present Day* (London: New York Graphic Society, 1973), pp. 46-89;孟德卫:《1500-1800:中西方的伟大相遇》,江文君、姚霏等译,北京:新星出版社,2007年,第51-60页;莫小也:《十七至十八世纪传教士与西画东渐》,杭州:中国美术学院出版社,2002年;顾卫民:《中国基督宗教艺术的历史》,载《世界宗教研究》2008年第1期;汤开建,陈青松:《明清之际天主教的传播与西洋宗教画的关系》,载《安徽师范大学学报(人文社会科学版)》2005年第6期;汤开建:《明清之际天主教艺术传入中国内地考略》,载《暨南学报(哲学社会科学版)》2001年第5期;叶农:《明清之际西画东来与传教士》,载《美术研究》2004年第2期;向达:《明清之际中国美术所受西洋之影响》,载《东方杂志》1930年第27卷第1号。

艾儒略的《出像经解》以图像化的直观方式向晚明中国人系统介绍了耶稣基督的生平事迹，但在两年前（1635年），他就已经出版了两部讲述基督论的文字作品——《天主降生引义》[23]及《天主降生言行纪略》。[24]《出像经解》又名《言行纪像》，它与《言行纪略》之间的配合关系从字面上更易于理解，而《出像经解》图下的文字解说在末尾都有"见《行纪》X卷"等字样，又进一步说明了它和《言行纪略》之间的内在关联。《言行纪略》为圣经四福音书的一种概述，是"将四圣所编，会撮要略，粗达言义"，目的在于"令人心会身体，以资神益"。[25]《出像经解》的"经解"之义在此便可以理解为"解经"，"经"即圣经中的福音书（"万日略经"/Evangelia），而它的内容则基本取材于耶稣会士纳达尔（Jeronimo Nadal S. J.，1507－1580）在其去世后出版的《终年圣弥撒所诵福音书故事图集》（简称《福音故事图集》，原名为：*Evangelicae historiae imaginesex ordine Evangeliorum quae toto anno in Missae Sacrificio recitantur*，1593，Antwerp）。《福音故事图集》据圣经四福音书（部分参考《宗徒大事录》）对观综合而成，采用年代学（Chronology）的方式讲述从圣母领报到耶稣降生以至复活升天等一系列故事，共153图，每图上方均有主题、序号及经文出处，图下方附有简单的拉丁文解说。这部图集之后并入了纳达尔另一部图文相配的作品——《终年圣弥撒所诵福音书之注释与默想》（简称《福音注释与默想》，原名为：*Adnotationes et meditationes in Evangelia quae in Sacrosanctae Missae Sacrificio toto anno leguntur*，1594，Antwerp）之中。艾儒略尽管采用了纳达尔的《福音故事图

---

[23] 《天主降生引义》已收录出版的主要有：《明末清初耶稣会思想文献汇编》第11册，底本据尚蒂宜耶稣会图书馆（Bibliothèque des Fontaines）藏本；《东传福音》第4册（底本为1887年《道原精萃》本）；叶农点校《艾儒略汉文著述全集》本（底本为1887年《道原精萃》本）。其他版本参见叶农的《解题》，见《艾儒略汉文著述全集》，第258页。

[24] 《天主降生言行纪略》已收录出版的主要有：《耶稣会罗马档案馆明清天主教文献》第4册（1635年刊本）；《明末清初耶稣会思想文献汇编》第10册（底本据1853年慈母堂重刊本）；《东传福音》第4册（底本为1887年《道原精萃》本）；叶农点校《艾儒略汉文著述全集》本（底本为《耶稣会罗马档案馆明清天主教文献》本）；《梵蒂冈图书馆藏明清中西文化交流史文献丛刊》（第1辑）收录了两个版本，分别见第1－2及4册。除此以外尚有多个刊本，参见叶农之《解题》，见《艾儒略汉文著述全集》，第272页。

[25] 《耶稣会罗马档案馆明清天主教文献》第4册，第29页，版本为Jap-Sin I，76。

集》作为《出像经解》之底本,但其《言行纪略》却并非来自纳达尔的《福音注释与默想》,而是采编于16、17世纪非常流行的庐多耳夫(Ludolphus de Saxonia, ca. 1300 - 1378)所著《依据四部福音及正统派作者之基督生平》(*Vita Jesu Christi e quatuor Evangeliis et scriptoribus orthodoxis concinnata*),这部著作影响了耶稣会创始人依纳爵·罗耀拉(Ignatius Loyola, 1491 - 1556)的皈依。[26] 潘凤娟考证认为,艾儒略增删重组了《基督生平》的章节,摘译了该书所引圣经经文以及部分不属于圣经的记载,并加入了自己的个人诠释,在中文语境中重构了天主降生的故事。[27]

纳达尔的《福音故事图集》最晚于1605年已传到中国,成为明末清初时期福音故事图画的一个主要模本,它至少影响了三个作品:罗如望(Joao da Rocha, 1566 - 1623)的《诵念珠规程》,艾儒略的《出像经解》,以及汤若望(Johann Adam Schall von Bell, 1591 - 1666)的《进呈书像》。[28] 罗如望刻印于1619 - 1624年之间的《诵念珠规程》,[29]是晚明最早以较大规模的图画形式讲述耶稣生平的作品,它的主要目的是为了帮助教内信徒日常默祷灵修。[30] 该图册以师生问答的方式讲述《玫瑰经》

㉖ Nicolas Standaert, "The Bible in Early Seventeenth-Century China," Irene Eber Sze-kar Wan and Knut Walf, eds., *Bible in Modern China: The Literary and Intellectual Impact*, Monumenta Serica Monograph Series XLIII (Sankt Augustin: Institut Monumenta Serica, 1999), pp. 39 - 43; *Handbook of Christianity in China: Volume One* (635 - 1800), pp. 622 - 623.

㉗ 潘凤娟:《述而不译?艾儒略〈天主降生言行纪略〉的跨语言叙事初探》,载《中国文哲研究集刊》2009年第34期。

㉘ *Handbook of Christianity in China: Volume One* (635 - 1800), pp. 812 - 813.

㉙ 有学者认为《诵念珠规程》只是罗如望编的,也有学者认为它的作者是傅汎际(Francisco Furtado),参见莫小也:《十七至十八世纪传教士与西画东渐》,第111 - 112页。《诵念珠规程》共有5个版本:Jap-Sin I, 43b(罗马耶稣会档案馆),Fondo Gesuitico 72. B. 298(罗马国家图书馆),Borgia Cinese 336. 5(梵蒂冈图书馆),Chinois 7382(法国国家图书馆),1374 -1445(美国旧金山盖提研究所),参见曲艺:《〈诵念珠规程〉:17世纪初第一本含插图的中国基督教书籍》,见《设计学论坛》第2卷,南京:南京大学出版社,2010年,第254页。研究还可参见蔡秀卿:《叙事与救赎:晚明〈诵念珠规程〉图像中的与神圣会遇》,载《哲学与文化》2010年第11期。

㉚ 例如其中一段对话:"师:'你每日做什么工夫,可以养得你亚尼玛的生命,与保存得你爱天主的德?'学:'每日诵天主圣母全念珠一串,并默想十五超性之事,包含吾主耶稣一生的事体。'师:'怎么说全念珠一串?每串有几分?'学:'全念珠总该念一百五十(转下页)

的"十五超性事"(十五端),每段对话配合一图,图内无文字,每图的主题都是直接对应《玫瑰经》中的一端。相对于它的底本《福音故事图集》,《诵念珠规程》中的图画存在较大改动,使得画风具有明显的中国特色。《出像经解》刊印在《诵念珠规程》之后十余年,基本重新采纳了《诵念珠规程》中的图画,并在此基础上扩大了图画的规模。不同的是,《出像经解》虽然也存在一些改动,但是在总体上更加忠实于《福音故事图集》的原貌,也突破了《诵念珠规程》的简化与片段式传播,而以历史学家的眼光将图画系统而有序地涵盖了耶稣基督的主要生平。㉛

费赖之及方豪都认为《出像经解》中的图画被杨光先在《不得已》中用作反对天主教的依据,㉜这个说法其实有误。杨光先在《不得已》中采用的3幅图与《出像经解》的内容并不相符,它们均源自《进呈书像》,㉝分别是:图28"天主耶稣返都就难像",图42"天主耶稣方钉刑架像",图43"天主耶稣悬架竖立像"。㉞ 费赖之提到,金尼阁曾受赠一本精美图册,内容为耶稣基督事迹图,"汤若望附以中文说明后,连同一套三王来

(接上页)遍亚物。十五遍在天,分作三分,每一分念五十遍亚物,五遍在天。诵首一分要一时,默想超性事内首五条。诵中一分要一时,默想超性事内中五条。诵后一分要一时,默想超性事内后五条。'"参见《耶稣会罗马档案馆明清天主教文献》(第1册),第515-516页。

㉛ 据说艾儒略也有一部《玫瑰经》作品,有15图及祷文,费赖之称之为《玫瑰经十五端图像》,《艾儒略汉文著述全集》已将它收录。从图画内容来看,这部作品既不同于《出像经解》,也不同于《进呈书像》及《福音故事图集》,与《诵念珠规程》差异也颇大。它的作者归属尚有争议,本文在此不作对比研究。

㉜ 费赖之:《明清间在华耶稣会士列传:1552-1773》,第153页;方豪:《中国天主教史人物传》(上),第193页。

㉝ 钟鸣旦统计《进呈书像》现存4个版本,分别是:Chinois 6757 I-II (Bibliothèque Nationale de France, Paris), VE 72, B.299 (Biblioteca Nazionale Centrale Vittorio Emanuele II, Rome), Sin.107 和 Sin.108 (Osterreichische Nationalbibliothek, Vienna),参见 Nicolas Standaert, *An Illustrated Life of Christ Presented to the Chinese Emperor: The History of Jincheng shuxiang*(1640), p.15。4个版本异同之比较见 pp.85-87。

㉞ 周岩编校:《明末清初天主教史文献新编》(下),北京:国家图书馆出版社,2013年,第2071-2073页。

朝模型,为彩色蜡制艺术品,呈献皇上,深受崇祯帝喜爱”。[35] 进呈皇帝两个月之后,汤若望重新出版了此书,这便是《进呈书像》(1640 年)。《进呈书像》的底本来源复杂,但至少有 10 图来自于《福音故事图集》。[36] 考虑到《出像经解》大部分保留了《福音故事图集》的原貌,似乎也可以认为,汤若望的《进呈书像》可能部分受到了《出像经解》的影响,而《出像经解》则可以说在明清圣像传播史上起到了承前启后的作用。

二、《出像经解》的传承与创新

《引义》《言行纪略》《出像经解》是艾儒略阐述基督论的三部主要作品。在这三部作品中,以《言行纪略》为核心,《引义》为其前导,《出像经解》则是其补充。虽然《言行纪略》与《出像经解》在晚明时分开出版,[37] 但二者之间在义理上是有承接的,这层关系艾儒略在《出像经解》的引言中已有交代:

> 吾西土有天主降生巅末四部,当代四圣所记录者,复有铜板细镂吾主降生圣迹之图数百余幅。余不敏,尝敬译降生事理于《言行纪》中,兹复仿西刻经像,图绘其要端,欲人览之如亲炙吾主,见其所言所行之无二也。中有绘出于《言行纪》所未载者,盖更详圣传中别记悉绘之,以见其全也。[38]

---

[35] 费赖之:《明清间在华耶稣会士列传:1552-1773》,第 189-190 页。柯毅霖介绍说,汤若望呈给崇祯皇帝的这本画册由 45 幅版画组成,画册卷首插画上有一银色匾额,上面有一段拉丁文:“依据四福音书,天主的独生子、圣母玛利亚之子、我们的主耶稣基督的生平。献给伟大的中华帝国及皇帝。马克西米连(Maximilian)皇帝、莱茵河(Rhine)的巴列丁(Palatine)皇储、巴伐利亚(Bavarias)皇储敬。耶稣降生救世 1617 年。”参见《晚明基督论》,第 253-254 页。

[36] Nicolas Standaert, *An Illustrated Life of Christ Presented to the Chinese Emperor: The History of Jincheng shuxiang*(1640), pp. 57-63,更具体的文本来源之比较见 pp. 91-96。

[37] 柯毅霖:《晚明基督论》,第 216 页。

[38] 《天主降生出像经解引》,参见《梵蒂冈图书馆藏明清中西文化交流史文献丛刊》(第一辑),第 34 册,第 12 页。

就此来看,艾儒略在《言行纪略》中以文字记述基督生平事迹,而《出像经解》则相当于“图说”,目的在于发挥视觉艺术的直观性,“欲人览之如亲炙吾主,见其所言所行之无二”而已。另一层意思说明,艾儒略没有全部刻绘那“数百余幅”铜版画,只不过是其“要端”,这也就是“出像”之义,“出像”对应“全像”(全部描绘),所以它只是一种部分的择取。《出像经解》中也有《言行纪略》“所未载者”,说明二者之间并非严格对应,前者还参考了其他“圣传”作为补充,补充的部分主要是圣母玛利亚的事迹,参考的“圣传”则是《圣母行实》,而这部分不见于《言行纪略》(详见文末附表)。

当文本离开了它原处的语境时,面对新的读者就会存在理解上的障碍,于是对这一文本重新进行介绍与诠释就是必不可少的工作。在晚明中国这一非天主教语境中,福音图画的内容显然不易为国人所理解,从《福音故事图集》到《出像经解》,尽管文本内容主要仍是移植,但文本的技术处理及其背后的语境却需要重新建构。在引言中,艾儒略如此解释道:

> 至于形容无形之物,俾如目睹,则绘法所穷。是以或拟其德而摹之,或取其曩所显示者而像之。如天主罢德肋[39]与斯彼利多三多,[40]本为纯神,超出万相。然绘罢德肋,借高年尊长之形者,摹其无始无终至尊无对之德也。绘斯彼利多三多取鸽形者,盖吾主耶稣受洗于若翰时,天主圣神尝借鸽形显示其顶故也。若天神亦为无形之灵第,其德不衰不老,则以少年容貌拟之;神速如飞,则以肩生两翅拟之;清洁无杂,则以手持花枝拟之。凡如此类义,各有归总,非虚加粉饰以为观美而已。[41]

㊴ 罢德肋:拉丁文 Pater 之音译,即圣父。

㊵ 斯彼利多三多:拉丁文 Spiritus Sanctus 之音译,即圣灵。

㊶《天主降生出像经解引》,第 12 - 14 页。

图画的“欣赏”功能显然并非艾儒略的最终目的,最终目的在于使“学者由行下之迹以探乎形上之神,由目睹所已及,并会乎目睹所未及”,[42]借着“默默存想”,最终达到“不待披卷而恒与造物游”[43]的境界。《出像经解》这个灵修默想的目的与《诵念珠规程》及《福音故事图集》是一致的,只是相较于《诵念珠规程》,《出像经解》保留了更多《福音故事图集》原有的“说史”功能。纳达尔的《福音故事图集》和《福音注释与默想》都是在耶稣会创始人依纳爵的要求下展开的。依纳爵的《神操》(*Exercitia spiritualia/Spiritual Exercises*)创造了使用感官来加强对福音理解的方法,这种默观的前提是“正确无误地讲述默观和默想所包含的历史”,[44]在历史的可靠基础之上,个人借着自己的理性或天主的光照,进入到一种内在的玩味之中,这比单纯地了解知识更具意义。在《神操》的影响下,纳达尔以文字和图画结合的方式重新诠释了耶稣的生平历史,它更有助于默想。这种图文相配的方式与《神操》在内在路径上保持了一致,而这个路径也是《出像经解》所跟随的。[45] 在此,本文主要使用梵蒂冈图书馆藏《出像经解》(RACCOLTA PRIMA 339)[46]来先说明其与《福音故事图集》之间的内在关联。此版本《出像经解》除去艾儒略所撰引言外,有图共 57 幅(包括地图),它总共撷取了《福音故事图集》中 63 幅图,并通过添加新图、调整次序、多图组合、修改细节等方式,呈现给晚明中国人一个不完全等同于欧洲

---

[42] 同上,第 14-15 页。

[43] 同上,第 15 页。

[44] 乔治·刚斯:《神操新译本》,郑兆沅译,台北:光启文化事业,2011 年,第 46 页;亦参 Arthur Holder, ed., *Christian Spirituality: The Classics* (London and New York: Routledge, 2010), pp. 197-208;黄克镳、卢德主编:《基督宗教灵修学史》(第二册),《辅大神学丛书》103,台北:光启文化事业,2012 年,第 217-247 页。

[45] 参见钟鸣旦:《圣依纳爵神操在中国传教区:十七及十八世纪经验的反省》,载《辅仁大学神学论集》第 160 期,第 167-205 页;Junhyoung Michael Shin, "The Reception of '*Evangelicae Historiae Imagines*' in Late Ming China: Visualizing Holy Topography in Jesuit Spirituality and Pure Land Buddhism," *The Sixteenth Century Journal*, 2(2009), pp. 303-333。

[46] 参见《梵蒂冈图书馆藏明清中西文化交流史文献丛刊》(第一辑),第 34 册;此外还参考叶农点校《艾儒略汉文著述全集》(底本据巴黎国家图书馆藏本),题为“天主降生言行纪略”,共 57 图。

原本的作品。对比研究之下，将进一步发现《出像经解》与《福音故事图集》之间的继承关系，以及艾儒略在中国处境之下的调适策略。

1. 添加新图

《出像经解》在引言之后的首图是一张耶路撒冷地图，但此图不见于《福音故事图集》，为艾儒略添入。图的右边题为“大秦如德亚国协露撒稜都城当天主降生时图”，“大秦”沿用自中国古称，指代罗马或近东地区，“如德亚国”即犹大国，为“Judaea”的音译，“协露撒稜都城”意为耶路撒冷城（Jerusalem）。图左为解说：“此城日久存毁改变不一，然吾主耶稣受难升天圣迹诸所，至今显存。凡诸国奉教者，每往瞻拜云”。该图坐标上东下西，左北右南，整体呈矩形结构，中间为圣殿，图的其他地方标识一些重要的事件背景，如“白大尼亚邑”“立圣体所”“圣神降临所”“耶稣圣墓即复生所”等等，也标识了耶稣骑驴进耶路撒冷的路线、登山变像以及扛十字架往山上被钉的路线。这张图的具体来源尚不明确，但该图给耶稣的生平介绍提供了全局式的背景铺垫。

图 2“天主降生圣像”同样不见于《福音故事图集》本身的内容，但与《福音故事图集》的扉页有几分类似。比较之下，图 2 与《福音故事图集》的扉页重合之处并不多。正中上方 IHS 名号、插在心形图案上的三颗钉子以及图两边的一些天使，《出像经解》都予以保留，其余地

方均与原书不一致。《福音故事图集》扉页正下方是一句经文"Venite ad me omnes qui laboratis, et onerati estis, et ego reficiam vos"("凡劳苦和负重担的,你们都到我跟前来,我要使你们安息")[47],而《出像经解》图2除了正标题"天主降生圣像"之外,副标题却是"诸神瞻仰圣容,四圣记录灵迹",图的四角分别放上四福音书的作者:"圣使玛窦""圣使若望""圣使玛尔歌""圣使路加",并在四位作者的旁边添加了代表他们的形象:人、鹰、狮、牛。[48]

图画主体部分的耶稣,在图2中则用中年形象取代了《福音故事图集》扉页中的老者形象,手势改为左手朝下,握住一地球仪状物,右手上扬竖起二指。正下方为一首诗:

立天地之主宰,肇人物之根宗。
推之于前无始,引之于后无终。
弥六合兮无间,超庶类兮非同。
本无形之可拟,乃降生之遗容。
显神化以溥爱,昭劝惩以大公。
位至尊而无上,理微妙而无穷。

此诗不仅见于《出像经解》,据方豪的搜集考证,它还见于其他地方:《增订徐文定公集》、许乐善《适志斋集》、北堂图书馆藏单张、川沙庄允升藏木刻耶稣救世主像题词、杭县方氏藏《辩学》钞本天主耶稣像赞,以及绥阳《王氏家谱》等,在不同版本中内容有些微差异。[49] 此诗的作者有认为是

---

[47] 思高本《新约·玛窦福音》11:28。

[48] 艾儒略在《天主降生言行纪略·万日略经说》中解释说:"古经中,曾喻指四圣以四像。一人像,乃指玛窦,多纪论吾主降生人性之事;一狮像,乃指玛尔歌,矢口即纪论当时圣若翰在郊野高声晓众,共认吾主耶稣降生,如狮子吼然;一牛像,乃指路加,矢口即纪论奉祭天主之礼,如古用牲者;一鹗像,乃指若望,矢口即纪论天主之性,挈其玄奥,如鹗高戾于天,而仰日光,不眩其目也。"参见《耶稣会罗马档案馆明清天主教文献》(第4册),第26-27页。

[49] 方豪:《徐文定公耶稣像赞考异》,参见《方豪六十自定稿》(下),台北:学生书局,1969年,第1604-1606页。

许乐善,但方豪的考证否定了此观点。也有学者认为此诗是徐光启所作,题为“耶稣像赞”,并被收录于《徐光启全集》。[50] 徐光启在艾儒略的《天主降生言行纪略》之后附有一首《大赞诗》,还曾撰《造物主垂像略说》,[51]表明他对圣画像及天主教教义有深入的理解,则《耶稣像赞》为徐光启所作似乎也顺理成章。尽管作者有争议,但艾儒略显然不是此诗的作者,它应当移用自别处,这说明《出像经解》图 2 本身经过多方修改而基本属于一个新作品。

2. 调整次序

《出像经解》也并非完全依照《福音故事图集》的次序来编排,有时调整了图画的顺序。图 15“西加汲水化众”、图 17“渡海止风”、图 18“起瘫证赦”、图 19“起三十八年之瘫”、图 29“预告宗徒受难诸端”、图 31“胎瞽得明证主”穿插在耶稣生平的叙事顺序之中,其中,图 15、17、18、19、29 等图是将原来《福音故事图集》中的次序提前,而图 31 则相对置后了,图 32 之后次序则不再调整,完全跟随《福音故事图集》的顺序。说明艾儒略在编排《出像经解》的时候并不是严格按照《福音故事图集》的顺序,而是更严谨地遵从四福音书的历史叙事。

《出像经解》中调整次序最为特殊的是图 3。此图源自《福音故事图集》中的图 90,基本保留了原图中的内容,却完全更改了图的主题。《福音故事图集》第 90 图名为“De Pharisaeo & Publicano”(论法利赛人与税吏),经文背景为《路加福音》第 18 章耶稣论法利赛人与税吏的比喻。[52] 在《出像经解》中,图 3 题为“圣若翰先天主而孕”,并在中间祭坛附近增加了施

---

[50] 朱维铮,李天纲主编:《徐光启全集》第九册,上海:上海古籍出版社,2010 年,第 419 页。

[51] 参见《徐光启全集》第九册;亦见于《天主教东传文献三编》第 2 册,《东传福音》第 2 册,《明末清初天主教史文献新编》上册,《梵蒂冈图书馆藏明清中西文化交流史文献丛刊》第一辑第 24 册。

[52] 思高本《路加福音》18:10-13:“有两个人上圣殿去祈祷:一个是法利赛人,另一个是税吏。那个法利赛人立着,心里这样祈祷:‘天主,我感谢你,因为我不像其他的人,勒索、不义、奸淫,也不像这个税吏。我每周两次禁食,凡我所得的,都捐献十分之一。’那个税吏却远远地站着,连举目望天都不敢,只是捶着自己的胸膛说:‘天主,可怜我这个罪人罢!’”

洗约翰的父亲即祭司匝加利亚（撒迦利亚/Zechariah）以及预报消息的天使加俾额尔（加百列/Gabriel），它的文字解说背景则源自《路加福音》1:5－22。尽管移动了原图次序，但内容仍能遵从福音书的叙事先后。经过这种修改，艾儒略将《福音故事图集》中忽略的施洗约翰的降生凸显为一个大事件来陈述，并为之后耶稣的诞生作了陪衬性的铺垫。

甲：大秦如德亚国都城内供奉天主古殿；

乙：杂嘉礼亚司祭内堂焚香；

丙：嘉俾厄尔天神现于台右，报知大主如其夙愿，虽老必生圣子，当名若翰，为天主前驱；

丁：众人外堂瞻礼仰候；

戊：杂嘉礼亚出堂，舌结不能言，但指画示意。[53]

3. 多图组合

《出像经解》为了节省版面或者凸显类似主题，有时也将原图做了

---

[53] 原图注释为：A：Christus in templo，in porticu Salomonis docens；B：Magnifui quidam homines，qui alios asper；nabantur prae se，et alia multitudo audiens；C：Templum cum atriis；D：Pharisaeus proxime stans ad ianuam ctrii sacerdotum arrogantissime stultissime orat；E：Publicanus longe stans tundit pectus，et oculos non audens tollere in caelum；humilli me orat；Deus propitius，redit domum iustificatus contra quam Pharisaeus。

综合处理。图11“耶稣四旬严斋退魔诱”在《福音故事图集》中本为三图：该图下方是耶稣受撒但的首次诱惑“以变食为饵”，移用自《福音故事图集》图12“Tentat Christum Daemon”（魔鬼试探基督）；左上方及正上方是耶稣受的另外两次诱惑——“魔引耶稣至圣堂之顶，诱以踏空而下”和“魔又引耶稣跻高山之巅，诱以下拜，诳许以天下之权”，移用自《福音故事图集》图13“Secunda tertia tentatio”（第二、三次试探）；右边“魔退天神趋侯进食”部分则移用自《福音故事图集》图14“Angeli ministrant Christo”（天使服侍基督）。[54] 艾儒略将三图归并为一，保留主要内容而省略了部分细节。

图15“西加汲水化众”合并了《福音故事图集》图35“De Samaritana”（论撒玛利亚妇人）及图36“De eadem Samaritana”（再论撒玛利亚妇人），内容为耶稣与撒玛利亚妇人的讲道。[55] “西加汲水化众”保留了图35的主要结构，而将图36中撒玛利亚妇人进城宣讲耶稣的故事移用于左上方。

图35“伯大尼亚邑起死者于墓”的构图呈“⊥”形一分为三，上下对半，上半部分左侧采用自《福音故事图集》图76“Mittuntur nuncii a sororibus de graui morbo Lazari”（二姐妹遣使往告拉匝禄病重），右侧采用自图77“Venit Iesus Bethaniam”（耶稣来到伯达尼），下半部分则源自图78“Suscitat Lazarum Jesus”（耶稣复活拉匝禄）。[56]

图40“世界终尽降临审判生死”合并了《福音故事图集》图98“Quae Iudicium uniuersale proxime praecedent”（神速临审判全世）和图99“Iudicium uniuersale”（审判全世）。[57] 吹号的天使及手持书卷的天使原本分开为两图，《出像经解》则合二为一，同时保留了神背后的大光圈、脚下的十字架、日月星辰等，天降的硫磺雨及地狱的烈火则以上下的层次编排将之表现。

---

[54] 《玛窦福音》4章，《马尔谷福音》1章，《路加福音》4章。

[55] 《若望福音》4章。

[56] 《若望福音》11章。

[57] 《玛窦福音》24章，《马尔谷福音》13章，《路加福音》21章。

图 50“文武二仕斂葬耶稣”源自《福音故事图集》图 132“Deponitur Christi Corpus e Cruce”（解基督肉身于十字架）与图 133“De Christi Sepultura”（埋葬基督），但是省略了图 132 中守立在十字架下的妇女们。[58]

图 56“圣母卒葬三日复活升天”采用了同样的技术处理，下半部分采用了《福音故事图集》图 151“Virginis Matris Sepultura”（埋葬圣母），上半部分则采用了图 152“Suscitatur Virgo Mater a Filio”（圣子复活圣母）。

[58] 《玛窦福音》17 章，《马尔谷福音》15 章，《路加福音》23 章，《若望福音》19 章。

4. 修改细节

一些简单的修饰也体现在《出像经解》之中,说明艾儒略并不只是单纯的翻刻,而是经过了有意的加工。图24"赦悔罪妇"虽然源自《福音故事图集》图34"Ungit pedes Jesus Magdalena"(妓女膏抹耶稣的脚)[59],但它更像是原图的背面,空间和人物的位置完全相反。此外,垂下的桌布上增加了球状的花纹,下方的花瓶上绘上了中国特色的兰花。这种装饰性的花纹也见于图41"濯足垂训"(源自《福音故事图集》图101"Iisdem capitibus")[60]中的洗脚盆与水壶,背后则增加了一大块屏风,上绘有中国山水画。图42"立圣体大礼"(源自《福音故事图集》图102"Sanctissimi Sacramenti, et Sacrificii Institutio")[61]删去了原图中耶稣身后的空间背景,替换为一块同样绘有球状花纹的窗帘,餐桌下多出一只趴着的小狗,而小狗的灵感应当来自于《福音故事图集》第64图"Villicus accusatur"(管家受责)。

《出像经解》修改幅度最大的是最后一图"圣母端冕居诸圣神之

---

[59] 《路加福音》7章。

[60] 《玛窦福音》26章,《马尔谷福音》14章,《路加福音》22章,《若望福音》13章。

[61] 《玛窦福音》26章,《马尔谷福音》14章,《路加福音》22章,《格林多前书》11章。

上”,它源自《福音故事图集》图 153 “Assumitur Maria in Coelum, Coronatur a Sanctiss Trinitate”(玛利亚在天受圣三之冠冕)。在《福音故事图集》中,圣母玛利亚与耶稣平等居于图的中心,玛利亚受圣三冠冕的部分位于图画顶部,圣灵以鸽子代表。《出像经解》将原图受冠冕的部分下移,使之居于图画中心,删去了玛利亚与耶稣同立的部分。圣父与圣子的形象也做了调整,圣子手中以权杖代替了书卷,圣父手中则握着一个与图 2 相似的球状物。图下方朝圣母跪拜的人群中,左侧增加了一半中国面孔,既有王公大臣也有平民百姓,包括老人和小孩,还增加了中国式的房屋。经过有意修改,圣母的地位尤为凸显,使得原图中圣母与圣子同受荣耀(Regnat Maria Mater Dei cum Filio in omnem aeternitatem gloriosissime)的主题隐而不彰。但下方增入的中国面孔却反映了艾儒略的福音关怀,他在此暗示的信息似乎是:“中国终于注入大教会的生命之中,成为继续发展着的救赎史的一部分。”[62]

甲:圣三加冕于圣母定为诸圣人及天神之母皇;
乙:九品天神钦崇圣母;
丙:诸国帝王士民祈望圣母为万世主保恩母;
丁:天下万方恭建殿宇崇奉圣母受其种种恩庇。[63]

三、《出像经解》对晚明天主教传播蕴含的困难

晚明传教士的神学背景主要是中世纪托马斯·阿奎那《神学大全》

---

[62] 柯毅霖:《晚明基督论》,第 252 页。Jeremy Clarke 也持同样的观点,见氏著 *The Virgin Mary and Catholic Identities in Chinese History* (Hong Kong: Hong Kong University Press, 2013), p. 46。

[63] 原图注释为:A: Assumit in coelum Matrem Christus, illa dilecto Filio innititur ad dexteram honorificentissime; B: Circumuolant coelestes spiritus, psallentes coeleste melos, & gloriam; C: Collocal tandem Matrem Filius ante Diuinitatem & ad Sanctissimam Trinitatem statuit; D: Ab ea coronatur ineffabili gloria, donis, dotibus, & priuilrgiis ornatur excellentissimis; E: Aperto sepulcro credunt assumptam apostoli a Filio, exultant in iubilum & laudes eius coelestes; F: Ad sus quique loca unde fuerant deducti patres, ab Angelis reducuntur。

的框架，也就是从上帝存在的证明开始，接着逐步阐述上帝的创造、人的堕落、道成肉身、耶稣受难、圣灵论、七圣事、教会事工等，并最终落实到死后复活与最终审判。[64]

参照这种背景，这一时期传教士的神哲学著作之性质可分为两类：一类属于“性学”（自然神学），它依靠普遍启示，通过自然宇宙及人的理性以理解上帝的存在与本性；另一类属于“超性学”（启示神学），它借助于上帝赐予人的特殊恩宠。这两类性质对应两种天主教著作：一种称为“要理本”（Catechismus），主要凭借人的自然理性论证上帝存在、灵魂不朽等主题，并逐渐将之过渡到对上帝的信仰，它针对的对象主要是非基督徒，如利玛窦的《天主实义》、艾儒略的《万物真原》《性学觕述》等；另一种称为“道理本”（Doctrina Christiana），主要在天主教信徒内部使用，内容包括信经教条、祈祷文、圣事礼仪等，王丰肃（Alfonso Vagnoni）的《教要解略》、庞迪我（Didace de Pantoja）的《庞子遗诠》、潘国光（Francesco Brancati）的《圣教四规》等都属于此类。[65]《福音故事图集》作为《出像经解》的底本，它的预设读者是具备基督信仰的天主教修士，是为灵修默祷准备的，它显然属于“道理本”。《言行纪略》则属于“要理本”，它涵盖的范围包括耶稣的降生至复活，主要是为了给非基督徒讲解耶稣的生平事迹。《出像经解》在内容上主要取自《福音故事图集》，而在用意上承接自《言行纪略》，实为其补充，因此从内容方面来看，《出像经解》属于“道理本”，而在策略上它却倾向于作为“要理本”来使用。[66]

---

[64] *Handbook of Christianity in China*: *Volume One*(635 – 1800), pp. 592 – 595. 晚明传教士用了多种名词来翻译拉丁文的“Deus”，如“主”“天主”“上帝”“陡斯”“大父母”等，均指涉那位“无始无终”的“至高存在者”；本文采用现代通行称呼“上帝”，特别之处则使用晚明常用的“天主”，二者均指涉天主教信仰的那位“至高存在者”（God），不涉及复杂的译名之争。

[65] Ibid., pp. 608 – 616.

[66] Mark K. Chang S. J. 将艾儒略的《天主降生言行纪略》及《天主降生引义》归为“护教式”作品，而将《出像经解》归为“教牧作品”，前者相当于“要理本”，后者相当于“道理本”。参见“Impact of Aleni's Apologetic and Pastoral Writings of the Missionary Work in China,” *Scholar from the West*: *Giulio Aleni S. J.* (*1582 – 1649*) *and the Dialogue between Christianity and China*, pp. 365 – 372。

尽管艾儒略做出了种种努力与调适,但就《出像经解》本身而言,它在晚明中国的传播语境当中却也隐含着困难,以下将从教义、群体、信仰三方面予以分述。

1. 教义:上帝有形/无形

晚明来华传教士面对的信仰背景是:主流的儒家士人群体,要么爱好佛教,要么持理性主义立场,对宗教较为淡漠;而在民间社会,对神明的信奉则极为多元,这与天主教的一神信仰强烈冲突。佛道及民间信仰在晚明传教士看来都属于偶像崇拜,而宗教信仰较为淡漠的儒家文士则是异教徒。偶像崇拜者是晚明传教士强烈排斥的,但对主流的儒家文士则试图找到一个对话的基础,并希望得到他们的理解与支持。为了建立基督信仰,传教士首先需要通过理性辩论来证明上帝的存在,即论证在天地万物之上有一"造物主",并在有神论的基础之上逐步过渡到基督论,这便需要打破佛教与宋明理学那套"无始无终"的循环世界观,从而建立天主教式的在上帝掌权之下的"有始有终"的世界观。[67]

从利玛窦开始,晚明传教士就在《诗经》《尚书》等儒家经典中寻找上帝信仰在中国传统中存在的依据,并逐渐发展出了一种"儒家一神论"(ConfucianMonotheism)。[68] 利玛窦论证的天主/上帝不同于宋明儒常谈的"理""气""太极"等概念,而是一位独一的有意志的创造者。为了论证天主/上帝是世界之主,则必须将天主/上帝区别于所有物质性的受造物。在《天主实义》中,利玛窦这样描述天主的属性:

> 今吾欲拟指天主何物?曰:非天也,非地也,而其高明博厚,较天地犹甚也;非鬼神也,而其神灵,鬼神不啻也;非人也,而遐迈圣睿

---

[67] 这正是利玛窦在南京时与佛教雪浪洪恩大师辩论的焦点之一,参见《利玛窦中国札记》,何高济等译,北京:中华书局,2010年,第362-369页。

[68] 参见张晓林:《儒家一神论及其定位问题》,载《宗教学研究》2006年第4期。

也；非所谓道德也，而为道德之源也。[69]

天主与天地人鬼绝不相同，反而是所有这些事物之本原，这是利玛窦的基本观点。这一思路为艾儒略所继承，他的《万物真原》与《天主实义》的论证基础相似，主要是亚里士多德的“四因说”及阿奎那的上帝证明法。为了推崇上帝的独一创造者地位，必须无限拉伸他与受造物之间的距离，于是艾儒略采用了一种“否定神学”式的表达：

> 未有天地之先，独有一大主；本无始无终，全智全能，全善全福。其体绝无声臭，至纯无杂，至灵不昧，至仁无私，至智无错；其始无往，其终无来，其无形之灵体无所不在，而于物不杂，于物绝不同体，而能化生万物，弥六合而六合不能载，主万物之变化而永自不变。……盖论大主之性可解之以非，而不可解之以是，何也？所可言者，非天非地，非人非物，非神非鬼，非道非理，非性非气，而天地人物神鬼道理性气之大主宰也。[70]

与儒家思想对话并最终让中国人接受基督信仰，是晚明传教士的最终目的，但为了讲述基督论，则必须以论证上帝的存在及其属性为起点。天主教正统同时肯定耶稣的神人二性，又以“道成肉身”来弥合二性之间的隔阂，使得基督论有了一个系统的诠释体系。利玛窦和艾儒略论证的上帝都有其“非人”的一面，而这给阐述基督论留下了困难：如何协调解释“非人非物”的上帝与图画中活生生的耶稣基督？这正是横亘在《万物真原》《言行纪略》与《出像经解》之间的一道诠释难题。分别论述上帝存在、道成肉身、耶稣基督应当是晚明传教士与中国士人对话的步骤，这也是利玛窦谨慎地选择暂时隐藏基督论的缘由，因为上帝存在的

---

[69] 梅谦立：《〈天主实义〉今注》，北京：商务印书馆，2014年，第89页。

[70] 艾儒略：《万物真原》，参见黄兴涛、王国荣编：《明清之际西学文本：50种重要文献汇编》第一册（底本为康熙三十三年刻本），北京：中华书局，2013年，第380页；《艾儒略汉文著述全集》（底本据乾隆五十六年重订本），第184页。

论证尚未获得中国人的充分支持。

《万物真原》论证的上帝类似于旧约中的"耶和华"(YHWH),他作为世界的创造者,与世界在本质上截然有别,是在有限之上的无限、有形之外的无形。无形上帝与有形耶稣之间如何协调,是艾儒略悬而未决的问题。曾与艾儒略合作过《西方答问》[71]的晚明士人蒋德璟,后来却为反教文集《破邪集》作序,在序言中,他就直言天主绝非是画像中"深目高鼻一浓胡子"[72]的形象,而这种看法在晚明士人群体中极为普遍。《出像经解》面临的是一个对于耶稣救赎事件的表述悖论:试图以图像的方式透过人子耶稣的事工来传达神子耶稣的救赎福音,而图像本身的视觉表现却又只能局限在人性之内,使得耶稣的神性与人性难以在图像的方式中得以统一。这说明,像《出像经解》这种采取直观化的传播方式,对于中国人来说并非没有理解上的困难,这一方面源于教义内部之间的张力,另一方面则源于衔接上帝论与基督论的道成肉身问题,以及图画本身的"象征性"没有向晚明中国人很好地予以阐明。

2. 群体:文士精英/普罗大众

《出像经解》采用了《福音故事图集》的内容,但也参考了《言行纪略》的叙述次序,还保留了《言行纪略》的大部分标题。《言行纪略》的内容结构整体呈"橄榄型",除了耶稣童年和死而复活的比重较少之外,其他各卷篇幅相对比较平衡。艾儒略在创作《出像经解》时显然有自己的特殊考虑,虽然参考了《言行纪略》,但内容比例并不与《言行纪略》一致,图画最重的部分放在了耶稣的降生及童年,其次则是耶稣的受难与复活,这种安排恰与《言行纪略》相对。若以《言行纪略》的框架来大致划分《福音故事图集》,可以发现艾儒略对图集的使用也是有选择性的,使用最多的部分是卷一,也就是耶稣的降生及童年故事,对于耶稣的呼召传教事业则相对简略,在讲述耶稣的受难复活部分时又使用得较多(详见下表)。

---

[71] 《西方答问》,参见《明清之际西学文本:50种重要文献汇编》第二册。

[72] 蒋德璟:《〈破邪集〉序》,参见周岩编校:《明末清初天主教史文献新编》(下),第1757页。

	卷一(13章)	卷二(23章)	卷三(15章)	卷四(21章)	卷五(26章)	卷六(27章)	卷七(26章)	卷八(14章)	
天主降生言行纪略	预告降生—耶稣童年	耶稣受洗—召选门徒	山中圣训—五饼二鱼	步海圣迹—牧羊喻	七十徒行教—拉匝禄复活	法利赛人谋害耶稣—最终审判	最后晚餐—士兵守卫耶稣墓	耶稣复活—门徒传教四方	无
天主降生出像经解	图3-10(8)	图11-19(9)	图20-26(7)	图27-31(5)	图32-35(4)	图36-40(5)	图41-48、50(9)	图49、51-55(6)	图56-57圣母埋葬复活升天
福音故事图集	图1-9(9)	图10-17(8)	图18-43(26)	图44-59(16)	图60-78(19)	图79-99(21)	图100-134(35)	图135-150(16)	图151-153(3)

在《福音故事图集》的内容中，艾儒略更倾向于采用超自然的部分，如耶稣行的神迹或天堂地狱的警示等，约占《出像经解》一半篇幅，而对耶稣道德伦理讲道部分则选择较少，这显然是艾儒略有意为之，宣扬耶稣基督的救赎神迹则成了《出像经解》的重点。“奇迹”彰显了天主的大能，在某种程度上也可以说，“奇迹”在传播天主信仰过程中可以扮演非常高效的角色。徐光启的子嗣危机，[73]李之藻的濒死体验，[74]是他们皈依天主教的重要影响因素，而危机在皈依后的有效化解，又加深了他们此后对天主信仰

[73]《利玛窦中国札记》，第467-469页。

[74] 艾儒略：《大西西泰利先生行迹》：“太仆我存李公久习利子，服其器识，凡有所行，多与相商，觉从利子之言则顺，间有不从者，后必有悔也。厥后李公忽患病京师，邸无家眷，利子朝夕于床笫间，躬为调护。时病甚笃，已立遗书，请利子主之。利子力劝其立志奉教于生死之际。公幡然受洗，且奉百金为圣堂用。赖天主宠佑，而李公之疾已痊矣。”参见《耶稣会罗马档案馆明清天主教文献》第12册，第217-218页。

的坚持。艾儒略的《口铎日钞》及其教徒李九功编纂的《励修一鉴》,[75]其中就收录了许多此类奇迹异事。“奇迹”在民间社会的作用不可忽视,因为它昭示了某种信仰本身在“救赎”意义上的直接有效性,而这种有效性对于在某方面陷入危机(病痛、死亡等)的人来说,尤其渴望能够得以实现。[76]

在有关真理的这一段中,晚明传教士努力将天主教与中国佛道及民间信仰区分开来,然而在扩大其影响的过程中,仍然频繁使用近乎“巫术”的形式:治病、驱魔以及宣扬超自然的故事,使得天主教本身又很难地与各种民间信仰分清界限。[77] 艾儒略在《出像经解》中表达的“奇迹”是基督信仰本身所规定的,它的底本《福音故事图集》也基本没有超出四福音书的范围,每一图都有相对应的经文及信仰传统的依据,艾儒略只不过在晚明中国的新语境中“转述”了这些“奇迹”。天主教的“奇迹”与中国正统儒学形成了一种反差。大部分儒家文士更关注的是如何修齐治平,而非天堂地狱,这种人文理性的自我定位,使得他们对于超出人伦之外的“天堂”“地狱”“轮回”均持批判排斥的态度。尽管到了晚明,儒释道三教之间的融合已经十分密切,但信仰的阶层性仍然明显,作为文士精英,他们对佛道的参研显然有别于普罗大众对烧香磕头的痴迷,他们对文字经典的信奉显然也不同于文盲百姓对神迹异事的敬畏。

由于不存在文字翻译的问题,图画的直观优势使得它能包含更广大的读者群,在绝大多数人不会识文断字的晚明社会,《出像经解》的传播能力是可以预期的,它的影响范围也肯定比文字作品广泛。同样可以预期的是,它影响的主要读者群肯定是普罗大众,而绝非文士精英。在文士群体中,“奇迹”并不大能吸引他们的兴趣,即使视为艺术作品,《出像

---

[75] 这两个文本分别见:《耶稣会罗马档案馆明清天主教文献》第7册;《天主教东传文献三编》第1册。

[76] 钟鸣旦介绍了蓝柏(Lewis Rambo)教授提出的皈依过程模式,主要分七个阶段:处境、危机、寻求、相遇、互动、投入、结果,这一过程模式对于分析中国晚明天主教徒的皈依过程具有启发意义;参见氏著:《传教中的“他者”:中国经验教我们的事》,洪力行译,新北:辅大书坊,2014年,第19页以下。

[77] 吴昶兴:《异迹与明末天主教传播》,载《基督教文化学刊》2012年第28期;Qiong Zhang, “About God, Demons, and Miracles: The Jesuit Discourse on the Supernatural in Late Ming China,” *Early Science and Medicine*, 4(1999): 1-36。

经解》也未能像传统文人画那样提供一种可供把玩的"优雅",反而是残酷、悲剧、难以接受的,能吸引他们的主要是技术上的透视画法。"奇迹"却吸引着普罗大众,但民众对"奇迹"的宣扬与传播又往往超出了传教士的控制范围,使得天主教有混同为民间异端宗教的危险,而异端教派历来为政权所警惕。"奇迹"吸引大量皈依群众,导致儒家士人不断指控天主教有颠覆政权的危险,这一点似乎又为晚明传教士所始料未及。

3. 信仰:耶稣基督/圣母玛利亚

单幅图像倾向于用作仪式性的敬拜,如利玛窦初来华时就在室内挂上圣母像,生动的人物形象吸引了大量群众的围观。又如徐光启作的《造物主垂像略说》,实质上是为垂挂在墙上的圣像画作解说,它应当也是单幅的。较具规模的图像则更方便用于历史性的介绍以及默想灵修,《诵念珠规程》《进呈书像》都属此类,而《出像经解》在系统及规模上均胜过这两者。但《出像经解》不仅叙述耶稣的生平,还加进了圣母玛利亚,它的最后两图关于圣母升天的故事,虽然同样出自《福音故事图集》,它本身的思想来源已经超出了圣经记载的范围,这是中世纪信仰发展的产物。[78] 耶稣生平的讲述以圣母领报开始,以圣母升天结束,是《福音故事图集》与《出像经解》共同的特点。在欧洲天主教的文化背景下,这是自然而容易理解的,但在晚明中国的语境中,却容易造成信仰上的困惑。利玛窦最初在广东肇庆开教时,使用的圣母怀抱圣子图使得"官员和其他拥有学位的人、普通百姓乃至那些供奉偶像的人,人人都向圣坛上图画中的圣母像敬礼,习惯地弯腰下跪,在地上叩头"。[80] 然而中国

---

[78] 有关圣母玛利亚升天受冠冕的部分,艾儒略参考了《圣母行实》卷二及卷三,此书为高一志所著,1631 年刻印于山西,已出版的版本可见《梵蒂冈图书馆藏明清中西文化交流史文献丛刊》第一辑第 22 册,《天主教东传文献三编》第 3 册,《东传福音》第 9 册。它的内容有可能译自西班牙阿隆索(Alonso de Villegas)的《圣母等传记》,参见金文兵:《高一志与明末西学东传研究》,厦门:厦门大学出版社,2015 年,第 69 – 70 页;对《圣母行实》的研究,参见李奭学:《三面玛利亚——论高一志〈圣母行实〉里的圣母奇迹故事的跨国流变及其意义》,载《中国文哲研究集刊》2009 年第 34 期。

[80] 《利玛窦中国札记》,第 168 页。

人在看到圣母抱子图时,脑海中最先想到的应该是送子观音。[81] 利玛窦似乎无意中顺应了中国人对人伦关系的重视与女性崇拜的情结,以及在敬拜祖像的生活习惯中培养出来的神圣感,从而使得中国人在对天主教毫无所知的情况下也愿意对圣像下跪磕头。[82] 但与"偶像崇拜"极易混淆的可能性正是传教士努力避免的,在之后的传教过程中,就努力用耶稣像或圣母像去代替民间社会种种"偶像",如龙华民就曾劝一位新信徒用一幅圣母像代替家中原本的观音像,以保佑他的妻子分娩。[83]

传教士并不隐藏耶稣基督。利玛窦在呈给皇帝的贡品中就曾放有耶稣苦像,但管事的太监马堂看到苦像时的第一反应却以为传教士想要用"妖术"谋害皇上,旁边的一位中国将官也认为"以表现那么悲惨的死法来纪念一个人是很不合适的"。[84] 中国人在感情上更愿意接受宁静祥和的圣母抱子图,而不是残酷的钉在十字架上的耶稣苦像。圣母抱子图使晚明中国人将关注点放在了圣母而不是耶稣基督的身上,在信仰上他们不太容易分清耶稣基督与圣母玛利亚之间的差别,令他们颇感困惑的是:躺在圣母怀中的那个小男孩何以会是世界的救主?圣母与耶稣到底谁才是真正的信仰对象呢?利玛窦就曾记载说,中国人看到圣母像便误认为天主教是"把一个女人当作神来崇拜",[85]这种误解使得他不得不用耶稣像取代了圣母像。这种误解的可能性对于《出像经解》

---

[81] 参见 *The Virgin Mary and Catholic Identities in Chinese History*, pp. 24 – 31; Lauren Arnold, "Folk Goddess or Madonna? Early Missionary Encounters with the Image of Guanyin," Wu Xiaoxin, ed., *Encounters and Dialogues: Changing Perspectives on Chinese-Western Exchanges from the Sixteenth to Eighteenth Centuries*, Monumenta Serica Monograph Series LI Sankt Augustin: Institut Monumenta Serica & San Francisco: The Ricci Institute of Chinese-Western Clutural History, 2005, pp. 227 – 235;董丽慧:《圣母形象在中国的形成、图像转译及其影响——以〈中国风圣母子〉为例》,载《文艺研究》2013 年第 10 期;李奭学:《三面玛利亚——论高一志〈圣母行实〉里的圣母奇迹故事的跨国流变及其意义》,第 81 – 90 页。

[82] 褚潇白:《圣像的修辞:耶稣基督形象在明清民间社会的变迁》,第 36 页以下;Junhyoung Michael Shin, "The Jesuits and the Portrait of God in Late Ming China," *Harvard Theological Review*, 2(2014): 194 – 221。

[83] 前引《利玛窦中国札记》,第 445 页。

[84] 同上,第 395 页。

[85] 同上,第 169 页。

也同样存在。《出像经解》以讲述耶稣的生平为主，并在最后用两图讲述圣母的复活升天，为了强调圣母的尊荣地位，艾儒略还特意修改了原图，使得圣母在视觉上更加位于焦点。尽管圣母崇拜经过中世纪的发展已经成为一种大众信仰，并在特兰托公会议(Council of Trent, 1545－1563)上得到再次肯定，[86]但在晚明中国的文化处境中，基督的生平与救赎意义尚未在国人心中普遍建立，圣母崇拜的加入增加了对天主教理解上的困难，使得他们在本就已经难以分清耶稣基督与圣父、圣灵之间关系的困难之上，更加难以分清耶稣基督与圣母玛利亚在信仰地位上的差别，从而导致信仰上的迷惑，甚至容易产生一种多神的理解与崇拜。

四、结语：西海圣人-东海圣人

在阐述天主教与中国儒家之间的异同时，“圣教三柱石”之一的李之藻就曾化用宋儒陆九渊的名言，认为“东海西海，心同理同，所不同者，特言语文字之际”。[87] 此言在李之藻那里也许有特别的语境或理解，但用以描述中西方的圣人传记，却可自成一番道理。与《出像经解》描绘的耶稣这位“西海圣人”传记相类似，在中国儒家传统中也有对于“孔圣人”的图画传记，即《圣迹全图》。[88]《圣迹全图》的特征与《出像经解》相仿，同样是图画与文字结合，图文分开，文字部分包括注解及赞

---

[86] Charles G. Herbermann. ed., *Catholic Encyclopedia*. vol. 15 (New York: Robert Appleton Company, 1912), pp. 69－82; Raymond F. Bulman & Frederick J. Parrella, eds., *From Trent to Vatican II: Historical and Theological Inverstigations* (New York: Oxford University Press, 2006), pp. 179－182.

[87] 李之藻：《〈天主实义〉重刻序》，参见梅谦立：《〈天主实义〉今注》，第74页。

[88]《圣迹全图》版本众多，主要有绘本、石刻本、木刻本等几种类型，传世刊本以明代最多，张楷(1398－1460)在明正统九年(1444)的木刻本应是后世众多版本之祖。本文使用的《圣迹全图》为哈佛大学汉和图书馆藏本，明朝邓以仁增修，2册，扉页题有“万世师表”四字，图前标有“至圣先师孔子遗像”，除首图孔子像之外，共73图，正合孔子岁数。《圣迹全图》的历史及版本参见沈津：《〈圣迹图〉版本初探》，载《孔子研究》2013年第1期；王睿：《〈孔子圣迹图〉考述》，曲阜师范大学硕士学位论文，2013年；邢千里：《中国历代孔子图像演变研究》，济南：山东大学出版社，2010年。

诗,参考史料主要是《史记·孔子世家》。《圣迹全图》在孔子生平的讲述上并不完全是儒家的现世道德,却带有一点谶纬神学色彩,尤其表现在孔子的降生神话上。《圣迹全图》首图为"尼丘祷嗣",即孔子的母亲颜氏在尼山祷告祈求子嗣,注解源自《孔子家语》。[89] 为了渲染颜氏与自然之间的感应,文字注解加进了超自然的成分:"颜氏升之谷,草木之叶皆上起;降之谷,草木之叶皆下垂"。次图"麟吐玉书"则言:"孔子未生时,有麟吐玉书于阙里,其文曰:'水精之子,继衰周而为素王。'颜氏异之,以绣绂系麟角,信宿而去。怀妊十一月而生。"孔子降生时则又有"二龙绕室,五老降庭","颜氏之房闻钧天之乐,空中有声云:'天感生圣子,故将以和乐之音。'"孔子降生之后则进入道德教化阶段,不再出现超自然的叙述,这与《出像经解》的表现进路不同。对比两个文本的叙述结构,则二者旨趣之异同更为明显:

(1)《圣迹全图》:

孔子像-尼丘祷嗣-麟吐玉书-孔子降生-学道行教……孔子病逝……列祀封圣。

(2)《出像经解》:

耶稣像-约翰降生-圣母领报-耶稣降生-救人传道……耶稣被钉……复活升天。

《圣迹全图》与《出像经解》都以超自然的铺垫开场,都志在凸显"圣人"的不凡,但《圣迹全图》将重点放在孔子学道行教的一生,《出像经解》则重在讲述耶稣广行治病救人的神迹,并以"死而复活"达到神迹的顶点。这两个文本反映了中西方主流文化之间的一种差异:《圣迹全图》虽然以超自然的"神圣"为前导,但并不将孔子作为"神"来塑造,而

---

[89]《孔子家语·本姓解·第三十九》。

是将“神圣”无声地融进孔子一生的事迹之中，所谓“极高明而道中庸”，这种“神圣”并没有超出日用常行之外，而是内在于日常的万事万物之中，“内圣外王”的此世修为就可以实现自我的完成；《出像经解》则以完全不同的方式展开，它讲述的耶稣是一种“被侮辱与被损害”的面貌，他作为“神子成为人，是为了让人能成为神子”，[90]它蕴含的救赎不是人凭借自身，而是以信靠十字架上的耶稣基督为条件，并在恒久的忍耐盼望中等待最终的公义与慈爱。

[90] The Son of God became a man to enable men to become the sons of God. —— C. S. Lewis.

附表：文本对照

诵念珠规程 Jap-Sin I，43b	福音故事图集 *Evangelicae Historiae Imagines*	天主降生出像经解（RACCOLTA PRIMA 339）		天主降生言行纪略（Jap-SinI，76）
		图	参考注释	
无	无	1：大秦如德亚国协露撒稜都城当天主降生时图	无	无
	封面(?)	2：天主降生圣像		
	90：De Pharisceo in publicano	3：圣若翰先天主而孕	《行纪》首章	天主许生若翰将为前驱
1：欢喜一	1：Annunciatio	4：圣母领天主降孕之报	《行纪》一卷二	圣母领天主降孕之报
2：欢喜二	2：In Die Visitationis	5：圣母往顾依撒伯尔	《行纪》一卷四	圣母往见依撒伯尔
3：欢喜三	3：Natiuitas Christi	6：天主耶稣降诞	《行纪》一卷七	天主耶稣降诞
4：欢喜四	5：Circuncisio Christi	7：遵古礼命名	《行纪》一卷九	遵古礼定圣名
无	7：Adoratio Magorum	8：三王来朝耶稣	《行纪》一卷十	三王来朝
	8：Purificatio	9：圣母献耶稣于圣殿	《行纪》一卷十一	圣母献耶稣于圣殿

续 表

诵念珠规程 Jap-Sin I, 43b	福音故事图集 *Evangelicae Historiae Imagines*	天主降生出像经解（RACCOLTA PRIMA 339）		天主降生言行纪略（Jap-Sin I,76）
		图	参考注释	
5：欢喜五	9：Cum doctoribus disputat Jesus	10：耶稣十二龄讲道	《行纪》一卷十三	耶稣十二龄讲道
无	12：Tentat Christum Daemon	11：耶稣四旬严斋退魔诱	《行纪》二卷二	耶稣四十日大斋驱魔诱试
	13：Secunda tertia tentatio			
	14：Angeli ministrant Christo			
	10：Ioannes concionatur	12：大圣若翰屡证耶稣为天主	《行纪》二卷三	圣若翰再三证耶稣为天主
	15：Nuptiae ad Cana Galilaeae	13：婚筵示异	《行纪》二卷五	婚筵示异
	16：Eiicit primo vendentes de templo	14：净都城圣殿	《行纪》二卷六及六卷十	初净都城圣殿；再净都城圣殿
	35：De Samaritana	15：西加汲水化众	《行纪》二卷八	西加尔乞水化人
无	36：De eadem Samaritana			
	18：Sanatur Socrus Petri	16：救伯铎罗妻母病症	《行纪》二卷十二	葛发翁诸圣迹
	29：Sedat procellam maris Jesus	17：渡海止风	《行纪》二卷十四	渡海止风

续 表

诵念珠规程 Jap-Sin I, 43b	福音故事图集 *Evangelicae Historiae Imagines*	天主降生出像经解(RACCOLTA PRIMA 339)		天主降生言行纪略(Jap-Sin I,76)
		图	参考注释	
无	30: Sanatur paralyticus	18: 起瘫证赦	《行纪》二卷十六	起瘫证赦
	47: Sanatur Languidus	19: 起三十八年之瘫	《行纪》二卷十九	瞻礼日起瘫喻
	19: Compescitur iracundia	20: 山中圣训	《行纪》三卷一	山中圣训
	27: Sanatur seruus Centurionis	21: 救武官之病仆	《行纪》三卷二	葛发翁又圣迹
	28: ad Naim suscitatur filius Viduae	22: 纳婴起寡嫠之殇子	《行纪》三卷三	纳婴圣迹
	32: Mittit Ioannes duos discipulos ad Jesum	23: 若翰遣徒询主	《行纪》三卷四	若翰遣徒询主
	34: Ungit pedes Jesus Magdalena	24: 赦悔罪妇	《行纪》三卷五	赦悔罪妇
	38: Parabola Seminantis	25: 播种喻	《行纪》三卷九	播种喻
无	43: Satiat quinque millia hominum	26: 五饼二鱼上饷五千人	《行纪》三卷十五	五饼二鱼上饷五千人
	44: Ambulat super mare Iesvs	27: 耶稣步海	《行纪》四卷一	日搦撒尔步海圣迹

续 表

诵念珠规程 Jap-Sin I, 43b	福音故事图集 *Evangelicae Historiae Imagines*	天主降生出像经解 (RACCOLTA PRIMA 339)		天主降生言行纪略 (Jap-Sin I,76)
		图	参考注释	
无	61: De Cananaea	28: 底落圣迹	《行纪》四卷四	底落圣迹
	80: Praenunciat Jesus suam crucem Apostolis	29: 预告宗徒受难诸端	《行纪》四卷九及六卷三	预言受难复活；喻训二徒求尊位者(应为六卷二：途中预言受难)
	63: Transfiguratio Christi	30: 大博山中显圣容	《行纪》四卷十	大博尔山显圣容
	57: Sanatur Caecus natus	31: 胎瞽得明证主	《行纪》四卷二十	胎瞽得明证主
	73: De Diuite Epulone	32: 贫富生时异景	《行纪》五卷十九	论贫善富恶死后殊报
	74: De morte Epulonis Lazari	33: 贫善富恶死后殊报	《行纪》五卷十九	
无	72: De conuentione ex denario diurno	34: 天赏喻	《行纪》五卷二十五	论天赏
	76: Mittuntur nuncii a sororibus de graui morbo Lazari	35: 伯大尼亚邑起死者于墓	《行纪》五卷二十六	伯大尼亚起死者于墓
	77: Venit Iesus Bethaniam			
	78: Suscitat Lazarum Jesus			

续 表

诵念珠规程 Jap-Sin I, 43b	福音故事图集 *Evangelicae Historiae Imagines*	天主降生出像经解 (RACCOLTA PRIMA 339)		天主降生言行纪略 (Jap-Sin I,76)
		图	参考注释	
无	79: Concilium de nece Iesu	36: 异学妒谋耶稣	《行纪》六卷一	异学妒谋耶稣
	83: Sanatur vnus caecus ante Jericho, duo post Jericho	37: 叶礼阁开三矇	《行纪》六卷七	叶礼阁再开三矇
	87: Ingressus solennis in ciuitatem	38: 入都城发叹	《行纪》六卷九	入都城发叹
	93: Facit Rex nuptias Filio	39: 以宴论天国论异端昧主	《行纪》六卷十七	警异端昧主
	98: Quae Iudicium vniuersale proxime praecedent	40: 世界终尽降临审判生死	《行纪》六卷廿五	预言审判天上前兆
	99: Iudicium uniuersale			
	101: Iisdem capitibus	41: 濯足垂训	《行纪》七卷二	濯足垂训
	102: Sanctissimi Sacramenti, et Sacrificii Institutio	42: 立圣体大礼	《行纪》七卷三	立圣体大礼
6: 痛苦一	107: Orat Christus in Horto	43: 囿中祈祷汗血	《行纪》七卷七	囿中祈祷汗血
无	108: Veniunt ad hortum armati	44: 耶稣一言仆众	《行纪》七卷八	仆众还耳受执
7: 痛苦二	121: Flagellatur Christus	45: 系鞭苦辱	《行纪》七卷十五	系鞭苦辱

续 表

<table>
<tr><th rowspan="2">诵念珠规程 Jap-Sin I, 43b</th><th rowspan="2">福音故事图集 Evangelicae Historiae Imagines</th><th colspan="2">天主降生出像经解 (RACCOLTA PRIMA 339)</th><th rowspan="2">天主降生言行纪略 (Jap-Sin I,76)</th></tr>
<tr><th>图</th><th>参考注释</th></tr>
<tr><td>8：痛苦三</td><td>122：Coronatur Spinis Iesus</td><td>46：被加棘冠苦辱</td><td>《行纪》七卷十六</td><td>茨冠敝袍竹杖苦辱</td></tr>
<tr><td>9：痛苦四</td><td>125：Dvcitur Jesus extra portam ad caluarlae montem</td><td colspan="3">无</td></tr>
<tr><td>无</td><td>126：Quae Gesta sunt postea ante Crucifixionem</td><td>47：负十字架登山</td><td>《行纪》七卷十九</td><td>负十字架行</td></tr>
<tr><td rowspan="2">10：痛苦五</td><td>129：Quae gesta sunt post erectam crucem, antequam emitteret spiritum</td><td colspan="3">无</td></tr>
<tr><td>130：Emissio Spiritus</td><td>48：耶稣被钉灵迹叠现</td><td>《行纪》七卷二十四</td><td>万物哀主</td></tr>
<tr><td rowspan="3">无</td><td>131：Quae Gessit Christus Dencendens ad Inferos</td><td>49：耶稣圣魂降临地狱</td><td>《行纪》八卷一</td><td>耶稣复活</td></tr>
<tr><td>132：Deponitur Christi Corpus e Cruce</td><td rowspan="2">50：文武二仕敛葬耶稣</td><td rowspan="2">《行纪》七卷二十五</td><td rowspan="2">敛葬</td></tr>
<tr><td>133：De Christi Sepultura</td></tr>
<tr><td>11：荣福一</td><td>134：Resurrectio Christi Gloriosa</td><td>51：耶稣复活</td><td>《行纪》八卷一</td><td>耶稣复活</td></tr>
</table>

续 表

<table>
<tr><td rowspan="2">诵念珠规程
Jap-Sin I, 43b</td><td rowspan="2">福音故事图集
Evangelicae Historiae Imagines</td><td colspan="2">天主降生出像经解
(RACCOLTA PRIMA 339)</td><td rowspan="2">天主降生言行纪略
(Jap-Sin I,76)</td></tr>
<tr><td>图</td><td>参考注释</td></tr>
<tr><td rowspan="2">无</td><td>135: Eodem Die Apparet Matri Mariae Virgini</td><td>52: 耶稣复活现慰圣母</td><td>《行纪》八卷二</td><td>一见身于圣母</td></tr>
<tr><td>147: Ascensionem Christi Praecedentia Proxime</td><td>53: 耶稣将升天施命</td><td>《行纪》八卷三十</td><td>升天</td></tr>
<tr><td>12:
荣福二</td><td>148: Ascensio Christi in Coelum</td><td>54: 耶稣升天</td><td>《行纪》八卷十二</td><td>升天
圣所</td></tr>
<tr><td>13:
荣福三</td><td>149: Sacra Dies Pentecostes</td><td>55: 圣神降临</td><td>《行纪》八卷十三</td><td>圣神
降临</td></tr>
<tr><td rowspan="2">14:
荣福四</td><td>151: Virginis Matris Sepvltura</td><td rowspan="2">56: 圣母卒葬三日复活升天</td><td rowspan="2">《圣母行实》</td><td rowspan="2">无</td></tr>
<tr><td>152: Suscitatur Virgo Mater a Filio</td></tr>
<tr><td>15:
荣福五
(缺)</td><td>153: Assvmitur Maria in Coelum, Coronatur a Sanctiss Trinitate</td><td>57: 圣母端冕居诸圣神之上</td><td>无</td><td>无</td></tr>
</table>

中世纪基督教图像中的反犹符号与象征

孙　燕

【内容提要】　许多文化领域都存在着内外区别的传统，在艺术上表现为刻意将某些群体刻画得和主流群体不相似或者完全不同，这种做法在参与宗教争论和政治斗争的图像里尤为明显。本文从图像学视角出发，结合基本史实，对中世纪基督教图像用来区分和反对犹太人的几种主要视觉符号和象征进行探讨，揭示图像背后的反犹偏见和刻板印象，旨在说明反犹图像实质是基督教面对犹太教的宗教冲突和文化碰撞而产生的护教举措和政治宣传。

【关键词】　中世纪　基督教　图像　犹太人　反犹主义

图像(image)指的是一切留存历史记忆的可视艺术作品，包括各种画像，比如油画、漫画、版画、装饰画、宣传画等，还包括雕塑、浮雕、照片甚至地图和建筑等。[①] 尽管早在17、18世纪便有史学家在研究中运用图像，但只是作为插图用来增加作品的美观性，并未用作历史证据。20世纪上半叶以来，图像能否作为历史研究的证据成为历史学和艺术史的讨论热点，图像学成为文化研究的重要学科，并产生了许多重要作品。在这种趋势下，视觉艺术中的犹太人形象也逐渐引起学者的关注，并出现

① 该定义参考了英国文化史学家彼得·伯克对图像的界定，参见彼得·伯克：《图像证史》，杨豫译，北京：北京大学出版社，2008年，第3页。

了一系列专题研究成果。[②] 在中国,从上世纪90年代开始,随着史学的社会史转向,图像在历史研究中的史料价值也得到了利用和重视。彼得·伯克在《图像证史》中提到:"尽管文本也可以提供有价值的线索,但是图像本身却是认识过去文化中的宗教和政治生活视觉表象之力量的最佳向导。"[③]中世纪基督教图像是了解和研究那个远去时代的重要依据,本文拟通过探讨中世纪基督教图像中几种典型的反犹符号和象征,揭示视觉形象背后的宗教认同和社会意识,诠释反犹图像的影响和研究价值。

用图像来宣传宗教教义是基督教艺术非常古老的传统,公元6世纪时教皇格列高利一世便确定了图像在传教过程中的重要性:"崇拜图像是一回事,从图像中了解到应该崇拜什么是另一回事。识字者可以根据文字理解教义,不识字的人只能根据图像理解教义。"[④]在中世纪早期,艺术家们喜欢选取旧约中的希伯来先知、国王、祭司、文士等来预示新约的内容,使他们成为早期基督教图像中典型的犹太人物形象。图像内容

---

② 例如海因茨·施莱克恩伯格的《基督教艺术中的犹太人史图册》(Heinz Schreckenberg, *The Jews in Christian Art: An Illustrated History* [New York: Continuum Intl Pub Group, 1996])是把艺术当作重要史料的代表性作品,书中提供的上千幅图片以及详细介绍和分析,使该书成为相关研究必不可少的工具书,本文引用的图片都来自该书。以赛亚·萨哈尔的《犹太猪:一个中世纪反犹主题及其历史》(Isaiah Shachar, *The Judensau: A Medieval Anti-Jewish Motif and Its History* [London: Warburg Institute, 1974]);鲁斯·梅林科夫的《被抛弃的人:中世纪晚期北欧艺术中的他者符号》(Ruth Mellinkoff, *Outcasts: Signs of Otherness in Northern European Art of the Late Middle Ages* [Berkeley: University of California Press, 1993])和《中世纪德国希伯来泥金装饰手抄本中的仇犹符号》(Ruth Mellinkoff, *Antisemitic Hate Signs in Hebrew Illuminated Manuscripts From Medieval Germany* [Hebrew University of Jerusalem: Center for Jewish Art, 1999]);阿里埃赫·斯塔夫的《和平:阿拉伯讽刺漫画》(Arieh Stav, *Peace: The Arabian Caricature* [Jerusalem: Gefen Publishing House, 1999])以及萨拉·李普顿最近出版的《黑暗之镜:反犹主义图像的中世纪源头》(Sara Lipton, *Dark Mirror: The Medieval Origins of Anti-Jewish Iconography* [New York: Metropolitan Book Henry Holt and Company, LLC., 2014])等。

③ 彼得·伯克:《图像证史》,第9页。伯克主张图像如同文本和口述证词一样,是历史证据的一种重要形式。

④ 约翰·赫伊津哈:《中世纪秋天——14世纪和15世纪法国与荷兰的生活、思想与艺术》,何道宽译,桂林:广西师范大学出版社,2008年,第227-228页。

是将难以理解的抽象的圣经文字变成形象的、具有视觉冲击力的符号，将更多的人吸引到信仰神、皈依基督教的道路上来。在早期基督教图像中，没有证据表明犹太人具有特殊身体特征或者专属视觉符号，萨拉·李普顿指出早期手抄本在描述圣经人物时一般采用的是文字叙述而不是图像语言，因此如果不进行图文互对，单从画面形象，很难辨认画面人物的犹太身份。[⑤] 公元10到11世纪，由于欧洲基督教传教士的不懈努力，坚韧不拔地传教，欧洲基本完成了基督教化进程，基督教成为欧洲的主导宗教，甚至是唯一正式的宗教。基督教会的影响和权威更是无处不在，并开始以一种强势的姿态对待异教文化。而犹太人几乎成为基督化社会唯一不信仰基督教的少数群体，在基督教看来，能否使犹太人皈依不仅涉及到宗教信仰问题，更涉及到权力意识。宗教和价值观都独具特性的犹太人，逐渐被视为主流社会的"外人"和"挑战者"。在被宗教浸染的艺术领域，艺术家们开始构建犹太人和基督徒的差别与对立，以往停留在思维和文字领域的反犹偏见和刻板印象被视觉化，出现了许多具有反犹内涵的视觉符号和象征。其中常见的有如下几种类型。

一、特殊着装

在基督教图像艺术中，最早识别犹太人的视觉符号不是身体，不是容貌，甚至不是宗教仪式，而是帽子。犹太帽子（Jewish hat）何时何地第一次被佩戴不得而知，按照犹太律法的规定，守教的犹太人要佩戴帽子。欧洲东部的极端正统派教徒给中世纪社会留下了深刻印象，他们身穿黑色长袍，头戴黑色帽子，两鬓蓄有卷曲的长鬓角，终身致力于研读《托拉》，这种习惯性的做法被极端正统派保留至今。犹太帽子最早出现在图像中大约是在公元11世纪，1150年以后成为犹太人的典型标志，[⑥]图像中的希伯来先知们开始越来越多地戴上尖顶有边沿的帽子，但以理、

⑤ Sara Lipton, *Dark Mirror: The Medieval Origins of Anti-Jewish Iconography*, p. 1.

⑥ Ibid., p. 16.

施洗约翰甚至耶稣都曾佩戴过犹太帽子。[7] 人们在希伯来手抄本的插图中也能够看到戴帽子的犹太人形象,例如在《哈加达》插图里能够看到逾越节家宴上的犹太人佩戴犹太帽子。[8] 可见基督教图像艺术最初呈现犹太帽子这一视觉符号时,并不具有反犹太人的内涵。犹太帽子的形状也各式多样,到 13 世纪时普遍呈圆锥形,有时在顶部留有一个小圆形标记的角状帽(horned hat)。1267 年,教会在维也纳举行的一次会议上做出决定:规定所有的犹太人都必须戴一顶"角状帽",这一规定很大程度上是受到了视觉符号的启发,是艺术影响基督教社会对犹太人观感的写照。尽管在 1267 年教会规定之前,按照特雷泽和孟德尔的解释,已有犹太人出于维护犹太社团的需要,自由选择戴角状帽。[9] 然而,一旦教会强制犹太人佩戴,并作为区别犹太人和基督徒的服饰标志,犹太帽子便无法获得积极的意义,而逐渐带有了嘲讽和偏见。海因茨·施莱克恩伯格便认为犹太帽子存在污蔑和嘲讽之意;[10]鲁斯·梅林科夫也认为犹太帽子"即便不是一直,也往往包含不同程度不愉快的内涵"。[11] 随着时间的发展,尤其是第四次拉特兰会议之后,犹太帽子在图像中和"血祭诽谤""宿主亵渎"等流传民间的反犹传说同时出现时,人们便逐渐遗忘了它的积极含义,将其视为犹太人"他者"身份的重要象征。

除了犹太帽子外,犹太标记是又一个常见的带有嘲讽意味的服饰标识。所谓犹太标记,就是让犹太人在服装外佩戴特殊标志与周边人区别

---

⑦ 海因茨·施莱克恩伯格在《基督教艺术中的犹太人史图册》中,提供了多幅耶稣佩戴犹太帽子的图片,例如,第 125,141-142 页。

⑧ 犹太装饰画出现得比较晚,因为摩西律法禁止装饰律法书,犹太人最初不装饰任何作品。但是到了 13 世纪的时候,带装饰画的犹太手抄本也很多了,遍布欧洲到近东的广大地区。《哈加达》较为典型,经常绘有圣经人物,或者同时代犹太人庆祝逾越节的画面。出自西班牙的《哈加达》尤为精美,伊比利亚半岛上的犹太人较为富裕,积极参与艺术和文化活动,并且在 1391 年之前长期享受较为宽松的宗教氛围,因此此类插图作品较之欧洲其他犹太社团精致许多。

⑨ Thérèse and Mendel Metzger, *Jewish Life in the Middle Ages: Illuminated Hebrew Manuscripts of the Thirteenth to the Sixteenth Centuries* (New York: Alpine Fine Arts, 1982), p. 150.

⑩ Heinz Schreckenberg, *The Jews in Christian Art: An Illustrated History*, p. 15.

⑪ Ruth Mellinkoff, *Outcasts: Signs of Otherness in Northern European Art of the Late Middle Ages*, p. 93.

开来。犹太标记的形状有很多种,最常见的就是圆形标记,最常见的颜色是黄色和白色。这种要求佩戴特殊服装标记的做法源自伊斯兰社会,公元807年阿巴斯王朝的统治者便以法令的形式要求犹太人佩戴黄色布带或者戴圆锥形的帽子。基督教社会延续了这一做法,一个重要原因在于许多中世纪手抄本显示,生活在欧洲西部的犹太人已经与周边基督教社会发生深刻联系,从外部服饰很难区分犹太人和基督徒。教皇英诺森三世强调,如果没有着装差别,“基督徒将误和犹太女性或萨拉逊女性(阿拉伯人的故称)交往,同样,犹太人或萨拉逊人也会误与基督教女性交往……这是非常严重的罪”。⑫ 1215年,第四次拉特兰会议命令犹太人必须穿着特殊服装,决定采用圆环或者矩形标记。⑬ 但欧洲各地落实犹太标记的时间和具体举措不同,犹太标记的形状和颜色也因地因时而异,比如英国在13世纪采用的是石版形状的白色犹太标记(见文末图1和图2)。⑭ 1250年教皇英诺森四世抱怨穿着带有圆环标记外袍的犹太人获得了“不值得的尊重”。⑮ 此后犹太标记的反犹内涵更加明确,多地法律规定犹太人若不按规定佩戴犹太标志,将被处以罚款,或者没收衣物。犹太标记成为犹太人社会地位的象征,和犹太帽子不同,除了负面、消极的内涵,大概别无其他。纳粹强制犹太人在衣服外佩戴大卫星的做法,就是中世纪仇犹做法的延续。

特殊着装原本是教会的防御手段,用来保护和救赎基督徒的灵魂,然而随着时间的发展,犹太帽子和犹太标记都发展成为犹太人重要的身份标识。它们指向的并非个人,而是全体中世纪犹太民族,这

⑫ Solomon Grayzel, *The Church and the Jews in the XIIIth Century* (Philadelphia: The Dropsie college for Hebrew and Cognate Learning, 1933), p. 309.

⑬ Kenneth R. Stow, *Alienated Minority: The Jew of Medieval Latin Europe* (Cambridge: Harvard University Press, 1992), p. 247.

⑭ 石版指的是刻着十诫的法版,《出埃及记》31:18,“耶和华在西乃山和摩西说完了话,就把两块法版交给他,是神用指头写的石版。”图1和图2分别选自 Heinz Schreckenberg, *The Jews in Christian Art: An Illustrated History*, pp. 93, 305。徐新在他的书里回顾了犹太标记在英国、法国、德国、西班牙和意大利等地的落实情况,详见徐新:《反犹主义:历史与现状》,北京:人民出版社,2015年,第163-167页。

⑮ Solomon Grayzel, *The Church and the Jews in the XIIIth Century*, p. 281.

种指向性有助于观者分析基督教艺术家的创作动机。1492年纽伦堡出版商皮特·旺格(Peter Wanger)发行了名为《土星》的木刻画,表现的是古希腊传说中为了维护自身统治地位,妄图吃掉自己所有孩子的宙斯的父亲克隆纳斯(Cronus,见图3)。⑯ 中世纪后期以来,土星成为敌对和灾难的象征。在这幅木刻画里,克隆纳斯头戴犹太帽子,外衣附有圆环标记,被刻画成了犹太人的模样,其目的应当是将犹太人和灾难、罪恶联系在一起。不管画面所描述的是多么久远的传说,表现的是多么荒诞的妄想,只要有角状帽或者圆环标记在,观者即便不能理解图像的完整内涵,也能懂得图像和中世纪犹太人存在关联。在许多表现圣经叙事的图像里,艺术家也常常使用这种手法,将历史人物刻画成观众多少有些熟悉的中世纪犹太人的样子。例如在13世纪许多以"耶稣受难"为主题的图像中,艺术家给鞭笞耶稣的犹太人穿上中世纪的服装,戴上角状帽(见图4)。⑰ 当人们观看这类图像时,很容易带入时代背景,从而大大延长图像内容的时间维度,仿佛同时代的犹太人和他们的祖先一样折磨伤害了耶稣。用约书亚·特拉赫滕贝格的话说,这是基督教"蓄意为之",为的是将"耶稣同代人的罪蓄意转移到中世纪犹太人的头上"。⑱

二、妖魔化

妖魔化犹太人就是把犹太人和魔鬼联系起来,以魔鬼的形象形容犹太人。这种现象的出现和基督教与犹太教之争有密切关系,尤其和圣经提到的撒但形象有着根本联系。撒但原本是犹太人创造出来的诱人堕落的魔鬼形象,在犹太教经典中,撒但仅仅是一种比喻,是罪恶的表现形式。伊莱恩·帕格尔斯(Elaine Pagels)认为,第一次将撒但和犹太人联

---

⑯ 图3选自 Heinz Schreckenberg, *The Jews in Christian Art: An Illustrated History*, p. 331。

⑰ 更多图片见 Ibid., pp. 157–189,图4选自 p. 175。

⑱ Joshua Trachtenberg, *The Devil and the Jews: the Medieval Conception of the Jew and Its Relation to Modern Antisemitism* (New York: Meridian Books, 1961), p. 14.

系起来的是犹太人的艾赛尼派。艾赛尼派是犹太教的虔诚派,他们认为大部分犹太同胞已经失去了最初的信仰,因此选择退出大犹太社团,组成自己的神圣团体。不仅如此,他们还将批判的矛头从异教徒转移到犹太同胞身上。在他们看来,大多数犹太人曾经得到上帝青睐,后来却失去荣耀。他们需要一个形象来表现这个过程,而理想的选择就是曾是上帝身边的天使,后来失去荣光被罪恶吞没的撒但。[19] 帕格尔斯认为基督徒应当是借鉴了艾赛尼派妖魔化对手的做法,并把撒但看成是切切实实与上帝对立的魔鬼。基督教和犹太教的宗教分歧和斗争,使基督徒将犹太人视为撒但的代言人,使徒约翰就曾出于对犹太人的憎恨而斥责他们是出于他们的"父魔鬼",[20]并把犹太会堂咒骂成是"撒但堂"。[21] 这种联系,经过安提俄克的主教约翰·克里索斯托(John Chrysostom)的解读和传播,影响颇为深远。约翰是当时著名的传道者,善于传教和解经,长于辞令,因而享有"金口约翰"的美称。在公元386-387年之间他发表了八篇布道词,语言犀利、言辞尖锐,字里行间充满了对犹太人的控诉,他声称:"犹太人是最一无是处的人。他们淫荡、贪婪、巧取豪夺。他们背信弃义地杀害了基督。他们崇拜魔鬼。他们的宗教是一种疾病。犹太人是令人憎恨的杀害基督的凶手。杀害上帝就再无救赎的机会,是不能赦免的,是不能原谅的。基督徒永远都不能放弃为耶稣复仇的意愿。犹太人必须永远受奴役。由于上帝一直都憎恨犹太人,因此,所有的基督徒也都必须憎恨犹太人。"[22]

然而,需要强调的是,基督教早期把犹太人和撒但联系起来的言论,目的在于让基督徒认清犹太人的真实面目,真正皈依和坚持基督教信

---

⑲ Quentin Spannagel, "Review of: The Origin of Satan: How Christians Demonized Jews, Pagans and Heretics by Elaine Pagels," p. 136, report on the internet, 网址 http://www.eiu.edu/historia/Quentin%20Spannagel.pdf。

⑳《约翰福音》8:44,"你们是出于你们的父魔鬼,你们父的私欲,你们偏要行。他从起初是杀人的,不守真理,因他心里没有真理。他说谎是出于自己,因他本来是说谎的,也是说谎之人的父。"

㉑《启示录》2:9,"我知道你的患难,你的贫穷(你却是富足的),也知道那自称是犹太人所说的毁谤话,其实他们不是犹太人,乃是撒但一伙的人。"

㉒ Runes Dagobert, *The Jews and the Cross* (New York: Philosophical Library, 1968), pp. 61-62.

仰,反映的是早期基督教急欲自我界定和自我塑造的焦虑。[23] 基督教虽然在公元4世纪被立为国教,但是早期地位并不十分巩固,很多时候仍依赖罗马统治者的支持和荫蔽。因此这一时期的基督教仍然在寻找机会努力扩大自身的影响,对任何可能威胁基督教地位的言论和行为予以抨击和谴责。至于犹太人,伟大的教会神父奥古斯丁曾发表著名声明,声称犹太人是"必要的见证",不应被杀害,而应当确保他们的生存,保障他们遵守旧约,以此凸显他们的罪恶和上帝对犹太人的惩罚,从而证明基督的真理。[24] 教皇英诺森三世于1199年9月15日颁布命令明确规定:"犹太人是我们信仰的见证……不要杀害他们,以免他们忘记律法"。[25] 因此约翰这类妖魔化犹太人的言论只停留在思维领域和文字层面,只是在基督教较高层次宗教人士的思想中存在和发生影响,并没有对基督教艺术产生实质性的影响,从而也就没有在广大不识字的普通信徒中间传播开来。

然而,11世纪以来,随着欧洲其他民族先后皈依基督教,犹太人几乎成为唯一的"异教徒"。十字军东征期间基督徒见证了犹太教徒宁愿选择集体自杀"圣化上帝之名"(Kiddush ha-shem),也不愿意选择皈依基督教。如何解释这种现象便在神学层面提出了新的要求,欧洲一些神学家就指出,这一切就因了犹太人与魔鬼之间的关系,犹太人宁愿相信撒但的救赎也不愿相信上帝,即便犹太人所谓的"圣化上帝之名",也不过是为了魔鬼而殉道。西班牙神学家斯皮纳(Alfonso de Spina)从犹太人的经典《塔木德》出发,论证犹太人是魔鬼的子民,并说犹太人宁愿被活活烧死,也丝毫不愿放弃自己的信仰,因为他们是"该死的魔鬼的殉教者"。[26] 在中世纪历史学家加万·兰米尔(Gavin Langmuir)看来,因为犹太人的不皈依,十字军东征的一个重要影响就是基督徒再次掀起了对犹太人的仇恨,并且为了巩

[23] 宋立宏在《谁是犹太人——关于"Ioudaios"的札记》一文中论述了约翰布道的历史背景和目的,参见《历史研究》2007年第2期。

[24] 关于奥古斯丁对犹太人社会地位和问题的相关论证,参见周伟驰:《基督见证者的犹太人——奥古斯丁的犹太观》,载《犹太研究》2004年第3期。

[25] Solomon Grayzel, *The Church and the Jews in the XIIIth Century*, p. 93.

[26] Joshua Trachtenberg, *The Devil and the Jews: the Medieval Conception of the Jew and its relation to Modern Antisemitism*, p. 42.

固基督教信仰,鼓励降低犹太人的社会地位。[27] 在艺术领域,基督教艺术家们也开始采用各种手法妖魔化犹太人,较之以往,犹太人的形象变得越来越荒诞。在许多图像中,犹太人被安上了象征魔鬼的角、尾巴以及丑陋的眼睛,到13世纪中期人们较为熟悉的鹰钩鼻、山羊胡子已经集中到狭窄的面孔上,萨拉·李普顿将其称作"哥特式犹太面孔"。[28] 犹太人不仅面目扭曲,而且姿态粗野,与魔鬼为伍,无论在形体上还是在道德上都与魔鬼非常接近,有时甚至脱离了犹太帽子人们也能够辨认出犹太人的身份。

在角的形状选择上,山羊角颇受艺术家的垂青,大概因为在中世纪人们的头脑中山羊是魔鬼最喜爱的动物,是撒但荒淫的象征。自《马太福音》区分了绵羊和山羊后,[29]这两种动物便分别象征着受祝福的和被诅咒的。一些流行的传说把山羊说成是由魔鬼创造出来的动物,充当魔鬼的交通工具和无拘无束的交欢对象。[30] 许多中世纪绘画也都描绘了巫师、术士骑着山羊四处游历的景象。创作于1475-1507年左右的法兰克福桥塔上的一幅石雕作品,是该主题流传较广的一个(见图5)。[31] 石雕位于当地犹太隔都入口处附近,艺术家为画面中一位犹太人安上了山羊角,并雕刻了犹太女人骑山羊的景象。该石雕作品独特之处在于画面上方的"血祭诽谤"事件。1475年复活节的星期日,男孩西蒙的尸体被发现在意大利特伦特市(Trent)一个犹太家庭的地下室中。他的父亲认为西蒙遭到犹太人的绑架和杀害,犹太人用他的血来制作逾越节所使用的无酵饼。当地犹太人因为这一莫名指控遭到抓捕与迫害,教皇还在罗马举行了针对特伦特不正当的司法审判听证会,使

---

[27] Robert S. Wistrich, *Antisemitism: The Longest Hatred* (New York: Pantheon Books, 1991), p. 24.

[28] Sara Lipton, *Dark Mirror: The Medieval Origins of Anti-Jewish Iconography*, p. 173. 萨拉·李普顿还在文章中详细阐述了犹太鼻子的源起,详见 Sara Lipton, "The Invention of the Jewish Nose," *The New York Review of Books*, 14 November, 2014。

[29] 《马太福音》25:32-33,"民都要聚集在他面前,他要把他们分别出来,好像牧羊的分别绵羊山羊一般。把绵羊安置在右边、山羊在左边。"

[30] Joshua Trachtenberg, *The Devil and the Jews: the Medieval Conception of the Jew and its relation to Modern Antisemitism*, p. 47.

[31] 图5选自 Heinz Schreckenberg, *The Jews in Christian Art: An Illustrated History*, p. 336。

该事件广为人知,并出现在众多书籍、宣传册和艺术创作中,很快传遍整个欧洲。该图像并没有传递给人们新的东西,只是将教会传教中的和民间流传的偏见与诽谤带到生活中来,没有受过教育的民众在注视图像时不需要额外解释,也能理解画面中的犹太人是丑陋和邪恶的。歌德曾经在他的自传里描述了自己对这些传闻、尤其是这幅画的感受:"我们在戈特弗里特的中世纪编年史看到可怕地描写出来的犹太人对待基督教儿童之残酷的故事,在幼稚的心灵之中阴森地浮现着。纵然近代人对于犹太人的观感比以前好一点,不过,在桥塔之下,圆拱墙上,大幅的嘲笑和侮辱他们的画是对他们十分不利的,现在仍隐约可见,未免使他们太难堪了。因为这幅画并不是出于私人的恶作剧,而是由公共机关绘制的。"[32]这段文字无疑是对该图像影响的最佳注脚。至于妖魔化犹太人的影响,约书亚·特拉赫滕贝格曾说:"如果今天犹太人仍然遭受歧视、憎恨,并令人感到恐惧的话,只因为我们是中世纪的子嗣;如果煽动家们仍然有机会洒下分裂、不和的种子,掀起狂热的情绪,让人们去对抗自己的邻人的话,只因为中世纪所诞生的犹太人'恶魔'、低级甚至反人类的形象还一直盘踞在人们的头脑之中。"[33]

三、动物化

中世纪是一个为动物而着迷的世界,动物寓言的作者们总是力图从动物身上寻找与人的相似之处,通过描述动物的行为来传递道德训诫。直到12世纪动物寓言才以插图的样式出现,并于13世纪插补到基督教早期到12、13世纪的各种文本之中。[34] 人们在保留下来的中世纪手抄本边沿、地图夹缝甚至祈祷书里,经常都能够看到对怪异动物的想象。行

---

[32] 歌德:《歌德自传》,刘思慕译,上海:上海三联书店,1998年,第149-150页。

[33] Joshua Trachtenberg, *The Devil and the Jews: the Medieval Conception of the Jew and its relation to Modern Antisemitism*, p. 44.

[34] Debra Higgs Strickland, "The Jews, Leviticus, and the Unclean in Medieval English Bestiaries," Mitchell B. Merback ed., *Beyond the Yellow Badge: Anti-Judaism and Antisemitism in Medieval and Early Modern Visual Culture* (Leiden Boston: Brill, 2008), p. 205.

走在这样的世界中，犹太人也被与各种各样令人生厌的动物联系起来，猪、山羊、蝎子和驴等都是十分常见的与犹太人有关系的动物，猫头鹰也因为喜欢黑暗，经常被艺术家拿来象征无视基督教光明的犹太人。之所以如此，是因为基督徒相信不受欢迎的动物很适合象征犹太人，因为它们和犹太人拥有相同卑劣的和非理性的本质。[35] 这种态度使名为“Judensau”的艺术创作广泛流行起来。

该词在德语中是“犹太猪”的意思，带有贬义色彩，最早于1210年出现在科隆大教堂唱诗班座位底下，后来逐渐被绘制和雕刻在教堂或教堂墙壁的外侧。1470年以后“犹太猪”多以木刻画的形式出现，以多种形式被复制传承，受欢迎的程度持续了约600年之久，后来更被纳粹借鉴和利用。“犹太猪”形式多样，但主题基本上是关于犹太人和猪之间的行为，他们或亲吻、或抚摸、或哺乳、或倒骑甚至性接触。在12世纪的动物寓言里，猪这一动物形象代表的是缺乏悔过之心或者犯过罪的人再次犯罪，对应的是《彼得后书》2:22:“俗语说得真不错，狗所吐的，他转过来又吃。猪洗净了，又回到泥里去滚。这话在他们身上正合式。”这显然要比第一次犯罪严重得多，它意味着犯罪之人对忏悔所能带来的救赎持藐视态度。鉴于这段文字，从11世纪起基督教辩士们越来越多地将犹太人与狗和猪联系在一起。[36] 犹太教禁食猪肉的禁忌，无疑又为这一图像增添了一层侮辱之意。[37] 亨利·艾布拉母森认为艺术家用猪来刻画一些令人作呕的场景，还因为猪的乳房和妇女的胸部比较像，哺乳、抚摸猪乳的形象，让画面看起来更加色情，也更容易诱发人们的厌弃和嫌恶

---

[35] Ibid., p. 227.

[36] 关于把犹太人和狗联系起来的图像研究，详见 Kenneth Stow, *Jewish Dogs: An Image and Its Interpreters, Continuity in the Catholic Jewish Encounter* (Stanford: Stanford University Press, 2006)；以及 Irven M. Resnick, “Good Dog/Bad Dog: Dogs in Medieval Religious Polemics,” *Enarratio* 18 (2013), pp. 70 - 97。

[37] 《利未记》11:2-8，“你们晓谕以色列人说，在地上一切走兽中可吃的乃是这些：凡蹄分两瓣、倒嚼的走兽，你们都可以吃。但那倒嚼或分蹄之中不可吃的乃是骆驼，因为倒嚼不分蹄，就与你们不洁净。沙番，因为倒嚼不分蹄，就与你们不洁净。兔子，因为倒嚼不分蹄，就与你们不洁净。猪，因为蹄分两瓣，却不倒嚼，就与你们不洁净。这些兽的肉，你们不可吃；死的，你们不可摸，都与你们不洁净。”

之感。[38]

在较长一段时期内人们对于"犹太猪"的各式创作并没有统一理解,但都能普遍感到是在隐喻犹太人和猪之间的联系,比如犹太人与猪为伍,沆瀣一气,臭气难闻,他们都是污秽、疾病之源头等等。1305 年德国维滕贝格城市教堂的石雕作品是此类作品中较为知名的一个(见图6)。[39] 两个世纪之后,1543 年马丁·路德在《不可言喻的名》(*Vom Schem Hamphoras*)里对维滕贝格的"犹太猪"发表见解,回应了该石雕的反犹主义内涵。他说,"在我们维滕贝格教堂上,有一头石头雕刻的母猪,小猪和犹太人一起躺在它身下吃奶。母猪身后有个拉比抬起它的右腿,抬高它的尾巴,弯腰使劲打量母猪尾巴下的《塔木德》,仿佛正在阅读什么极为刺激又特别的东西。当然,从他们那里,定可得到他们那'不可言喻的名'。"[40]实际上,仔细观看画面并没有什么类似《塔木德》的书卷出现,马丁·路德只是把母猪肛门比喻成了犹太人的第二经典,是对犹太教的侮辱和嘲讽。从此以后,此类"犹太猪"主题便被添加了统一注解,反犹的意味也更加强烈了。

四、教会与会堂

13 世纪名为"教会与会堂"(Ecclesia and Synagoga)的雕塑,在北欧尤其是法国开始流行起来。最常见的样式是两尊并列置放的女性雕像,矗立在哥特式教堂的门口。象征犹太教的女子双眼被蒙,一手持断裂的权杖,一手持破碎的石版;象征基督教的女子则头戴高贵的王冠,双目炯炯有神,充满胜利的威严与荣耀,与失败的犹太教形成鲜明对比(见图7)。[41]

实际上"教会与会堂"的图像主题出现于公元 9 世纪。根据沃尔

---

[38] Henry Abramson, "A Ready Hatred: Depictions of Jewish Women in Medieval Antisemitic Art and Caricature," *Proceedings of the American Academy for Jewish Research*, vol. 62(1996),pp. 1 - 18.

[39] 图 6 选自 Heinz Schreckenberg, *The Jews in Christian Art: An Illustrated History*, p. 331。

[40] 引自网络资料《犹太复国主义和以色列百科全书》"犹太猪"条目,网址 http://www.zionism-israel.com/dic/Judensau.htm。

[41] 图 7 选自 Heinz Schreckenberg, *The Jews in Christian Art: An Illustrated History*, p. 47。

夫冈·赛福尔斯的研究，第一幅“教会与会堂”图像描绘的是两个人分列在耶稣受难的十字架两旁，位于耶稣右手边的手里举着旗帜，而耶稣左手边的手持圣餐杯，像是要接住耶稣流出来的血。[42] 这两人通常是女子形象，这种象征手法受到了罗马文化的影响，罗马人往往将被占领的土地或者城市充满寓意地描绘成坐着的女性形象。[43] 首个象征犹太人的女性被发现在提图斯凯旋门上，作为占领巴勒斯坦的标志。[44] 基督教继承了这一做法，圣经里多处形容女子的章节后来被神学家们拿来形容犹太教，例如《耶利米哀歌》1:1，“唉！先前人口稠密的城市，现在为何独坐！先前在列国中为大的，现在竟如寡妇！先前在各省中为王后的，现在竟成为服苦役的人！”随着时间的发展，“教会与会堂”的形象更加清晰，位于耶稣右侧的教堂往往头戴王冠或光环；位于耶稣左侧的会堂通常手持旗帜，冷静地向左离开，同时又回头望向耶稣（见图 8）。[45] 这种位置安排被认为受到了圣经文字的影响，《马太福音》25:41 提到，“王又要向那左边的说：‘你们这被诅咒的人，离开我！进入那为魔鬼和他的使者所预备的永火里去！’”欧洲教堂通常将象征会堂的雕塑放在入口处的左手边，也因圣经中说“把绵羊安置在右边，山羊在左边”。[46]

教父神学家对基督教和犹太教关系的解读，尤其奥古斯丁在其作品里定义的旧约和新约、会堂和教会的关系，一直影响着 10 世纪之前该主题的创作。他认为会堂地位低于教会，同时又是新约和教会的先驱。公

---

[42] 关于中世纪“教会与会堂”的专题研究，参见 Wolfgang S. Seiferth, *Synagogue and Church in the Middle Ages: Two Symbols in Art and Literature*, trans. Lee Chadeayne and Paul Gottwald (New York: Frederick Ungar, 1970)。

[43] Heinz Schreckenberg, *The Jews in Christian Art: An Illustrated History*, p. 16. 作者在本书的第 26 页还提供了相关图片，那是公元 71－72 年左右，罗马人为了庆祝成功镇压犹太人起义而铸造的一枚硬币（Judaea Capta），在硬币上罗马人用棕榈树下坐着的女人来象征被占领的土地。

[44] Wolfgang S. Seiferth, *Synagogue and Church in the Middle Ages: Two Symbols in Art and Literature*, p. 4.

[45] 图 8 选自 Heinz Schreckenberg, *The Jews in Christian Art: An Illustrated History*, p. 31。

[46] 《马太福音》25: 33。

元5世纪下半叶出现的假托奥古斯丁之名的作品《教会与会堂之争》(*Altercatio Ecclesiae et Synagogae*)对该图像的影响更加明显,它不仅将会堂描述成为一名失去恩宠的寡妇,而且安排她亲口承认自己被教堂打败。[47] 这种解读在明晰基督教和犹太教地位的同时,又包含着对犹太人承认和皈依基督教的渴望。因此在9到10世纪该主题的创作中,教会和会堂在服装和外貌上都颇为相近,暗示新约和旧约的密切关系。会堂虽然背离耶稣,但仍不失荣耀,甚至时常回头张望被钉在十字架上的耶稣,暗示犹太人曾是上帝的选民,也是新约的见证。然而10世纪末期"教会与会堂"发生重要转变,会堂开始失去荣耀,原本手中持有的工具断裂了,王冠开始从头顶滑落。从11世纪起会堂开始越来越多地被布状物蒙住双眼,再也无法回头望向耶稣。萨拉·李普顿认为,会堂被蒙眼最早出现于公元1025年左右雷根斯堡(Regensburg)尼德尔明斯特(Niedermünster)女修道院院长委托制作的《乌塔手抄本》(Uta Codex)上。[48] 在施莱克恩伯格提供的图像里,有时候艺术家们也会用大蛇或者妖魔替代布状物,遮挡会堂的双眼。[49]

艺术家运用这种手法,表明犹太人只能拘泥于律法的表面意义,无法理解律法重要的精神内涵,他们拒绝接受耶稣基督和新约所带来的荣耀,遭到上帝遗弃。尽管一直以来文字资料对此都有所提及,[50]但是,11世纪以来基督教和犹太教之争的新局面使基督教艺术家感觉有必要使用蒙眼等象征性手法,强调当代犹太教徒已经不再是基督徒们曾经了解的守护旧约的犹太人了,让那些认为犹太人坚持被屠杀也要践行自身宗教使命的基督徒,怀疑当代犹太人还是不是上帝最初挑选的子民。后来,随着十字军东征几次战败,处在震惊中的人们开始质疑全能的神为

---

[47] Heinz Schreckenberg, *The Jews in Christian Art*: *An Illustrated History*, p. 17.

[48] Sara Lipton, *Dark Mirror*: *The Medieval Origins of Anti-Jewish Iconography*, p. 42.

[49] Heinz Schreckenberg, *The Jews in Christian Art*: *An Illustrated History*, p. 56 以及第3幅彩色插图。

[50] 《罗马书》11: 8,"如经上所记,'神给他们昏迷的心,眼睛不能看见,耳朵不能听见,直到今日'";《耶利米哀歌》5: 16-17,"冠冕从我们的头上掉落;我们有祸了,因为犯了罪。因这些事我们心里发昏,眼睛昏花。"

何允许护卫者惨遭失败,甚至有大胆的怀疑论者开始质疑基督教信仰的基本原则。教会的信望也遭到削弱,成为巨大社会动荡后为皇室所嫉妒、民众所指责的对象。这些都给教会和基督徒带来普遍的自我焦虑。[51] 出于护教目的,基督教艺术家们用"教会与会堂"的创作让人们相信犹太教的衰落,同时也让基督徒相信教会的强大。如果教会强大了,基督教就不会被剥夺正教的地位。失去荣耀、双眼被蒙的会堂形象从13世纪开始在欧洲普遍开来,在文盲占大多数人口的中世纪时代,该主题创作堪称反犹主义政治漫画或广告,并且由官方教会或政府主导,带有主流意识形态的色彩,成为指导人们看待犹太教和犹太人的态度指南。

五、图像的影响和研究价值

荷兰著名历史学家赫伊津哈在《中世纪的衰落》一书中曾谈道:"思想依靠形象、视觉的倾向在中世纪人认识世界的过程中占有绝对优势。一切可以思考的东西都转化为造型艺术和图像艺术的东西了。"[52]尽管在印刷术发明之前中世纪图像流通总量非常小,但图像对于中世纪民众来说具有极其重要的作用。基督徒们并不构成一个民族,上帝没有族裔可寻,一切得靠说教和宣传。然而在那个普遍贫穷落后的时代,读写能力与广大民众的生活几乎毫不相干,基督教教士们由于传教的需要,几乎是当时唯一受过教育的阶层。因此,仅有文字并不足够,而图像的属性使其特别适合兼顾中世纪普罗大众,视觉形象所产生的感官效果和影响,具有文字所没有的特性和便利。它通过直观的表现方式,把抽象的语言文字以生动的形象展示出来,产生直观的、具有魅力的宣传效果。它们或者矗立在教堂门口,或者绘制在教堂拱顶和彩色玻璃窗上,又或

---

[51] 罗伯特·查赞在他书中描述了13世纪基督教辩士们常常需要处理这种公共焦虑,详见 Robert Chazan, *Fashioning Jewish Identity in the Identity in Medieval Western Christendom* (Cambridge University Press, 2004)。

[52] 约翰·赫伊津哈:《中世纪秋天——14世纪和15世纪法国与荷兰的生活、思想与艺术》,第227-228页。

者出现在走廊的外墙和石桥两旁,就像今日的宣传画一样,一定程度上消除了因知识层次的差异而带来的传播壁垒,使它在更广阔的范围内获得更多的受众。

现代研究结果表明,如果一种宣传方式所反映的内容是早已经得到大众认可的事物,那么该宣传手段也就更容易为人接受,影响也更大。[53]反犹图像蒙蔽了普通民众的双眼,使他们对业已存在的偏见和诽谤更加深信不疑,帮助构建了一种反犹太人的社会意识。这种社会意识一旦形成就很难改变,尽管它的原初充满了荒诞和谬论,以至于在一定程度上,普通基督徒对犹太人的憎恨要远远大于教会领导人。例如,在面对1348年横扫欧洲的黑死病时,当人们发现犹太人在这场灾难中是受害最小的群体后,便更加确信他们是因了与魔鬼的亲密关系,才得以逃过劫难。不仅如此,基督徒们还愿意相信犹太人就是一切罪恶的源头,是他们引发了黑死病。尽管教皇克莱蒙特六世明确对这一指控提出抗议,仍然有大约16000名犹太人因这一指控而被杀害。[54]

最后,中世纪基督教图像中的反犹符号和象征如果仅仅是为了说明犹太人的境遇,价值就会大打折扣。从分析不难看出,作为宗教论争的宣传工具,其核心在于能够完整地记录基督教和犹太教之间的冲突,尤其是其中占主流地位的基督教文化成员对这种相遇做出的反应。鲁斯·梅林科夫曾经做过这样的论述:"如果要深入了解社会的核心及其心态,唯一的途径是问一问,把内部的人和外部的人区别开来的那条界限在哪里,以及是如何建立起来的。"[55]如果艺术家对犹太人所做的观察是建立在已有的成见之上,那么我们就需要思考他们这样做的原因是什么?要实现的目标是什么?只要我们能够正确解读它,图像就能为中世纪基督教社会对犹太人的偏见和刻板印象提出更加准确的证据。

---

[53] Eunice Cooper, "The Evasion of Propaganda: How Prejudiced People Respond to Anti-prejudiced Propaganda," *Journal of Psychology*, 23(1947), p. 15.

[54] Jacob R. Marcus, *The Jew in the Medieval World: A Source Book: 315 – 1791* (Cincinnati: Hebrew Union College Press, 1990), p. 43.

[55] 彼得·伯克:《图像证史》,第189页。

附图：

图 1

穿着中世纪服装的圣经时代的犹太人，公元 14 世纪。

图 2

亚伦，1227 年。

图 3

土星，1492 年。

图 4

鞭笞耶稣，1260－1270 年。

图 5

法兰克福“犹太猪”,1475－1507 年。

图 6

维滕贝格“犹太猪”,1305 年。

图 7

斯特拉斯堡的“教会与会堂”石雕，1230年。

图 8

有教会和会堂形象的“耶稣受难”图像，公元9世纪末。

作者简介

郝春鹏　上海师范大学马克思主义学院讲师，复旦大学哲学学院博士
杨　杰　中山大学哲学系博士生
陶杨华　浙江工业大学马克思主义学院讲师
章亚军　复旦大学哲学学院博士生
张云凯　郑州大学公共管理学院讲师，复旦大学哲学学院博士生
马　彪　南京农业大学政治学院副教授
王　栋　北京大学法学院博士生
潘家云　浙江外国语学院教授，上海外国语大学博士
柳士军　河南信阳师范学院跨文化语言研究中心副教授
王务梅　南京大学哲学与宗教学系博士生，
王双彪　复旦大学哲学学院宗教学系博士生
谢伊霖　清华大学人文学院哲学系博士生
朱彦明　华侨大学哲学与社会发展学院教授
刘光顺　南通大学政治学院副教授，复旦大学哲学博士
周黄琴　广东省肇庆学院政法学院副教授，西江历史文化研究院驻院研究员
姚文永　山西运城学院政法系副教授，博士
文月娥　四川大学外国语学院博士研究生，湖南科技大学外国语学院讲师
王　雨　加拿大多伦多大学历史系博士生
王喜亮　复旦大学宗教学系博士生
孙　燕　山东工商学院讲师，南京大学哲学博士

图书在版编目(CIP)数据

基督教学术(第十八辑)/张庆熊,徐以骅主编. 一上海:
上海三联书店,2018.6
ISBN 978-7-5426-6199-9

Ⅰ.基… Ⅱ.①张…②徐… Ⅲ.基督教-研究
Ⅳ.①B978

中国版本图书馆CIP数据核字(2018)第009688号

基督教学术(第十八辑)

主　　编 / 张庆熊　徐以骅

责任编辑 / 邱　红
装帧设计 / 徐　徐
监　　制 / 姚　军
责任校对 / 张大伟

出版发行 / 上海三联书店
(201199)中国上海市都市路4855号2座10楼
邮购电话 / 021-22895557
印　　刷 / 上海惠敦科技印务有限公司

版　　次 / 2018年6月第1版
印　　次 / 2018年6月第1次印刷
开　　本 / 890×1240　1/32
字　　数 / 350千字
印　　张 / 10.375
书　　号 / ISBN 978-7-5426-6199-9/B·555
定　　价 / 58.00元